Historischer Verein

Beiträge zur Geschichte Dortmunds und der Grafschaft Mark

XIII

Historischer Verein

Beiträge zur Geschichte Dortmunds und der Grafschaft Mark

XIII

Inktank publishing, 2018

www.inktank-publishing.com

ISBN/EAN: 9783747769133

Beiträge
zur
Geschichte Dortmunds
und
der Grafschaft Mark.

Herausgegeben

von dem

Historischen Vereine für Dortmund und die Grafschaft Mark.

XIII.

Dortmund,
Verlag der Köppen'schen Buchhandlung
(Hans Hornung).
1905.

Inhaltsverzeichnis.

I.

Die ältesten Dortmunder Schulgesetze.

Herausgegeben
von
Klemens Löffler.

Die Geschichtschreiber des Dortmunder Gymnasiums haben stets lebhafte Klage geführt über den Mangel an Nachrichten aus der älteren Zeit. „Das Dortmunder Gymnasium ist trotz seines ehrwürdigen Alters eine fast geschichtslose, wenigstens urkundenlose Anstalt" (Döring im Programm von 1871). Schon Kluge klagt im Säkularprogramm von 1743 über den Verlust wichtiger Quellen. „Schriftliche Quellen über das sechzehnte Jahrhundert", sagt Thiersch im Programm von 1842, „sind aufser den über das Schulwesen sehr schweigsamen und auch erst im siebzehnten Jahrhundert verfafsten Chroniken nicht mehr vorhanden." „Aus der Zeit der beiden ersten Rektoren (bis 1609) hat sich weder ein Aktenstück noch ein Programm erhalten" (Döring, Johann Lambach und das Gymnasium zu Dortmund von 1543—1582, Berlin 1875, S. 11).

Ich bin nun in der glücklichen Lage, im folgenden doch noch ein Aktenstück aus dem sechzehnten Jahrhundert vorlegen zu können, und zwar eine für die Geschichte der Schule und vor allem ihrer Disziplin wertvolle Quelle, nämlich die ältesten Schulgesetze.

Sie finden sich auf einem einseitig bedruckten Folioblatt, das in das Manuskript Nr. 212 der Bibliothek des Vereins für Geschichte und Altertumskunde Westfalens, Abteilung Münster, eingeheftet ist. Die Sammelhandschrift enthält „Varia ad scholas et seminaria pertinentia". Herr Bibliothekar Dr. Bömer hatte die Freundlichkeit, mich darauf aufmerksam zu machen, nachdem er schon bei Herausgabe der ältesten Münsterischen Schulgesetze, die ebenfalls auf einem Einblattdrucke jenes Sammelbandes stehen, einen Hinweis gegeben hatte (Zeitschrift für Geschichte und Altertumskunde 55, 1, 106).

Der Münsterische Druck ist datiert und gibt die Offizin an, aus der er hervorgegangen ist: Monasterii excudebat Theodoricus Tzwivelius. Anno domini 1574. Das Blatt mit den Dortmunder Schulgesetzen enthält uns diese Angaben vor. Bömer meint a. a. O. S. 104, dafs es demselben Jahre und demselben Drucker angehöre. Ich neige eher zu der Annahme, dafs es eine Dortmunder Druckerei, vielleicht die von Albert Sartorius, bei dem 1557—1562 Lambachs Ausgabe der Schöfferschen Predigten und 1581 von Friedrich Beurhaus die Rami dialecticae libri duo, editio secunda, erschienen, hat ausgehen lassen.

Um wenigstens den Versuch zu machen, ob vielleicht ein Vergleich des Papiers mit anderen datierten Papieren einen terminus a quo ergeben könne, habe ich mich an Herrn C. M. Briquet in Genf, einen vorzüglichen Kenner dieser Dinge, gewendet und ihm eine photographische Aufnahme des Wasserzeichens vorgelegt. Es zeigt einen von einer vierblätterigen Rose gekrönten Krug. Nach der mir von Herrn Briquet gütigst erteilten Auskunft begegnet dieser „pot couronné" von 1483 bis etwa 1574 im ganzen Nordosten Frankreichs, in Belgien, den Niederlanden, am mittleren Rhein und bis zu einer Linie über Darmstadt, Marburg, Münster, Osnabrück, Bremen, Hamburg, Kopenhagen. Die Zeichnung ist sehr mannigfaltig. Am meisten gleicht unserem Wasserzeichen eins, das auf Brüssel 1548 datiert ist. Eine genaue Datierung ist nicht möglich: „Cette marque est du milieu du XVIe siècle avec un aléa de 12 ans avant et 20 après.“

So viel darf ich wohl für sicher halten, daſs die Schulgesetze noch der Zeit des ersten Rektors, Johann Lambach († 25. Juni 1582, Rektor seit der Gründung, 1543), angehören.

Inhaltlich zeigen sie vielfache Übereinstimmungen mit der „Institutio ac disciplina gymnasii Duisseldorpiani“ des Johannes Monhemius, des ersten Rektors des Düsseldorfer Gymnasiums, vom Jahre 1554 (abgedruckt bei W. Schmitz, Franciscus Fabricius Marcoduranus, 1527 bis 1573. Ein Beitrag zur Geschichte des Humanismus. Köln 1871. S. 41—44) und mit den von Bömer (a. a. O.) herausgegebenen Münsterischen Schulgesetzen aus der Rektoratszeit Kerssenbrocks (vom Jahre 1574). Diese beiden stimmen auch unter sich überein, d. h. Kerssenbrock, der seit Winter 1545 eine Zeitlang unter Monheim Konrektor war, hat offenbar dessen „institutio“ benutzt.

In welchem Verhältnis aber die Dortmunder Schulgesetze zu den Düsseldorfer und Münsterischen stehen, ist nicht ganz sicher zu bestimmen. Da sie aber das eine Mal mit diesen, ein anderes Mal mit jenen gröſsere Übereinstimmung zeigen, so darf man vielleicht annehmen, daſs Lambach sowohl die Düsseldorfer wie die Münsterischen Schulgesetze vor sich gehabt hat.

Gewiſs haben damals mannigfache Berührungen zwischen den einzelnen Gymnasien und ihren Leitern stattgefunden. Die Dortmunder Schule gehörte mit denen von Münster, Düsseldorf, Essen, Soest zu einer gleichartigen Gruppe, einem Typus, der auf Rudolf von Langen in Münster zurückgeht. Sowohl Lambach wie sein Nachfolger Beurhaus hatten auf dem Paulinum in Münster studiert. Von Kerssenbrocks Beziehung zu Düsseldorf hörten wir schon. Solche Beziehungen sind doch sicher

1*

später aufrechterhalten worden und mögen auch zum Austausch pädagogischer Erfahrungen geführt haben.

Die Übereinstimmungen unter den genannten Schulgesetzen habe ich im einzelnen kenntlich gemacht. Andere habe ich da herangezogen, wo es von Interesse schien.

LEGES SCHOLASTICAE, IN TREMONIENSI SCHOLA

BONARVM LITERARVM CANDIDATAE PVBI PRAESCRIPTAE.

STudiorum gratia, qui huc appulerint, ultra triduum in diversorio publico ne manento, sed privatum Musis aptum subeunto, mox Gymnasiarcham adeunto, et ab eo alicui Classi inscribuntor [1]).

Mane, hora videlicet quinta, custodes [2]) excitanto contubernales suos.

Ab eo excitati, sine omni mora surgunto.

Initium diei in nomine Patris, et Filii .et Spiritus sancti auspicantor [3]).

Induti ante lectum, flexis genibus pia hac precatiuncula cum oratione Dominica Christi auxilium imploranto. ORATIO. Ago tibi gratias Jesu Christe, quod praeteritam noctem mihi volueris esse prosperam, precorque, ut diem itidem hunc fortunes ad tuam gloriam, et animae meae salutem: utque tu qui es vera lux, occasum nesciens sol aeternus, omnia vivificans, alens, exhilarans, digneris illuscere menti meae, ne usque impingam in ullum peccatum, sed tuo ductu perveniam ad vitam aeternam, Amen. Pater nost. [4]).

Capillum extra cubiculum, aut etiam aedes, si potest fieri, pectunto: manus, item oculos, et dentes a sordibus abluunto [5]).

Ad Scholam properantes, aedem sacram, quae Scholae nostrae adiacet, prius intranto, nudato capite ac flexis genibus Christum brevi hac precatione appellanto [6]). ORATIO.

Precor Jesu Christe, ut qui puer duodecim annos natus, sedens in templo docuisti ipsos doctores, cuique pater coelitus emissa voce dedit auctoritatem docendi mortalium genus, quum diceret: Hic est filius meus dilectus, in quo mihi complacitum est, ipsum audite: quique es aeterna sapientia summi patris, illustrare digneris ingenium meum ad perdiscendas honestas literas, quibus utar ad tuam gloriam, Amen.

Gymnasium modeste ingrediuntor, egrediuntorque[7]).

In Schola debita officia praestanto.

Atramentum, calamos, papyrum, ad officium parata semper habento.

A ludo dimissi, mox domum repetunto, nec per plateas, forum, vicus[8]), angiportus, pomeria, rus ne divagantor, imo nisi serium urgeat negocium, domi semper manento[9]).

Parentibus, et eis qui loco parentum sunt, obediunto, praestantioribus viris et nobilibus, magistratibus, doctoribus, sacerdotibus, praeceptoribus, omnibus denique honore dignis honorem exhibento[10]).

Nona hora antemeridiana et secunda pomeridiana, apud libros ad silentium adsunto[11]).

Indicto silentio, ne verbum loquuntor. Latine semper loquuntor, etiam in lusu[12]).

Contra Grammaticorum regulas, aut Latinae linguae proprietatem, inter colloquendum, scribendumve, ne peccanto, nisi excuset aetas, aut ingenium tenue[13]).

Mendacium ne nunquam loquuntor: spurcitias ne effutiunto, neve obscoene quid canunto[14]).

Nomen Dei in vanum ne sumunto, nec malum quodcunque etiam alteri imprecantor[15]).

Extra remissionis tempus, nec domi, nec foris ludunto[16]).

Ludos inhonestos fugiunto, ut aleam, tesseras, chartas etc.[17]).

Pro argento ne ludunto[18]).

Ebrietatem fugiunto.

Symposia nec publice nec privatim constituunto[19]).

Venatum, aucupatum, piscatum, lotum in flumine, stagno, sive lacu, ne exeunto[20]).

Loca suspecta, ut lupanaria, ganeas, publica diversoria, aliasque tabernas, sive vinarias, sive cerevisiarias, sive alterius mercaturae, quae non satis deceat Scholasticum, ne intranto[21]).

Turres et publica aedificia ne conscendunto[22]).

In publicis plateis, foro, caemeterio, aliisque locis non ludis destinatis, ne ludunto[23]).

Furiose ne exclamanto[24]), neque damnum inferunto, vel fenestris, vel domorum tectis, vel alteri cuiquam rei, locove[25]).

Pugiones et sicas, ne deferunto, imo nec ulla arma domi servanto, sed apud hospitem deponunto[26]).

Semper in sinu librum gestanto[27]).

Musica instrumenta ne contrectanto[28]), nec usquam cum puellis saltanto[29]).

Neminem iniuria, probro adficiunto, aut verbo, aut sanna irridento[30]).

Discentem, legentem, scribentemve ne turbanto.

Neminem verberanto, sive telo, sive pugno.

Cum hospitibus contubernalibus, aut familia nunquam rixantor[31]).

Hospites ad causam legum scolasticarum ne trahunto, neque in testimonium adhibento[32]).

Tumultibus civium, iisque aut privatis, aut publicis, ne immiscentor, neque ludis, aut negociis quibuscunque.

Quinta hora vesperi e ludo dimissi, properanto domum, ad praefecti examen[33]).

Recitanda Custodes nona hora antemeridiana iniungunto.

Cubiculum bis in septimana scopis verrunto.

Matulam deportanto, et a sordibus abluunto[34]).

Singuli contubernales iniuncta bona fide Praefecto recitanto.

Nunquam in cubiculo pedunto[35]).

Nona hora vespertina domi comparento[36]).

Tunc silentium omnibus custodes indicunto.

Indicto silentio, ne verbum loquuntor, neque quid indecore agunto, turbasque aliis dormientibus ciento.

Prius quam lectum conscendatur frontem et pectus signanto crucis imagine, ac pia hac oratiuncula, cum oratione Dominica, divinam defensionem imploranto[37]). ORAT.

Domine Jesu Christe, qui diei clarissimam lucem bonis iuxta ac malis ad obeunda actionum munia tribuisti, noctis amicum silentium ad quiete reficiendas corpusculorum vires, et ad diluendas animorum curas clementer dedisti: precor, ut si quid hoc die per humanam incuriam commisi quod offenderit oculos tuos, pro tua solita bonitate condones, simulque des, ut haec nox te prosperante, sit mihi felix, te custode pura, te protectore a nocturnis daemonum ludibriis tuta, ut hic somnus corpus simul et mentem in crastinum diem reddat ad tibi serviendum alacriora. Porro, quoniam haec vita nec ullam horam habet certam, ubi venerit illius vespera, et urgebit corporis somnus, unde non expergiscemur, nisi quum ad angeli tui tubam excitabuntur mortui, quaeso ut tum illumines oculos animae meae, ne extincta fide, obdormiam in morte sempiterna, sed requiescam in te cui vivunt etiam mortui. Qui vivis et regnas cum Deo patre, et Spiritu sancto in sempiternum: Amen.

Diebus festis concionem et sacrum audiunto[38]).

Veneris die sacrum tantum.

Veneris diebus domi epistolam danto, cuius argumentum diebus Martis ante horam nonam matutinam Custodes dictanto[39]).

Quater in anno Sacerdoti confitentor, et si fieri potest ad sacram mensam eunto[40]).

Quater in anno capillum detondendum exhibento[41]).

Accusare peccantem ne dissimulanto[42]).

Iniuste neminem notanto[43]).

Sabbatis singulis satisfaciunto[44]).

Praefecti Sabbatis singulis has nostrae pubi praefixas leges praelegunto, et sic quemlibet sui officii admonento[45]).

BAPTISTA MANTVANVS[46]).

Est opus ardentem frenis arcere inventam,
Nec sinere in mores luxuriare malos.

Anmerkungen.

[1]) Fast gleichlautend bestimmen Monheim: Civitatem hanc studiorum gratia ingressi, ultra triduum in diversorio publico ne haerento, sed privatum Musis aptum, petunto und Kerssenbrock: Urbem hanc quasi ad mercaturam bonarum litterarum ingressi ultra triduum in diversorio publico otiose ne haerento, sed privatum studiis aptum petunto. Fabricius, Monheims Nachfolger im Rektorat des Düsseldorfer Gymnasiums, hat in seiner 1566 zu Düsseldorf erschienenen „Disciplina scholae Dusseldorpensis" (abgedr. bei Schmitz a. a. O. S. 50—53) die schärfere Vorschrift: Externi cum adveniunt, amplius noctem unam in diversorio publico ne commorantor. Ebenso u. a. die Brieger Schulordnung von 1581: Peregrini qui studiorum causa in hanc Scholam veniunt, . . . altero die a suo in hanc urbem ingressu, Rectorem adeant, inscriptionem petant (Vormbaum, Die evangelischen Schulordnungen des sechszehnten Jahrhunderts, Gütersloh 1860, S. 333).

[2]) Custodes nannte man ältere Knaben, die über kleinere Abteilungen innerhalb der einzelnen, besonders der unteren stark besetzten Klassen die Aufsicht (vor allem über Anwesenheit und Tätigkeit in der Schule) führten. Solche Abteilungen bildete man aus 8—10 Schülern, die gleich weit in ihren Studien waren (octuria bezw. decuria). Sie hatten in der Klasse ihre besonderen Plätze (Monheim: In schola extra octuriam ne sedento). Jede Woche wurde ein custos gewählt. Aufser in Düsseldorf (vgl. die eben genannte Stelle bei Monheim. Fabricius: Custodes octuriarum primi in gymnasio assunto) hatte man auch in Münster („de officio custodis octuriae" ist eine Rubrik der Schulordnung betitelt) und in Emmerich Okturien (§ 29 der Schulordnung, hrsg. von Liesen, Programmbeilage Emmerich 1899: Singulis octuriis in classibus per vices custos decernetur, qui absentes, ignavos et improbos observabit). In Emmerich wurden aus den Okturien später Dekurien unter einem „decurio" (Petry, Die Hausordnung der Fraterherren und der Tabernakelstiftung zu Emmerich, Programm Steele 1899, S. 6).

[3]) Ebenso Kerssenbrock: Initium diei in sacrosanctae trinitatis nomine, Patris et Filii et Spiritus, auspicantor.

[4]) Solche ausführlichen Gebetsformulare wie hier und nachher noch zweimal (Gebet in der Kirche und Abendgebet) finden sich in den anderen Schulordnungen nicht. Kerssenbrock: Pia precatiuncula cum oratione Dominica salutatione que angelica divinum numen

surgentes interpellanto. Monheim: . . . dominica oratione aliisve piis precatiunculis Dei praesidium imploranto. — Lambach war 1562 der Reformation beigetreten; daher wird der „englische Gruſs“ in den Dortmunder Schulgesetzen nicht mehr erwähnt.

[5]) Fast gleichlautend Monheim und Kerssenbrock.

[6]) Monheim: Aedem sacram pertranseuntes, nudanto caput, ac modice flexis genibus Deum optimum maximum brevi precatione appellanto. — Kerssenbrock: Ante gymnasii ingressum basilicam aedem D. Paulo dedicatam petunto flexisque poplitibus Dei opem, quia studia secundet, imploranto.

[7]) Monheim und Kerssenbrock ebenso.

[8]) So statt vicos.

[9]) Monheim: Per plateas, forum, vicos, angiportus, Rheni marginem, pomeria ne divagantor.

[10]) Eine fast gleichlautende, noch etwas ausführlichere Aufzählung der Honoratioren hat auch Monheim. Ähnliche Bestimmungen finden sich in allen Schulgesetzen.

[11]) Ungefähr ebenso Monheim, Fabricius und Kerssenbrock.

[12]) Monheim: Vernaculam atque nativam linguam nunquam non vitanto. — Kerssenbrock: Latine semper et ubique ad scholae membra et ad eos, qui intelligunt, loquuntor. — Den Humanisten galt Lateinsprechen und Lateinschreiben für die Grundlage aller Bildung. Johann Sturm, der Straſsburger Schulrektor, bedauert lebhaft die Ungunst der Zeitverhältnisse, die es unmöglich machen, die Sprache Latiums gleich mit der Muttermilch einzusaugen, und nötigen, zu ihr nur auf einem zeitraubenden und schädlichen Umweg durch ein barbarisches Idiom zu gelangen. So dürfen wir uns nicht wundern, wenn wir fast in allen Schulgesetzen Verbote des Deutschredens finden. Schon Melanchthons Kursächsische Schulordnung von 1528 bestimmt: „Es sollen auch die knaben dazu gehalten werden, das sie lateinisch reden, Und die schulmeister sollen selbs, so viel müglich, nichts denn lateinisch mit den knaben reden, dadurch sie auch zu solcher ubung gewonet und gereitzt werden“ (Vormbaum S. 8). In Straſsburg setzte Otto Brunfels (1529) körperliche Strafen darauf: Vernacula lingua loqui in ludo nostro piaculum est atque non nisi plagis expiatur (v. Reinhardstöttner, Plautus, Leipzig 1886, S. 30, Anm. 4). Vgl. ferner Leges scholae Goldbergensis von 1563, Breslauer Schulordnung von 1570, Brieger Schulordnung von 1581, Altdorfer Schulordnung von 1575, Leges scholae Lauinganae von 1565 (Vormbaum S. 57, 210, 330, 628, 745). Die Nordhäuser Schulordnung vom Jahre 1583 richtet ein förmliches Aufpassersystem gegen die „deutschen Wäscher“ ein, für die ein signum germanicae locutionis eingeführt wurde. Es brachte dem, der es hatte, einen „Schilling“ ein (Vormbaum S. 364, 379, 392). In

Gandersheim hatte man eine feste Taxe: Qui in mensa . . . semel lingua utetur vernacula, duos numerabit nummos: si bis ad eundem offenderit lapidem, tres: sin ter, sex persolvet nummulos (Vormbaum S. 572). Nicht selten wird die deutsche Sprache geradezu verächtlich gemacht. „Die Präceptores sollen mit den Discipulis allewege Latein und nicht Deutsch reden, als welches an sich leichtfertig und bei den Kindern ärgerlich und schädlich ist," heifst es in der Pommerschen Kirchenordnung von 1563 (Vormbaum S. 173). In dem Strafsburger Schulgesetz Johann Sturms werden „diejenigen, so anders, denn Latine, oder etwas Ungebührliches, Unzüchtiges oder Schändliches reden", mit gleicher Strafe bedroht. Institutio litterata, Torunii 1586ff., 2, 36 (§ 6). Noch charakteristischer ist die Zusammenstellung bei Monheim: Obscoena aut Germanica carmina ne cantillanto. Und Fabricius sagt ebenso: Qui carmina obscoena, aut germanica cecinerit . . . is duos asses multae nomine persolvito, et acri virgarum verberatione castigator. — Was Dortmund angeht, so hatten die Zensurtabellen bis in die neuesten Zeiten (so sagt Mellmann S. 22) unter den sechs Rubriken auch eine für Deutschredende.

[13]) Fast ebenso Monheim und Kerssenbrock.

[14]) Ebenso, nur umgestellt, bei Monheim, freilich abgesehen davon, dafs er obszöne und deutsche Lieder auf eine Stufe stellt.

[15]) Monheim ebenso, nur ist eingefügt: nec temere iuranto.

[16]) Ganz gleichlautend Kerssenbrock. Monheim: Extra tempus remissionis et domi et foris a lusibus abstinento.

[17]) Monheim gleichlautend. Kerssenbrock: Inhonestos ludos, ut aleam, chartas etc. omnino vitanto. Verbote von Würfel- und Kartenspiel finden sich auch in den meisten übrigen Schulordnungen. Die gestatteten Spiele waren damals, wie aus anderen Stellen hervorgeht, Ball, Kugel, Laufen, Springen. Vgl. die Emmericher Schulordnung § 16: Exerceantque corpus liberali aliquo lusu pilae, sphaerae, globorum missilium, cursu. Gandersheimer Ordnung: Trochorum circumrotationes, pila, globi, corporis agitatio, cursus, sphaerae ludus, saltus et similes lusiones. Schneeballwerfen ist verboten (Vormbaum S. 575). Ebenso Mich. Neander (ebenda 764).

[18]) Monheim ebenso. Nicht ganz so streng war man in diesem Punkt in Münster. Dort durfte man ein Glas Bier daran wagen: Pro pecunia, quae cerevisiae unius mensurae pretium excedat, ne ludunto.

[19]) Ebenso Monheim. Kerssenbrock etwas eindringlicher: Ebrietatem ut ingeniorum pestem fugiunto nec symposia privatim aut publice constituunto nec poculis quemquam urgento.

[20]) Monheim fast ebenso. Kerssenbrock setzt hinzu: neve glaciei insultanto. Dieser Paragraph ist auch ein Inventarstück aller

Schulgesetze. Die Emmericher (§ 7) bezeichnen dergleichen Unterhaltungen als des künftigen Theologen unwürdig. Das Baden verbietet die Breslauer Schulordnung mit der Begründung: quia periculosum est (Vormbaum S. 210). Körperliche Züchtigung bedrohte die Übertreter in Heidelberg: „Es ist auch den Alumnis der Neckarschule zum Höchsten verboten im Sommer das Baden im Neckar, im Winter das Schleifen und Schlittenfahren und Schneeballen zu werfen; wo einer in dieser That betreten wird, soll er mit der Ruthe abgestraft werden" (Vormbaum S. 361). „In deprehensos in glacie, vel in aqua gravissime animadvertimus," sagt nicht minder streng die Neubrandenburger Schulordnung (ebenda S. 436). Vgl. ferner die Leges scholae Goldbergensis und die Brieger, Gandersheimer, Magdeburger, Güstrower, Herzogl. Sächs., Burgsteinfurter Schulordnungen (Vormbaum S. 58, 325, 425, 575, 577, 601, 649). Vgl. auch Joh. Sturm ebenda S. 708.

[21]) Kerssenbrock fast ebenso („aliaque loca suspecta, quae contemnendarum legum dent ansam").

[22]) Monheim außerdem: Equos ne conscendunto. Ebenso untersagen Kerssenbrock und Fabricius auch das Besteigen von Pferden.

[23]) Monheim: Cum ludendi datur facultas, in locis vetitis, utpote sacris, plateis, foro, pomeriis, aliisque locis ludo non destinatis, lusum ne exercento.

[24]) Das Verbot des wüsten Schreiens steht auch noch in den späteren Dortmunder Schulgesetzen. 1725: Clamores et barbarici boatus cum domi tum in plateis penitus interdicti sunto (Thiersch, Programm 1842, S. 29). 1732: Clamores quoque et barbarici boatus, cum domi, tum in plateis, sub eadem carceris poena, omnino interdicti sunto (Döring, Programm 1871, S. 6).

[25]) Monheim gleichlautend.

[26]) Monheim: Pugiones et sicas ne deferunto, sed omnia arma defensoria apud hospitem deponunto. Kerssenbrock ausführlicher: Pugiones, sicas, gladios, globulos ferreos aut plumbeos aut cuiusvis generis arma per urbem aut deambulantes per agrum ne gestanto nec arma domi privatim, sed apud hospitem deposita habento. Fabricius hat die mit der Emmericher Schulordnung (§ 7) übereinstimmende Vorschrift, daſs die Studiosen die Waffen an den Hauswirt abgeben und nur zurückfordern sollen, wenn sie verreisen wollen. — Gegen Waffentragen und Fechten kämpfte man auch an anderen Orten. Sturm schreibt 1565 aus Straſsburg, die neue und verderbliche Gewohnheit des Fechtens fange an, am dortigen Gymnasium einzureiſsen, so daſs von manchen Jünglingen den Fechtmeistern mehr Zeit und Arbeit gewidmet werde als den Wissenschaften und ihren Lehrern. Deshalb sei vom Senate beschlossen worden, ohne

besondere Erlaubnis es niemand zu gestatten; auf keinen Fall aber dürfe ein Schüler bei einer öffentlichen Fechtübung auftreten (Vormbaum S. 705). Vgl. die Verbote in den Schulordnungen von Goldberg, Brieg, Heidelberg, Magdeburg, Stralsund, Burgsteinfurt, Lauingen und in der Herzogl. Sächsischen (Vormbaum S. 58, 324, 361, 425, 512, 601, 650, 744). — Das Dortmunder Schulgesetz von 1725 hat ebenfalls noch das Verbot: Armorum usus omnino vetitus esto. Gladiis speciatim gestandis abstinento in collegiis publicis pariter ac privatis et quoties ad Gymnasiarcham et Prorectorem vel citantur vel ultro accedunt. Aus dem Schulgesetz von 1732 geht dagegen hervor, daſs damals die auditores publici Degen trugen. Verboten wird nur der Gebrauch von Waffen, die sich für den Studierenden nicht ziemen; den Degen sollen sie ablegen, wenn sie vor dem Gymnasiarchen und Prorektor in richterlicher Angelegenheit zu tun haben. Die Vorschrift lautet: Armorum studiosos dedecentium usus omnino vetitus esto. Ubi etiam ad Gymnasiarcham et Prorectorem, sive actores, sive rei, sive testes sint, in ius eunt, ad fores gladios deponunto, sub poena carceris. Vgl. die Bemerkungen von Döring zu diesem Gesetz (Programm 1871, S. 16 ff.).

[27]) Kerssenbrock: Librum in sinu exeuntes semper gestanto.

[28]) Ebenso Monheim. Kerssenbrock noch schärfer: nec domi habento. Auch in Emmerich waren Musikinstrumente verboten: Nec iisdem (studiosis) liceat instrumentis uti musicis.

[29]) Gegen die Damen hat Monheim keine Bestimmungen. Originell ist dagegen Kerssenbrocks Verbot des Eheversprechens: . . . puellarum commercia fugiunto matrimoniique fidem citra parentum, consanguineorum eorumque, quorum interest, consensum et arbitrium ne danto.

[30]) Monheim: Corporis aut progenitorum vicia nulli exprobantor. Neminem damno, iniuria, contumeliaque afficiunto. — Kerssenbrock: Neminem iniuria, damno, probro, afficiunto aut irridento; corporis aut progenitorum vitia nulli exprobranto.

[31]) Monheim und Kerssenbrock ausführlicher.

[32]) Dieselbe Bestimmung haben Monheim und Kerssenbrock.

[33]) Ebenso Monheim: Quinta hora vespertina examini praefecti intersunto. Kerssenbrock unter „De officio praefecti contubernii“: A V ad horam VI vespertinam e ludo litterario dimissorum contubernalium examen praesentes fideliter et exacte protrahunto. Fabricius: Quinta pomeridiana praefecti suos examinando exercento. — Die praefecti waren Schüler der obersten Klassen, die vom Rektor zur Aufsicht und Anleitung der in einem Hause untergebrachten Schüler bestimmt wurden. Vgl. Fabricius: Praefecti, seu paedagogi, quem ordinem ex secundae, tertiae nonnunquam

etiam veteranis quartae classis auditoribus constitutum vitio vacare, et ceteris specimen esse par est, . . . praefectus, cui tanquam vicario Rectoris absque recusatione pareat . . . Vgl. auch H. Tebbe, „Pädagogen" und „Praeceptoren" am Gymnasium zu Münster in der Festschrift des Paulinischen Gymnasiums, Münster 1898, S. 107ff.

[34]) Monheim: Cubiculum bis singulis septimanis verrunto, et expurganto. Matulam deportanto.

[35]) Dieser nette Paragraph steht auch bei Kerssenbrock.

[36]) Monheim: Nona hora noctis domi sunto, neque ampluis egrediuntor. In Münster mufste man im Winter schon um 8 Uhr zu Hause sein. Hora IX vespertina aestate, hieme vero VIII domi sunto nec postea exeunto. Ebenso z. B. in Burgsteinfurt (Vormbaum S. 651).

[37]) Bei Monheim ist nur vom Vaterunser die Rede (dominica oratione se Christo commendanto). Kerssenbrock: Vesperi, priusquam lectus conscendatur, frontem, os, corpus, in divinae Trinitatis nomine crucis imagine signanto et precatione cum dominica oratione lecta somnum secure carpunto.

[38]) Monheim: Diebus festis concioni et sacris solemni religione intersunto. Kerssenbrock hat in dem Abschnitt „Quae ad deum, sacra et pietatem spectant" ausführlichere Anweisungen.

[39]) Monheim: Singulis diebus Veneris epistolam domi exhibento, cuius argumentum praefecti die Lunae dictanto. — Kerssenbrock: Diebus Veneris (praefecti) singulorum contubernalium praefixi argumenti epistolas examinanto et plena fide emendanto.

[40]) Monheim: Quater in anno sacerdoti privatim peccata sua confitentor.

[41]) Eine derartige Bestimmung ist mir sonst nicht aufgefallen.

[42]) Ebenso Monheim.

[43]) Monheim: Iniuste et ex odio neminem notanto.

[44]) Monheim ebenso. Kerssenbrock: Sabbatis singulis mulctas satisfaciunto.

[45]) Monheim: Praefecti singulis diebus Saturni has leges contubernalibus legunto.

[46]) Baptista Mantuanus, nach seiner Vaterstadt so genannt, aus der Familie Spagnuoli, war Mitglied des Karmeliterordens, seit 1513 General desselben und starb 1516, angeblich 80 Jahre alt. Er ist der Verfasser zahlreicher Werke und wird von den Humanisten häufig zitiert. Vgl. Tiraboschi, Storia della letteratura italiana 6, 1262.

II.

Nachricht Familiae Beurhusianae.

Herausgegeben

von

Klemens Löffler.

Die Familie Beurhaus ist bis auf die neueste Zeit aufs engste mit der Stadt Dortmund verbunden gewesen und hat, wie Mellmann sagt, „eine Reihe um unser Gymnasium, um unser Kirchenwesen, um die Regierung unseres einstigen Freistaates, wie überhaupt um Westfalen und die gelehrte Welt sehr verdienter, echt deutscher Männer aufzuweisen“.

Die im folgenden herausgegebenen eigenhändigen Aufzeichnungen von mehreren Mitgliedern dieses Geschlechts dürften daher wohl auf einiges Interesse bei den Lesern dieser Zeitschrift Anspruch haben.

Sie finden sich auf drei Blättern, die einer im Besitze der Bonner Universitätsbibliothek befindlichen Bibel vorgeheftet sind. (Biblia, Das ist / die gantze heil. Schrifft Alten und Neuen Testaments / Deutsch / D. Mart. Luth. Sampt D. Hutteri Summarien / der Biblischen Bücher und Capitel richtiger Eintheilung / verbesserten Registern und Concordantzen / nützlich zugerichtet / und mit dem Exemplar / so zuerst nach Lutheri Sel. Todt / im Jahr Christi 1546. in Wittenberg gedrucket / jetzo mit allem Fleiss zum andern mal conferiret von der Theologischen Facultät zu Wittenberg. Mit deroselben Vorreden. Und Churfürstl.

Sächs. gnädigster Befreyung. Wittenberg / In Verlegung Balthasar Christoph Wustens / Druckers und Buchhändlers in Franckfurt am Mayn. Im Jahr Christi / MDCLXIV. — 4°. Bonner Signatur: Ga 43.)

Diese Bibel hat Johann Heinrich Beurhaus in Magdeburg, wo er 1695 Hauslehrer war, angeschafft, wie die Eintragung:

Johannes Henricus Beurhusius Tremonianus compar. [Magdeburgi ão 1695]*) zeigt. Von ihm stammt auch der Vers über dem ersten Titelblatt: Salve liber, venerande liber, liber optime salve! —

Die Kenntnis der Handschrift verdanke ich Herrn Dr. H. Degering in Münster.

Die Aufzeichnungen beziehen sich vor allem auf die eigene Lebens- und Familiengeschichte Johann Heinrich Beurhaus' und seines Sohnes. Was vorhergeht, ist ziemlich kurz behandelt und daher von mir durch erklärende Anmerkungen aus anderen Quellen (vor allem Rolle und Mellmann) ergänzt worden.

Der Text ist im allgemeinen getreu wiedergegeben; nur sind u, v, i, j und s in heutiger Weise gebraucht und schwer verständliche Abkürzungen aufgelöst worden. Zusätze sind in eckige Klammern eingeschlossen.

Nachricht Familiae Beurhusianae.

[1. Hand: Johann Heinrich Beurhaus.]

[fol. 1a] Anno 1425 (:alii putant 1459:) Petrus Beurhusius sive Beurhusen[1]), natus, hat gewohnet auf dem guth Imcke nahe bey Meinertzhagen, seine eigene Jagdt gehabt, als Edelleute, als auch der stam noch nachgehends gehabt, uxorem habuit Sophiam Drost, alii putant Catharinam von Galen.

[Am Rande hierneben:][2]) obiit 1514.

*) Die eingeklammerten Worte sind durch den Schnitt fast ganz verloren gegangen, lassen sich aber aus seiner Biographie ergänzen.

[Darunter:] aetat: 89 ut alii 65 [Jahr][2]).

Hae notata ex Proavi Frid. Beurhusii groſsem Rechenbuch.

Anno 1484 (: alii 1508:) natus illius Filius Tileman Beurhusen von Imeke, uxor ejus Margarethe von Karthusen[3]), gewohnet ibidem, mit eisen[4]) gehandelt, gleich wie dessen Vatter, die jagdt sehr geliebet und der nachgegangen.

[Am Rande:] Obiit 15[39].

aetat: 55 Jahr vel ut alii 31.

Anno 1535[5]) natus Fridericus Beurhusius, Comes Palatinus, Rector Tremon., Philosophus, Orator, Poeta insignis et Theologus non ex postremis, vere Polyhystor, venit Tremoniam 1556[6]). Coniux ejus Sophia Brass[7]), habuerunt 17 liberos, 9 filias et 8 filios qui tamen in infantia mortui praeter Fridericum[8]), Johannem et Gertruden[9]) uxorem Andreae Schafman Th. D. et Past. ad div. Mar.[10]). [Von anderer Hand:] aetat: 74 Jahr. [Am Rande:] obiit 1609[11]).

Anno 1578 natus Johannes Beurhusius ICtus[12]), lector Trem., duodecimvir et Judex et senator Trem., vir gravissimus et eloquentissimus[13]), Uxorem habuit Annam Nies. Liberos genuit, Fridericum, Johannem Lect. VII. cl., Henricum Pror. Trem. Sophiam uxorem Joh. Wortmanni Judicis Hoerdensis und Annam Sophiam uxorem Joh. Zythopoei[14]).

[Von anderer Hand:] aetatis suae 77 Jahr[15]).

[Am Rande:] obiit 16[45].

Anno 1614 die 3 Febr. natus Henricus Beurhusius[16]) Prorector Trem. et Pastor primus Mengedensis, conjuges habuit tres (Am Rande: obiit 16[75])[17]) 1 Annam Mariam a Walraben 2 Claram Wortman 3 Mechtildem Catharinam Mallinckrodt, genuit 14[18]) liberos, ex 1 matrimonio Joh. Henricum, qui obiit bimulus, ex 2 Joh. Fridericum J. U. D. Com. Palat. Caes. et Senatorem Trem.[19]), ex 3 Henr. Melchiorem Pastorem [fol. 1 b] Mengedensem et ita successorem Patris sui, Annam Mariam, quae obiit in infantia, Christophorum Zachariam, Petrum Arnoldum, J. U. D. Erbsassium Trem. et Judicem Wittensem, qui obiit coelebs, Johannem Diaconum ad div. Petrum, meum praedecessorem in officio[20]), Claram Elisabetham, uxorem Balhornii Past. et Inspectoris Susatensis, Nicolaum, qui obiit in infantia, Gisbertum Wesselum, qui obiit optimae spei adolescens, Bernhardum Joachimum huc usque coelibem, Mariam Sibillam in infantia mortuam, Johannem Henricum, de quo in seqq.

[Von anderer Hand:] aetatis suae 61 Jahr.

Anno 1670 die 12 Octobris intra 2 et 3 pomeridianam natus ego Johannes Henricus Beurhusius. Postquam me ad consilium fratris mei ex omnibus dilectissimi Johannis applicavi ad studium Theologicum et hic in nostro Archigymnasio fundamentum stud. Theol. posui, sub ductu Virorum — — doctissimorum Bernh. Dresingii[21]) et Joh. Christoph. Nungesseri[22]) s. s. Th. Doctorum et Superint. Trem. postmodum anno 1693 profectus Jenam ad continuandum studium Theol. sub D. Bechmanno[23]), D. Bayero[24]), D. Velthemio[25]) etc. Anno 1695 profectus Magdeburgum, ubi sesqui annos institui filios Christoph. Scroederi nunc senatoris Magdeb. Anno 1696 profectus ad academiam celebrem Wittenb., ibidem fructus sum informatione celeberrimi D. Deutschmanni[26]), D. Loescheri[27]) superintendentis generalis, Prof. et Doctoris theol. Hannekenii[28]) et perspicuique doctissimique D. Neumanni[29]) ut et Dossorii Prof. ling., Rohrensee Prof. Polit. et Eloq., magni Schurtzfleischii[30]) Prof. Histor., Schroderi Prof. Metaph. et Wernsdorffii[31]) tum Adiuncti Phil. nunc Prof. Theol. — — — ibique moratus per sesqui annos apud contubernalem charissimum Danielem Kleselium Fraustad. Polonum.

Anno 1698 incepi Paedagogum agere apud Nobil. et generosum dominum de Kessel in Hackhausen ibique moratus 7 annos.

Anno 1709 die 24 Novembr. electus per plura quam

100 vota ad Diaconatum Petrinum, quo officio fere per sexennium functus.

Anno enim 1715 die 11 Junii per unanimia vota electus [fol. 2a] ad Pastoratum Petrinum, in eum ab ampliss. Magistratu confirmatus et solemniter a Commissariis introductus.

[Von anderer Hand:] Obiit die 1 Octobr. 1731.

Anno 1711 die 5 Novembr. celebravi nuptias cum Sophia Sibilla Glaser, filia Plur. reverendi Joh. Friderici Glaseri Pastoris in Aplerbeck optime meriti [am Rande von anderer Hand: et Cath. von Lu . . . [?] nata 1689 d . . .], Neptae [!] Jacobi Glaseri Past. Schwertens.

Anno 1712 die 7 Aug. intra pomeridianam 1 et 2 natus mihi filius primogenitus Henricus, Susceptores fuerunt: frater meus charissimus, nunc unicus, Bernhardus Joachimus Beurhusius, Carolus Johannes Beurhusius J. U. D. et meus Nepos ex fratre B. Joh. Frid. Beurhusio, et uxor Jacobi Glaseri jun. Pastor. Schwertensis Maria Margareth Hülshof.

Gott verleihe ihm seine gnade zum ewigen heil und zeitl. Wolfarth!

[Von anderer Hand:] plura vide de illo in seqq.

Anno 1714 die 3 Decembr. ist uns zwischen 4 und 5 nachmittags gebohren Clara Margaretha. [Am Rande: obiit 1731 1 Junii.] Die Gevattern waren Meine liebe Schwester Clara Elisabeth Beurhuss Wittib seel. Herrn Past. und Inspect. Balhorn, Anna Margaretha Lotgiesser Wittib seel. Herrn Licent. Deutchen und mein Herr Schwager Joh. Frid. Glaser Diac. ad div. Nicol. hierselbst. Got verleihe ihr seine Gnade in Christo Jesu!

Anno 1717 die 4 Junii Ist uns gebohren unser Tochterlein Judith Anna Diederina, Paten waren Meine Nichte: Judith Eva Helena Beurhuss Eheliebste Herrn Doctoris Dornsers, Anna Elisabeth Rodt Eheliebste Doctoris Pet. Christ. Beurhuss[32]) und Joh. Dieder. Himmelreich Ictus et Freygrafius Trem. amicus ex multis fraternus, aestimatissimus cognatus. Der Herr sey Ihr gnädig umb Christi Jesu willen! Mortua d. 18 julii 1717.

Anno 1719 den 5 Martii ist uns gebohren des Morgens zwischen 2 und 3 Uhren ein Söhnlein Johan Friderich Wilhelm [am Rande: mortuus d. 29. jun. . . .], Paten waren dabey: Johan Wilhelm Freyherr von Voss zu Rodenberg, Friderich Wilhelm Christian Freyherr von Botlenberg genand Kessel zu Neuenhoff Und Hackhausen, Mein lieber Herr Vetter Johan Friderich Beurhuss J. U. D. und Frau Hedwig Catharina Fischers [fol. 2b] Witwe meines Brudern seel. Christoph Zachariae Beurhusii. Gott segne Ihn mit gristlichen Segen in himl. gütern durch Christum!

Anno 1721 den 11 Jan. ist uns zwischen 7 und 8 nachmitt. gebohren ein Töchterlein Anna Engel Loyse, Paten waren dabey: Anna Loyse Freyfrau von Voigt Zu Elspe gebohren von Voss, Maria Engel Freyfräulein von Neuhoff zur Wenge, und Freyherr von Fürstenberg Major Ihrer Königl. Maj. Von Dänemarck. Gott lafs Sie in der Zucht und Vermahnung Zum Herrn auferzogen werden! [Von anderer Hand nachgetragen:] gestorben 1774. den 7. Sept.

Anno 1724 den 28 Martii[33]) nobis natus filius Johannes Fridericus[34]), Paten: Herr Joh. Herman von Strauch Sr. Churfl. Durchl. von Pfaltz geheimbter und Regierungsraht, und Oberambtmann im Fürstenthumb Veldentz, Herr Friderich Beurhauss Sr. Königl. Majst. in Preussen Hoffraht, wie auch Cammergerichts und Criminal Raht und Fraw Anna Elisabeth Söllings Eheliebste Herrn Doctoris Henrici Zachariae Beurhauss[35]). Got regiere Ihn durch seinen h. Geist zu seiner Ehre und unser Freude!

Anno 1725 den 11 Sept. ist uns gebohren ein Töchterlein Sibilla Catharina, Paten waren: Fr. Maria Sibilla Hasenkampfs Eheliebste Herrn Bürgermeisters Himmelreichs[36]), Fr. Catharina Gedruth Scheibler Eheliebste Herrn Doctoris Barop[37]) und Herr Rüdiger Joh.

2*

Beurhauss J. U. Candid. Got sey mit Ihr mit seiner gnade zu leib und Seele. Obiit d. 21 Junii 1727.

[2. Hand: Heinrich Beurhaus.]

Ao 1712 d. 7 Aug. inter pomeridianam [fol. 3 a] 1 et 2 natus ego Henricus Beurhusius vide supra, parentibus Joh. Henr. Beurhusio et Sophia Sibylla Glaser. vide antea. d. [38]) Aug. dicti anni lavacro baptismi renatus. Postquam, praeter informationem parentis, prima Christianismi et latinitatis fundamenta in Schola parochiali Petrina posuissem, ad archigymnasium nostrum Tremon. me miserunt parentes b., absolutis ibidem classibus, auditor publicus factus, ss. Theol. studio incubui, ad quod semper animus inclinabat, ductu Professorum tum temporis, Rollii[39]), SS. Th. D. postea Superintendens Alsfeldensis et Profess. Theol. ad academiam Giessensem vocati; Pastoris Wiskotii, Philosophiae Profess. munere tum temporis fungentis, et Schönbergii[40]) Philolog. S. Professoris.

Ao 1730 circa festum pentecostes, ad Giessensem academiam, cum D. Rollio ibidem vocato, me miserunt parentes mei b., ubi D. Rollio praeside, 1730, occasione festi Augustanae Confess. secularis secundi, disputationem: de Erroribus Augustanae Confessioni recentiori aetate temere affictis, habui publice, in auditorio ibidem publico, bis ventilatam, collegia ibidem frequentavi Superintendentis D. Schuparti[41]) nunc beati, D. Rollii Superintendentis, et D. Verdriesii[42]), Philosophi et Physici et medici exactissimi. Postquam per anni spatium Giessae moratus, ao 1731, beato patre meo suadente et jubente Jenam me contuli, cumque ibidem collegia D. Rusii Theologica et Philologica et Dn. M. Carpovii[43]) Philosophica, per unius tantum semestris spatium frequentassem, ex hac musarum sede dilecti patris mei obitu evocatus, tristissimo nuntio hoc domum redire iussus, ao

1731 d. 7 Octobr. in patriam redii ad desiderium Ecclesiae petrinae quoad potiorem partem, post reditum habitis duabus concionibus ao eodem 1731 d. 30. Octobr., divina certe vocatione, per vota fere unanimia, in Diaconum sive Ecclesiasten Petrinum electus, vocatus, d. 6 Nov. a rev. ministerio examinatus, a Magistratu nostro d. 8 Nov. confirmatus per decretum, et d. 18 Nov. Dom 26 p. Trin. habita concione inaugurali, ordinatus a Past. Renold. Wiskot et toto Ministerio praesente.

Quo Ecclesiastis officio fere per undecim annos et dimidium functus Dei auxilio post obitum collegae meae Past. Regenherz 1743 d. 21 april Dom. Quasimodogeniti Pastor Petri prorsus per unanimia vota et absque ulla contradictione electus, vocatus, proclamatus, praevia amplissima Magistratus confirmatione, d. 30 april a. c. sollenitatibus consuetis, ut Pastor petrinus introductus sum. Deus in hoc officio gratia Spiritus sancti adiuvet me propter Christum. Amen. Ao 1748 d. 7 Jan. Dom 1 p. Epiphan. divina directione, post obitum Past. Wiskotii in Pastor. Renold. primarium electus, vocatus, a Magistratu d. 11 Jan. confirmatus, et d. 22 Jan. introductus sum ad officium obeundum. Deus P. O. M. donis necessariis Sp. S. me uberrime instruat propter Christum.

[fol. 3b] Ao 1744 d. 30 April, als an eben demselben Tage, an welchem ich im vorigen Jahr als Pastor Petri introduciert worden bin, Habe ich mich verheyrathet und Hochzeit gehalten mit Jungfrau Christina Sibylla Clara Dresing, einer Tochter des seel. Herrn Henr. Bernh. Dresings [am Rande nachgetragen: welcher erst Pastor in Methler, nachgehends hieselbst Past. primarius gewesen und ao. 1729 gestorben] und Fr. Christina Margar Sibylla Lobbecke, einem Enckel Herrn Bernhardi Dresingii ss. Theol. Doct. Superintendent., Profess. et Gymnasiarchae hieselbst und Hedwig Cath. Haberkorns, (: Petri Haberkorns Superint. in Giessen Pastor:)

Ao 1745 d. 15 Octobr. auf Hedwigstag, da just Viehmarckt war, ist uns zwischen 9 und 10 Uhr Vormittags glücklich, Gott lob, gebohren, unser erster Sohn, welcher den 19 dito getauft und Johannes Henricus Fridericus genennet. Die Gevattern waren unser lieber Herr Vetter Carolus Johannes Beurhaus J. U. D., als Senior der Beurhusischen famille, welcher auch gevatter über mich gewesen, unser l. Oheim Herr Johannes Fridericus Glaser Past. in Halvern, gewesener Inspector Minist. Marcani, und unsere liebe Tante Frau Clara Ida Lobbecke Witwe seel. Past. Petri Jo. Henr. Regenherz. Gott segne ihn in Christo Jesu, dass auf ihn ruhe der geist des Herrn, der geist der weisheit und des Verstandes, der geist des Raths und der Stärcke, der geist der Erkäntnus und der Furcht des Hrn. Amen.

Ao 1748 d. 19 April morgens ohngefehr 4 Uhr Hat Gott meine Ehefrau entbunden, und uns erfreuet mit einer wohlgestalten Tochter, welche d. 24 dito getauft, Catharina Sibylla Henriette: Paten dazu waren: Unsere Liebe Tante Catharina Elisabeth Mallinckrot Frau Witwe sel. Herrn Jo. Bernh. Luhn, weyl. s. s. Theol. Doct., Hochfürstl. Braunschweig-Luneburgischen Consistorial und Kirchen Raths, Hofprädigers, und berufenen General Superintendenten zu Gandersheim (: welche zuvor an Herrn Peter Joh. Dresing J. U. D. und Gerichtsschulzen zu Schöningen und Königs-Lutter geheyrathet gewesen :), Ferner Jungfrau Sibylla Sophia Dresing, des weyl. hiesigen sel. Herrn Superintendenten Bernhard Dresings jüngste Tochter unsere liebe Tante und unser lieber Herr Vetter Henricus Zacharias Beurhaus[44]) J. U. D. berühmter Advocat, und jetzo erster und regierender Bürgermeister hierselbst. Gott walte mit seiner gnade über sie, dass sie aufwackse in der furcht und Vermahnung zum Herrn, zu seiner Ehre und unserer Freude. Amen.

[3. Hand: wahrscheinlich Joh. Heinrich Friedrich Beurhaus.]

Henr. Beurhusius pater meus dilectissimus ex hac vita praemature obiit 1749 die 14. Febr. cum annos XXXVI, menses VI vixisset.

Anmerkungen.

[1]) Der Name kommt nach Rolle, Memoriae Tremonienses S. 38 von dem Gute Bürhusen im Kirchspiel Rönsal.

[2]) Diese und die folgenden Bemerkungen dieser Art sind später, vielleicht von Heinrich Beurhaus, nachgetragen.

[3]) „Filia Friderici de Karthausen, Toparchae (Amtmann) in Badinghagen et Winteressen." Rolle.

[4]) „Ferro et chalybe." Rolle.

[5]) Nach Rolle am Martinsabend (ipsa vespera Martini) 1536.

[6]) Kam 1551 als Schüler nach Dortmund, ging dann wegen der Pest nach Münster, kehrte 1553 zurück, war nach Beendigung seiner Studien von 1561—1563 Lektor der vierten Klasse in Soest, 1563 bis 1567 Rektor in Unna, wurde Michaelis 1567 Prorektor in Dortmund und nach Lambachs Tode 1582 dessen Nachfolger als Gymnasiarch. 1596 — so gibt Mellmann, Das Archigymnasium in Dortmund, S. 71 an — ernannte ihn der Kaiser zum Comes palatinus. 1569 hatte ihm die Stadt das große Bürgerrecht geschenkt (vgl. die Bürgerlisten, hrsg. von Rübel, Beiträge 12, 86 f.: Magister Fredericus Beurhuss, Meinertzhagensis, conrector, und uss vurbytt und begeren unserer heren burgermester syn borgerschap geschenket, montag vor Jacobi). — Meinerzhagen betrachtete ihn später als den ersten Prediger der lutherischen Lehre am Orte. Als am 6. April 1648 der kurfürstliche Richter Peter Wever die ältesten Leute von Meinerzhagen über die Einführung der Reformation vernahm, sagten sie aus, vor 80 Jahren sei in Meinerzhagen ein Meßpriester Matthäus Strohbecker gewesen. Dessen Vikar Friedrich Beurhaus, aus dortigem Kirchspiel, habe zuerst dort die lutherische Lehre dem Volke vorgetragen. Seiner trefflichen Bildung halber sei Beurhaus etliche Jahre später nach Dortmund als Rektor der Schule berufen. Vgl. F. Darpe, Die Anfänge der Reformation und der Streit über das Kirchenvermögen in den Gemeinden der Grafschaft Mark, Zeitschrift für vaterl. Gesch. und Altertumskunde (Westfalens) 50, 1, 45. Da sich nun in Beurhaus' Leben für ein Vikariat in Meinerzhagen kein Platz findet, so nimmt Mellmann, S. 67 Anm., Verwechslung mit einem Verwandten gleichen Vornamens an. Tatsächlich ist aber doch unser Friedrich gemeint. Das zeigt nicht nur die erwähnte Angabe, er sei nachher Rektor in Dortmund geworden, sondern ein

Bericht von Wever vom 28. Februar 1665 besagt auch, der „alte und hochgelehrte Philosoph Friedrich Beurhaus" habe etwa 1573 die lutherische Konfession eingeführt. Das ganze ist vielleicht bloſs eine Meinerzhagener Lokallegende, um die Einführung der Reformation möglichst weit zurückzudatieren.

[7]) Seine Dortmunder „filia hospitalis". Die Heirat fand 1562 statt.

[8]) Lektor der Quarta, geboren 1576, gestorben 1619.

[9]) Ebenso wie ihr Mann 1569 geboren, verheiratete sich mit Schaafmann 1595. Beide starben im September 1599 an der Pest.

[10]) Magister der Philosophie und Doktor der Theologie, Diakonus an Reinoldi, dann Pastor an der Marienkirche, beliebter Prediger und nicht unbedeutender Gelehrter. Vgl. über sein Leben und seine Schriften Rolle a. a. O. S. 62 ff.

[11]) Am 6. August abends 10 Uhr.

[12]) Jurisconsultus.

[13]) Er hatte mit seinem Bruder Johann die Universitäten Marburg, Köln und Wittenberg besucht und vor allem Philosophie und Rechtswissenschaft studiert. Dann war er Prorektor in seiner Vaterstadt, ging 1618 als Rektor nach Oldenburg, übernahm aber 1628 zum zweitenmal das Dortmunder Prorektorat. 1639 erscheint er als zwölfter in der Ratsliste, von 1642 bis zu seinem Tode 1645 als Richter. Vgl. die Dortmunder Ratslinie seit dem Jahre 1500, hrsg. von Mallinckrodt, Beiträge 6, 45 ff.

[14]) Joh. Zythopäus der Ältere, Lehrer an der Quarta, starb 1662, 80 Jahre alt.

[15]) Diese Angabe ist nicht richtig. Die Randnotiz des Todesjahrs ist zwar durch den Schnitt zur Hälfte verlorengegangen, doch ist die 4 von 45 deutlich zu erkennen. Auch geht das Todesjahr aus der Ratsliste hervor.

[16]) Empfing seine erste gelehrte Bildung auf den Gymnasien in Oldenburg und Bremen, dann 1630—1632 auf der Sekunda in Dortmund. Dann ging er 1636 nach Leiden, 1637 nach Utrecht. Nach einer Reise nach England, Frankreich und Lothringen wurde er erst Prediger in Wellinghofen, dann von 1639—1644 Konrektor in Lippstadt. 1644 übernahm er die Stellvertretung seines Vaters, der am Gymnasium abdankte. Pastor von Mengede war er von 1649 an. Von 1658—1660 führte er auch die Gymnasiarchen- und Superintendentengeschäfte. Von ihm stammt die bekannte oratio in restauratam pacem.

[17]) Am 1. Januar.

[18]) Im folgenden werden aber bloſs 13 aufgezählt.

[19]) Er steht 1784 und 1785 als Richter, 1787—1789 als zwölfter, 1790—1794 als zehnter in der Ratsliste (a. a. O. S. 61 ff.).

[20]) Gestorben 1704. Seine Söhne waren Peter Christoph, geboren 1687, Doktor beider Rechte, Erbsasse und Advokat, der in Dortmund juristische Vorlesungen hielt, und Johann Friedrich Beurhaus, geboren 1686, seit 1739 erster Syndikus in Hannover, 1763 gestorben.

[21]) Bernhard Dresing aus Herford (geboren 1635), studierte in Leipzig, Jena und Wittenberg, hielt in Gießen Vorlesungen, wurde 1659 Doktor der Theologie, 1660 in Dortmund Gymnasiarch und Superintendent, starb 1690.

[22]) Aus der Grafschaft Katzenellenbogen, Rektor in Soest, 1685 Prediger an der Marienkirche und Prorektor in Dortmund, 1690 bis 1694 interimistischer, seitdem wirklicher Gymnasiarch und Superintendent, starb 1700.

[23]) Fridemann Bechmann 1628—1703. Vgl. Zeumer, Vitae professorum Jenensium, Jenae 1711, 1, 201 ff.

[24]) Johann Wilhelm Baier, 1647—1695. Vgl. Allgemeine Deutsche Biographie (im folgenden zitiert ADB.) 1, 774.

[25]) Valentin Velthemius 1645—1720. Zeumer a. a. O. 1, 286 ff.

[26]) Johann Deutschmannn, gestorben 1706, „einer der eifrigsten, aber auch borniertesten lutherischen Streittheologen des 17. Jahrhunderts, Kollege, Schwiegersohn und treu ergebener Schildknappe von Abraham Calov“. ADB. 5, 93.

[27]) Valentin Ernst Löscher, ein Hauptkämpfer gegen den Pietismus, „eine Säule der deutschen evangelisch-lutherischen Kirche“. ADB. 19, 209 f.

[28]) Gestorben 1701. ADB. 42, 96.

[29]) Johann Georg Neumann, gestorben 1709, Propst an der Schloßkirche und Professor der Theologie, heftiger Gegner des Pietismus. ADB. 23, 523.

[30]) Konrad Samuel Schurtzfleisch, berühmter Polyhistor, gestorben 1708. ADB. 33, 97.

[31]) Gottlieb Wernsdorf, Hannekens Nachfolger, beliebter Lehrer. ADB. 42, 96.

[32]) Vgl. oben Anm. 20.

[33]) Mellmann gibt S. 101 irrig den 11. an.

[34]) Er besuchte von Ostern 1741—1743 die Universität Jena, praktizierte dann einige Zeit bei dem Vizepräsidenten des Oberappellationsgerichts in Celle, Friedrich von Beurhaus (Enkel des Prorektors Heinrich, geboren 1692 in Dortmund), und bei Johann Friedrich Beurhaus, Syndikus in Hannover (vgl. oben Anm. 20). 1749 wurde er Gemeinheits-Erbsasse und öffentlicher Professor der Rechte, was er bis zu seinem Tode blieb. Ebenso war er von 1750 bis zu seinem Tode Mitglied des Rates. Vgl. die Ratsliste a. a. O.

S. 91 ff. Im Siebenjährigen Kriege besorgte er mancherlei Gesandtschaftsreisen und andere Geschäfte und wird als Mann von Kenntnissen, Geistesgegenwart, Gewandtheit und Tatkraft gerühmt. Er starb am 3. April 1783.

[35]) Dr. Heinrich Zacharias Beurhaus war seit 1739 Ratsmitglied, von 1747—1757 regierender Bürgermeister. Vgl. die Ratsliste a. a. O. S. 86 ff. 1749 wurde er vom Kaiser geadelt.

[36]) Johann Dieterich Himmelreich war zweiter Bürgermeister von 1725—1739. Vgl. die Ratsliste a. a. O. S. 79 ff.

[37]) Dr. Gerhard Wilhelm Barop 1707—1737 Ratsherr. Vgl. die Ratsliste a. a. O S. 71 ff.

[38]) Ist offen gelassen.

[39]) Der berühmte Reinhard Heinrich Rolle, 1683 in Unna geboren, studierte in Rostock und Greifswald, 1712 Professor der morgenländischen Sprachen in Dortmund und Prorektor am Archigymnasium, seit 1722 auch theologischer Professor und Leiter der Anstalt, Herbst 1730 als Professor der Theologie und Superintendent über den Distrikt Alsfelden nach Gießen berufen, seit 1753 auch Superintendent des Oberlandes oder Oberfürstentums, starb 1768. Er verfaßte verschiedene verdienstvolle Werke zur westfälischen Gelehrtengeschichte, vor allem die „Memoriae Tremonienses sive virorum eruditorum qui Tremoniae Westfalorum inde a beati Lutheri reformatione ad nostra usque tempora claruerunt“. Leider ist das Werk nicht über den ersten Teil, der bis zum Ende des 16. Jahrhunderts geht und 1729 erschienen ist, hinausgekommen.

[40]) Christoph Wilhelm Schönberg aus Dortmund, berufen 1729, Professor der Philologie und Rats-(Montags-)Prediger, gestorben 19. Dezember 1759.

[41]) Johann Gottfried Schupart. Vgl. ADB. 33, 65.

[42]) Johann Melchior Verdries. Vgl. ADB. 39, 615.

[43]) Jakob Carpov. Vgl. ADB. 4, 8.

[44]) Vgl. oben Anm. 35.

III.

Der Dortmunder Buchdruck des sechzehnten Jahrhunderts.

Von

Klemens Löffler.

Über den älteren Dortmunder Buchdruck hat zuerst der Gymnasialdirektor A. Döring in dem zweiten seiner vortrefflichen Programme über die Geschichte des Gymnasiums in Dortmund gehandelt[1]).

Ergänzungen dazu lieferte dann J. B. Nordhoff in seiner Schrift: „Denkwürdigkeiten aus dem Münsterischen Humanismus. Mit einer Anlage über das frühere Prefs- und Bücherwesen Westfalens“[2]), worauf A. Döring in seinem vierten Programm die teils von ihm und von Nordhoff gegebenen, „teils anderwärts sich noch findenden Notizen über die Tätigkeit der Presse bis 1582 übersichtlich zusammenstellte“[3]).

Allerhand Material zu Ergänzungen und Berichtigungen dieses typographischen Verzeichnisses lieferte dann wieder

[1]) Programm des Gymnasiums und der Realschule I. Ordnung, Dortmund 1873, S. 24 f. — Ich zitiere später nach der durchlaufend paginierten Ausgabe der vier Programme, die unter dem Titel: „Johann Lambach und das Gymnasium zu Dortmund 1543—1582“ in Berlin 1875 erschienen ist.

[2]) Münster 1874, S. 197 ff.

[3]) 1875, S. 16 f., in der Gesamtausgabe S. 125 f.

Nordhoff in seiner „Nachlese zur Buchdruckergeschichte Westfalens" [1]).

Gelegentlich meiner Ausgabe des ältesten Dortmunder Schulgesetzes hatte ich mich mit diesen Vorarbeiten zu befassen und sah mich dann in der Universitätsbibliothek in Münster nach alten Dortmunder Drucken um. Schon dabei fand sich so viel die Angaben von Döring ergänzendes Material, dafs ich den wiederholten Nachträgen noch einen weiteren hinzuzufügen für zweckmäfsig halten durfte. Durch Benutzung auswärtiger Bibliotheken wurde es noch umfangreicher, und ich glaubte daher, den Lesern dieser Zeitschrift lieber etwas Zusammenfassendes bieten zu sollen, um so mehr, als die Arbeit von Döring sehr selten geworden ist.

Vollständigkeit zu erreichen war mir natürlich nicht möglich, schon weil es keine Kataloge nach Druckorten gibt. Immerhin ist es mir gelungen, die bisherigen Listen der Drucke auf mehr als das Doppelte zu erhöhen und sie für die meisten Drucke durch Nachweis eines Fundortes zu vervollständigen. Was mir in Zukunft noch an alten Dortmunder Drucken begegnen sollte, davon werde ich Mitteilung machen, sobald es der Mühe lohnt. Mitteilungen, vor allem über Drucke, die sich in Privatbesitz befinden, sind sehr erwünscht.

Den Vorständen der benutzten Bibliotheken spreche ich hier nochmals meinen verbindlichsten Dank aus. Herr Direktor E. W. Dahlgren in Stockholm, Herr Oberbibliothekar O. von Heinemann (†) in Wolfenbüttel, Herr Archivrat E. Jacobs in Wernigerode, Herr Oberbibliothekar P. von Bojanowski in Weimar und Herr Oberbibliothekar R. Mosen in Oldenburg hatten die Güte, mir bibliographische Beschreibungen der in ihren Bibliotheken vorhandenen alten Dortmunder Drucke zugehen zu lassen.

---

[1]) Zeitschrift für vaterländische Geschichte und Altertumskunde [Westfalens]. Bd. 41, Münster 1883, Abt. 2, S. 140 ff.

Die übrigen Drucke, bei denen ein Fundort angegeben ist, habe ich vor mir gehabt. Den Rest habe ich nicht ermitteln können und daher nur die Orte, wo sie zitiert sind, angegeben.

In der Dortmunder Stadtbibliothek und der Bibliothek des Gymnasiums ist auffallenderweise kein einziger Druck aus dieser Zeit mehr zu finden. Schon Johann Christoph Beurhaus klagt darüber, dafs die „öffentlichen Bibliothequen bei der Kirche Reinoldi und bei dem Archigymnasio in diesem Seculo (dem 18.) guten Theils verkommen“ seien.

I.

Gründung der Buchdruckerei. Die ersten in Dortmund gedruckten Bücher. Die Drucker. Verhältnis zur Schule. Inhalt der Bücher. Technik.

Dortmund, die Stadt, aus der später der Begründer eines noch heute bestehenden grofsartigen Verlagsgeschäfts, Friedrich Arnold Brockhaus, hervorging[1]), kann sich zwar nicht rühmen, die erste Presse in Westfalen gehabt zu haben, es gehen ihm vielmehr mit der Errichtung von Buchdruckereien aufser Münster (1485) auch Soest (1523), Lippstadt (1524) und Minden (1542) voran. Während aber in diesen Städten der Buchdruck zunächst nur eine vorübergehende Erscheinung war und in den drei letzten Städten sogar auf lange Zeit wieder verschwand[2]), hat

---

[1]) Am 4. Mai 1772 in Dortmund, wo sein Vater Kaufmann und Ratsherr war, geboren.

[2]) In Münster ist von 1486—1500 keine selbständige Druckerei. — In Soest verlieren sich schon 1524 die Spuren des Buchdrucks wieder, so dafs Karl Falkenstein, Geschichte der Buchdruckerkunst, Leipzig 1840, S. 396, u. a. den ersten Soester Druck ins Jahr 1721 setzen. — In Lippstadt war Pause von 1526—1710. — In Minden blieb der Buchdruck ebenfalls in den Anfängen stecken, und der nächste Druck datiert mehr als 100 Jahre später.

Dortmund den Vorzug, dafs seine Presse von der Errichtung der ersten Druckerei an bis auf unsere Tage regsam und fruchtbar blieb.

Die erste Dortmunder Druckerei entstand und blieb für lange Zeit in untrennbarem Zusammenhang mit der „grofsen Schule", dem seit dem ersten Jahrzehnt des siebzehnten Jahrhunderts sogenannten Archigymnasium, das auf St. Bartholomäi (25. August) 1543 von Johann Lambach eröffnet wurde.

Es ist überhaupt für Westfalen die Regel, dafs die Anlage von Druckereien mit dem Humanismus und den Schulgründungen verknüpft ist. Münster, das zuerst dem Humanismus huldigt, leistet sich auch die erste Presse, und das erste Werk, das aus ihr hervorgeht, will der „lateinischen Jugend" dienen. Auch Soest und Lippstadt wären schwerlich so früh zu einer Druckerei gekommen, wenn dort nicht die neuen Studien Eingang gefunden hätten.

Die Dortmunder Lokalchronisten melden übereinstimmend, dafs die Buchdruckerei mit der Schule zugleich errichtet worden sei. So heifst es in der „ausführlichen Beschreibung": „Und Melchior Soter im selben Jhar alfs die Schul angefangen, zu notwendiger Vortsetzung derselben die hochlöbliche Kunst der Buchdruckerey alhie erst angefangen" [1]). Dasselbe besagt eine Randnotiz bei Detmar Mulher, „Summarischer Begriff" zum Jahre 1543 [2]).

---

[1]) Aufsführliche sowol geographische in Kuffer als historische Beschreibung der Graff- und Freygraffschaft auch kayserlichen freyen Reichsstadt Dortmund usw. durch Detmarum Mulherum Trem. et Cornelium Mevium Essend. hist. et antiqu. stud. (1616), in dem Abdruck in „Quellen der westfälischen Geschichte", herausgegeben von Johann Suibert Seibertz, Bd. 1, Arnsberg 1857, S. 336.

[2]) Summarischer Begriff der Dortmundschen Statt und Grafschaft Chroniken . . . Colligiert und aufs vielen alten Monumenten zusammen verfasset durch Detmarn Mulher, Burger daselbst. Anno 1610. Privatbesitz, der Dortmunder Gymnasialbibliothek zur Aufbewahrung übergeben.

Auf Detmar Mulher gehen wahrscheinlich zurück[1]) die Randnotizen zur Dortmunder Chronik von Dietrich Westhoff[2]). Eine solche lautet: „Ao 1543 sein erstlich zu Dordmund Bucher angefangen zu drucken durch Melchiorem Soter.“[3])

Aufser diesen sind endlich zu nennen zwei Angaben von Johann Christoph Beurhaus, die eine in seinen „Merkwürdigkeiten“[4]) S. 206: „Die Buchdruckerei so mit dieser Schule zugleich angelegt worden . . .“, die andere in seinem „Summarischen Entwurf“[5]): „Die Buchdruckerei, welche ohngefehr bei der Errichtung des Archigymnasii angelegt worden und gegenwärtig noch in gutem Stande ist, hat samt der noch immer und gegenwärtig vorhanden gewesener Buchhandelung die Studia mitbefördert.“

Ich halte es für geboten, diesen übereinstimmenden Zeugnissen folgend 1543 als Jahr der Gründung der ersten Buchdruckerei festzuhalten, wenn auch vorläufig Druckerzeugnisse aus den Jahren 1543 und 1544 nicht nachzuweisen sind.

Das von Mooren[6]) angegebene und von Döring und

---

[1]) Vgl. hierüber Hansen in „Chroniken der deutschen Städte“ Bd. 20, S. 150.

[2]) Einzige vollständige Abschrift in der Bibliothek des Gymnasium Theodorianum in Paderborn.

[3]) In den „Chroniken der deutschen Städte“ Bd. 20 nicht mit abgedruckt.

[4]) Die Merkwürdigkeiten der Kayserl. und des H. R. Reichs Freyen Stadt Dortmund . . . von Joh. Christoph Beurhaus, Advokaten zu Dortmund. Im Dortmunder Stadtarchiv.

[5]) Summarischer Entwurf der Freien Reichs-Stadt Dortmund Weltlichen und Geistlichen Verfassung sammt dahin gehörigen Geschichten. Entworfen 1759 und vermehrt 1782 von J. C. B. [d. i. Joh. Christoph Beurhaus]. Im dem Abdruck bei Fahne, Die Grafschaft und freie Reichsstadt Dortmund Bd. 4, Cöln und Bonn 1859, S. 77.

[6]) Das Dortmunder Archidiakonat, Cöln und Neufs 1853, S. 131: „Zwei Jahre nachher (d. h. nach 1544) errichtete daselbst Melchior

Schröder[1]) übernommene Jahr 1546 kann nicht in Betracht kommen, weil inzwischen frühere Drucke bekannt geworden sind.

Dasselbe ist über eine Angabe des Dortmunder Rates selbst zu sagen. Es handelt sich um eine jener Relationen, welche nach der bekannten Verfügung Kaiser Ferdinands II., dafs sämtliche ehemaligen Kirchengüter an die Katholiken zurückzugeben seien, vom Rate abgefafst wurden, und die im Interesse der Selbstverteidigung die Einführung der Reformation in Dortmund vor die Zeit des Passauer Vertrages und Augsburger Religionsfriedens zurückzudatieren bemüht sind. Das Aktenstück führt die Bezeichnung „Ulteriores exceptiones" und ist in der zweiten Hälfte des Jahres 1628 abgefafst. Hier wird unter anderem behauptet, Lambach habe 1547 die Buchdruckerei „zu underhalten angefangen und weilandt Melchior Soter sei Verleger worden", Lambach habe „200 Goldgülden in selbige Buchtruckerei gelegt" und „als Rector Scholae die Augspurgische Confession zu Dortmundt öffentlich trucken lassen" [2]).

Müssen wir aus dem angegebenen Grunde das Jahr 1547 als Gründungsjahr der Druckerei zurückweisen[3]), so findet dagegen die Angabe über die finanzielle Beteiligung des ersten Gymnasiarchen Johann Lambach[4]) ihre Bestätigung. Auf sie beziehen sich nämlich ohne Zweifel die Verse des Orseius[5]):

Soter eine Buchdruckerei, an deren kaufmännischem Betrieb Lambach sich mit einem Einsatzkapital von 200 Goldgulden beteiligte . . ."

[1]) Döring a. a. O. S. 124. — Edward Schröder, Jakob Schöpper von Dortmund, Marburger Universitätsprogramm 1889, S. 11. — Döring gibt auch in der Allgemeinen Deutschen Biographie 34, 1892, S. 697 wieder 1546 an.

[2]) Döring S. 109.

[3]) Es ist freilich auffallend genug, daß man schon 1628 keine bessere Kenntnis der Sache mehr hatte.

[4]) Vgl. auch Mooren an der oben zitierten Stelle.

[5]) Rolle, Memoriae Tremonienses S. 12. — Rolle bezieht

Non sua, sed docilis quaesivit commoda pubis.
Testantur libri, propriis quos sumptibus ipse
Subiecit praelo.

Sie sind am besten auf die für den Unterricht in der neuen Schule erforderlichen Bücher zu deuten. —

Wir wenden uns der Frage nach den ersten Dortmunder Drucken zu.

Döring erklärte anfangs für das „älteste in Dortmund gedruckte Buch, von dem wir wenigstens den Titel nachweisen können", die hebräische Grammatik von Lambach (1548)[1]) und für das erste bestimmt nachweisbare Buch, das in Dortmund gedruckt wurde, die zweite Ausgabe des Schöpperschen Katechismus (1549)[2]). Nordhoff dagegen wies in den „Denkwürdigkeiten" schon einen Druck aus dem Jahre 1546, nämlich das Psalterium von Eobanus Hessus, nach[3]). Döring fand hierin den positiven Beweis dafür, dafs 1546 in Dortmund der Buchdruck begonnen habe und damit die Bestätigung für die von Mooren nach den Archidiakonatsakten gegebene Zahl[4]). Den negativen sah er darin, dafs die beiden ersten Dramen Jakob Schöppers 1546 noch in Cöln erschienen[5]).

In seiner „Nachlese"[6]) räumte dagegen Nordhoff, J. Mooren folgend, den „Primizialrang" einem angeblich älteren Druck ein. Mooren sagt nämlich an der schon zitierten Stelle: „Im Jahre 1544 erschien in Dortmund das sogenannte Kollektenbuch im Druck, ein liturgisches

---

die Verse fälschlich auf verloren gegangene schriftstellerische Arbeiten Lambachs.

[1]) Döring S. 61.

[2]) S. 78.

[3]) S. 198.

[4]) S. 124.

[5]) Ectrachelistis sive Johannes decollatus und Voluptatis et virtutis pugna, beide bei Martin Gymnich. Vgl. Gödecke, Grundriß zur Geschichte der deutschen Dichtung, 2. Aufl., 2, 138, und Schröder a. a. O. S. 7.

[6]) S. 141.

Buch in westfälisch-niederdeutscher Sprache, welches die lateinischen Meſsbücher und Ritualien beim öffentlichen Gottesdienste ersetzen sollte . . . In demselben Jahre soll auch die Augsburgische Konfession in Dortmund gedruckt worden sein."

Leider hat Nordhoff völlig übersehen, daſs Döring schon vorher die Notiz Moorens als Irrtum nachgewiesen hatte[1]). Sie beruht nämlich auf den Angaben Christoph Scheiblers[2]), der aber nicht von 1544, sondern von 1554 redet. Nach ihm wurde der Liber collectarum teilweise schon 1553 fertig gedruckt und erschien 1554 und zwar bei Albert Sartorius, der damals erst zu drucken anfing. Mit dem Primizialrang dieses überhaupt ziemlich fragwürdigen[3]) Collectarum liber ist es also nichts.

Überhaupt sind, wie ich schon vorhin bemerkte, aus den Jahren 1543 und 1544 bis jetzt keine Dortmunder Drucke nachgewiesen. Denn auch die Behauptung Rolles[4]), daſs Schöppers Comoediae et Tragoediae cum praescriptione ad Senatum Tremoniensem mit folgendem Inhalt: „Monomachia Davidis et Goliathi, tragicomoedia descripta, de decollatione Joannis baptistae tragoedia, de ove perdita comoedia, deque quibusdam aliis parabolis et historiis Evangelicis tragoediae et comoediae" zu Dortmund 1544 erschienen seien, kann nicht in Betracht kommen, weil sie wörtlich aus Hamelmann[5]) entlehnt ist, der aber keine Jahreszahl beifügt.

Dagegen sind aus dem Jahre 1545 zwei Drucke

---

[1]) S. 60.

[2]) Disputatio theologica secularis in memoriam fundationis nostri gymnasii Tremoniani ante centum annos factae. Tremoniae imprimebat Andreas Vigilius 1643.

[3]) Vgl. Döring S. 79.

[4]) a. a. O. S. 28.

[5]) De viris scientia, virtute et scriptis illustribus, qui vel Westphali fuere, vel in Westphalia vixere. Opera genealogico-historica ed. Wasserbach, Lemgoviae 1711, S. 179.

vollkommen sicher, wie ich glaube, verbürgt. Sie aufzufinden ist mir freilich trotz aller Bemühungen nicht gelungen.

Es sind zwei Schriften des damaligen Dortmunder Konrektors Cyprianus Vomelius[1]), eine introductio in arithmeticam und eine kleine Gedichtsammlung, deren Titel nicht feststeht. Dafs er diese beiden Arbeiten in Dortmund und als Dortmunder Konrektor, was er 1545 war, hat erscheinen lassen, dafür haben wir das Zeugnis Hermann Hamelmanns, der in Dortmund sein Schüler war: Vixit hic in conrectoratu aliquandiu Tremoniae apud D. Scaevasten. Atque ibi edidit Introductionem arithmetices, deinde alia quaedam Epigrammata ad diversos ibi publicavit ut Poeta erat[2]).

Die erwünschte Bestätigung findet Hamelmanns Angabe wenigstens bezüglich der Gedichtsammlung dadurch, dafs sie von Pierre Deschamps[3]) in einer Weise beschrieben wird, dafs sie ihm ohne Zweifel vorgelegen haben mufs: „Un recueil de petits poëms latins de Cyprianus Vomelius porte cette souscription: Ex imperiali atque adeo libera Tremoniensium republica .... typis suis invulgavit Melchior Soter, anno 1545; pièce in-12 de 2 ff. seulement“.

Diese beiden Schriften des Vomelius haben also bis auf weiteres als die ersten Dortmunder Drucke zu gelten[4]).

---

[1]) Er nannte sich nach seinem ostfriesischen Heimatsort so und hiefs eigentlich Stapert. Er wurde später ordentlicher Professor der Rechte in Mainz, Comes palatinus, Rat des Pfalzgrafen Georg und Assessor am Reichskammergericht in Speyer und wurde in den Adelsstand erhoben. Vgl. Döring in der Allgemeinen Deutschen Biograghie Bd. 40, S. 287.

[2]) a. a. O.

[3]) P[ierre] D[eschamps], Dictionnaire de géographie ancienne et moderne à l'usage du libraire et de l'amateur des livres. Supplement zu J. C. Brunet, Manuel du libraire, Paris 1870, S. 1257.

[4]) Vorläufig haben also auch Karl Falkenstein (a. a. O. S. 395) und Otto August Schulz, Gutenberg oder Geschichte der Buchdruckerkunst, Leipzig 1840, S. 24, Recht behalten, wenn sie den ersten Dortmunder Druck ins Jahr 1545 setzen.

3*

Der erste Drucker ist schon im vorhergehenden wiederholt genannt worden.

Es ist Melchior Soter[1]).

Sein Vater, der Cölner Buchdrucker Johannes Heyl[2]) — das ist der eigentliche Familienname — stammte aus Bensheim im Odenwalde (an der Bergstrafse). Am 27. August 1517 wurde er in das Album der medizinischen Fakultät der Universität Cöln eingetragen[3]). Im September 1519 erschien der erste ihm bestimmt zuzuweisende Druck[4]), die Wandalia von Albert Krantz, der im Mai 1520

---

[1]) Vgl. die kurze Notiz von Döring in der Allgem. Deutsch. Biographie 34, S. 697. Johannes Soter hat in der Allgemeinen Deutschen Biographie merkwürdigerweise keinen Platz gefunden, obwohl er ihn viel eher verdient hätte wie der Sohn.

[2]) Vgl. über ihn O. Zaretzky, Nachrichten über die Cölner Drucker in: P. Heitz, Die Cölner Büchermarken (= Büchermarken oder Buchdrucker- und Verlegerzeichen Bd. 6), Strafsburg 1898, S. XXVII.

[3]) Johannes Heyl de bensheim ad facultatem medicine iuravit et solvit. Vgl. C. Krafft, Mitteilungen aus der Matrikel der alten Cölner Universität zur Zeit des Humanismus, Zeitschrift für Preufsische Geschichte und Landeskunde, Jg. 5, Berlin 1868, S. 474.

[4]) Proctor, Index to the early printed books in the British Museum, part 2, sect. 1, S. 69 führt als ersten Soterschen Druck zum Juni 1518 die Psalmenpolyglotte von Joh. Potken, Propst an St. Georg in Cöln, auf (Psalterium in quatuor linguis Hebraea, Graeca, Chaldaea, Latina. Vgl. auch Panzer, „Annales typographici" 6, 379, und Katalog des britischen Museums unter Bible). Es ist aber sehr zu bezweifeln, dafs sie schon von Soter gedruckt ist. Auf dem Titelblatt steht blofs: Impressum Coloniae MDXVIII und am Ende: Absolutum Coloniae Agrippinae Anno Domini MDXVIII. IIII Idus Jun. Potken redet in dem auf der letzten Seite gedruckten Geleitbrief an die Benutzer blofs von Soters Mitarbeit: Adiutorem in his habui Johannem Soter alias Heyl affinem meum charissimum harum quatuor linguarum studiosum. — A. Potthast führt in seiner Bibliotheca historica medii aevi, 2. Aufl., Leipzig 1896, S. 700 eine Ausgabe der Wandalia von 1518 (neben der von 1519) auf. Sie ist mir nicht bekannt geworden, und ich bezweifle ihre Existenz, weil in der Ausgabe von 1519 von ihr nichts gesagt ist. So schnell pflegten sich damals auch Ausgaben desselben Werkes nicht zu

dessen Saxonia und nachher zahlreiche andere Drucke folgten.

In den dreifsiger Jahren errichtete Johannes Soter eine Filiale in Solingen, wo eine Papiermühle war[1]). Der Cölner Jesuit J. Hartzheim meint in seiner Bibliotheca Coloniensis, dafs diese Solinger Zweigpresse mancherlei produziert habe, was das Licht — wir würden eher sagen die Finsternis — der Cölner Kirche und Universität habe fliehen müssen, was man also in Cöln unterdrückt haben würde[2]).

Dieser Angabe folgend hat man dann wohl die Sotersche Solinger Offizin für einen Herd protestantischer Propaganda und Soter selbst für eine Art Reformator ausgegeben[3]). Doch berechtigen die aus dieser Druckerei

---

folgen. — Die Wandalia von 1519 ist den Kurfürsten des Reiches gewidmet (IIII Calendas Maias MDXVIIII) und trägt die Unterschrift: Johannes Soter alias Heil ex Bentzheim et socii impresserunt. — Über weitere Drucke vgl. Panzer a. a. O. 6, 383 ff., 11, 399 ff.

[1]) Das zeigt folgender Titel: Origenis Tropologiae. Salingiaci, apud Molam Chartaceam, cis Viperam Johannes Soter excudebat, anno 1537, mense Junio. Vgl. Pierre Deschamps a. a. O. — Der von Soter beliebte Ortsname Salingiacum für Solingen hat früher viel Schwierigkeit gemacht. „Zerbreche sich den Kopf, wer da will, um es herauszubringen, was diefs für ein Ort ist und was bessers zu sagen, als wir in der Note sagen können", ruft ein Skribent im Literarischen Museum Bd. 2, Altdorf 1780, S. 325 verzweifelt aus. In der Note möchte er dann am ehesten auf das französische Salignac raten, das ihm aber hernach wegen seiner Kleinheit verdächtig ist. Er entscheidet sich schliefslich für — Seligenstadt.

[2]) Bibliotheca Coloniensis, Coloniae 1747, S. 180: Johannes Heyl celebris typographus Coloniensis initio saeculi 16., Graece maluit Soter nuncupari. Idem Johannes Soter Saligniaci typographiam habuit, ex qua multa prodierunt, quae Coloniensis Ecclesiae et universitatis lucem non ferebant.

[3]) So sagt noch neuerdings Friedrich Kapp, Geschichte des Deutschen Buchhandels, Bd. 1, Leipzig 1886, S. 105: Er errichtete, um sich der kirchlichen Censur möglichst zu entziehen, Filialen in Solingen und Dortmund. — Die Dortmunder Druckerei kann man übrigens, wie wir sehen werden, nicht als Filiale der Cölner bezeichnen.

hervorgegangenen Schriften[1]) keineswegs zu solcher Annahme. Es hat sich bis jetzt keine gefunden, deren Ursprung man im evangelischen Interesse suchen müfste[2]).

Nicht aus solchen religiösen Gründen, sondern einmal wegen der dortigen Papiermühle und zweitens wahrscheinlich wegen seiner Familienverbindungen wird Johann Soter die Solinger Filiale gegründet haben. Seine Frau Adelheid stammte nämlich aus Solingen, wie die Urkunde über den Kauf eines Hauses in der Glockengasse zeigt, das bis 1555 im Besitz der Familie blieb. In diesem Jahre wurde es von seiner Witwe und seinen Kindern Johann, Margaretha und Katharina veräufsert.

Johann Soter war nicht nur einer der tätigsten Cölner Drucker, sondern auch wissenschaftlich sehr gebildet. Seine medizinischen Kenntnisse gehen aus der Vorrede des 1529/30 von ihm herausgegebenen Dioscorides hervor[3]). Über seine Sprachkenntnisse haben wir schon seinen Ver-

---

[1]) Die bekanntesten sind: Johannis Rivii castigationes locorum quorundam ex M. T. Ciceronis Bruto, Oratore, Epistolis familiaribus adiecta explicatione 1537. — Origenis Tropologiae 1537 (vgl. oben). — Agrippa, in artem brevem Raymundi Lullii commentarii 1538. — Aeneae Sylvii de Bohemorum origine ac gestis ad Georgium Poggiebracium regem electum anno 1458. 1538. — Monotessaron passionis Christi authore Gerhardo Lorichio Hadamario 1538. — Super Aggaeo propheta Joannis Eckii commentarius. Textum habes Hebraeum, Graecum et Latinum. 1538 (Bibliotheca Telleriana sive Catalogus librorum bibliothecae C. M. Le Tellier, Parisiis 1693, S. 15, ebenso Büllingen in seinen handschriftlichen Notizen zu 1536. Genaue Beschreibung im Literarischen Museum Bd. 2, Altdorf 1780, S. 323. Hier und bei Deschamps richtig 1538). — Plothini orationes 1540.

[2]) Vgl. C. Krafft, Quellen der Geschichte der evangelischen Bewegung am Niederrhein (= Theologische Arbeiten aus dem rheinischen wissenschaftlichen Predigerverein Bd. 1), Elberfeld 1872, S. 37.

[3]) *Π. Διοσκοριδου . . . περι ὑλης ἰατρικης βιβλια* E . . . P. Dioscorides . . . de medica materia libri V. Katalog des britischen Museums.

wandten Johann Potken gehört, der sich seiner Mitarbeit bei der Psalmenpolyglotte von 1518 bediente. Auch die angehängten Introductiunculae in tres linguas externas Hebraeam, Graecam, Chaldaeam werden zum guten Teil von ihm stammen. Er gab auch eine viel gebrauchte Sammlung griechischer und lateinischer Epigramme heraus [1]).

Die Solinger Filiale habe ich eingehender besprochen, weil Dortmunder Chroniken, zuerst die „ausführliche Beschreibung", dann auch Beurhaus die Nachricht haben, dafs Melchior Soter aus Solingen nach Dortmund gekommen sei [2]). Danach hat man anzunehmen, dafs er vorher in der Solinger Filiale beschäftigt, vielleicht Geschäftsführer war.

1543 tat er, wie wir sahen, die Druckerei in Dortmund auf, wo die neugegründete Schule und das dadurch veranlafste Zusammenströmen gelehrter Männer eine fruchtbringende Tätigkeit in Aussicht stellten.

Er druckte in Dortmund bis 1551 [3]). In diesem Jahre zog er wieder in seine Vaterstadt Cöln zurück. Die Gründe entziehen sich unserer Kenntnis. Vielleicht war der Vater gestorben und übernahm er das Geschäft. Jedenfalls sind in Cöln einige Bücher mit seinem Namen erschienen [4]).

---

[1]) Ausgabe von 1528 bei J. C. Brunet, Manuel du libraire Bd. 5, Paris 1864, Sp. 460. Eine Ausgabe von 1525 mit etwas abweichendem Titel im Katalog des britischen Museums.

[2]) Ausführliche Beschreibung a. a. O.: „Und Melchior Soter im selben Jhar . . . die hochlöbliche Kunst der Buchdruckerey alhie erst angefangen, welcher vorhin im Herzogthumb Berge bey Solingen dieselbe geübet hatte."

[3]) Vgl. Nr. 19 der Bibliographie.

[4]) Folgende Titel hat mir Herr Bibliothekar Dr. Zaretzky in Cöln freundlichst mitgeteilt: Compendiosa librorum Aristotelis de arte dialectica isagoge, pueritiae accomodatissima. Coloniae, Melchior Soter excudebat anno 1551. 8°. — Dilucida ac clara confirmatio praesentiae corporis et sanguinis Christi in sacramento altaris . . .

Vor oder im Jahre 1555 scheint er gestorben zu sein, weil er in der Urkunde über den Verkauf des Hauses in der Glockengasse nicht mehr genannt wird. Von 1555—1563 setzte noch Jakob Soter das Cölner Geschäft fort, das bald darauf an Ludwig Alectorius übergegangen ist.

Für einen Anhänger der Reformation haben wir Melchior Soter ebensowenig gelten zu lassen wie seinen Vater. Solange er in Dortmund wirkte, zählte auch die neue Lehre dort noch keine Anhänger. —

Weniger gut als über Melchior Soter sind wir über die folgenden Dortmunder Buchdrucker unterrichtet. Handschriftliche Nachrichten über sie sind im Stadtarchiv nach Mitteilung des Herrn Professor Dr. Rübel nicht vorhanden. So mufs ich mich darauf beschränken, ihre Namen und die Jahre ihrer Wirksamkeit mitzuteilen.

Melchior Soter wurde zunächst abgelöst von Philipp Maurer, der im selben Jahre, in dem Soter aufhörte, 1551, zu drucken begann. Aber schon im folgenden Jahre verschwinden seine Spuren wieder.

An die Stelle dieser zweiten Offizin tritt 1553 die des Albertus Sartorius, der sich später Sartor nennt, bis zum Ende des Jahrhunderts eine betriebsame Tätigkeit entwickelte und mit seiner Presse vor allem auch den Bedürfnissen des evangelischen Kultus und Unterrichts diente.

Neben ihm tat sich später Arnt (Arnold) Westhoff auf, der 1575 einen Schreibkalender und nachher bis ins folgende Jahrhundert hinein noch manche andere und zwar fast nur deutsche Schriften druckte. 1604 trat Johann Westhoff, wahrscheinlich sein Sohn, an seine Stelle (bis 1617).

1581—1585 nennen sich Albert Sartor und Arnold Westhoff einigemal zusammen auf den Titel-

---

Per Petrum Joannem Olivarium Valentinum. Coloniae Agrippinae, ex officina Melchioris Soteris, anno 1553. 8°.

blättern [1]). 1585 druckten sie das Gesangbuch zusammen [2]). Aber nachher sind sie dann wieder wie vorher ihre eigenen Wege gegangen.

Vielleicht haben in den genannten Fällen die Auftraggeber das Kompaniegeschäft veranlafst: sie wollten vielleicht beiden am Ort ansässigen Firmen zu verdienen geben. Wenigstens bezüglich des Gesangbuchs darf man das wohl annehmen. —

Die Druckerei war, wie wir sahen, vor allem im Interesse der neuen Schule gegründet worden. „Zu notwendiger Vortsetzung derselben", sagt die „ausführliche Beschreibung", und „in gratiam gymnasii literarii ibidem efflorescentis" heifst es in dem ersten Dortmunder Drucke, von dem wir nähere Kenntnis haben, in der Gedichtsammlung des Cyprianus Vomelius.

Sie stand auch weiter „in engem Verein" mit der Schule. Ein Kontrakt vom 13. Februar 1607, „der aber das frühere Bestehen des Vereines zugleich erweiset" [3]), enthält darüber nähere Bestimmungen. Da die darin fixierten Gebräuche in der Hauptsache ohne Zweifel auch schon im sechzehnten Jahrhundert gegolten haben, teile ich die wichtigsten Bestimmungen hier mit. „Die Buchdrucker und vier Buchhändler" heifst es darin, „sollen und wollen einhellig darna trachten und arbeiden, dafs sie die Schole gnugsam zu gebürlicher Zeit mit den ordentlichen Büchern, die man allhier pflegt zu drucken, für verordente und gebürliche Gewerde versorgen, und im gleichen auch aufswendigen Schulen, die einerley Bücher mit dieser gebrauchen, — was alle umbliggende und auch viele weithabgelegene Schulen zu thun pflegen — insonderheit Grammatica, mit zufügen können. — Und damit die Bücher auch gut und recht gedruckt werden,

---

[1]) Vgl. Nr. 52 und 56 der Bibliographie.

[2]) Nr. 57 der Bibliographie.

[3]) Mellmann, Das Archigymnasium in Dortmund, Dortmund 1807, S. 7.

sollen sie auch gut und grofs Druckpapyr und gute Correctores gebrauchen . . . Die Buchhändler sollen der gewöhnlichen Schulbücher Druckbesteller seyn, doch dermafsen, dafs sie ehe und befür ein jedes Buch aufgelacht werde, so wol nun im Anfange, alfs auch hernacher, den zeitigen Rector und Prorector fragen sollen, ob solch Buch auch gedruckt, und villeicht erst etwas übersehen sol werden; ja sollen auch umb trent ein halb Jair fürhen denselbigen anmelden, da etwan ein Buch, so fern aufsverkofft, dafs man desses Exemplaren von vorigem Drucke auf das negstfolgende halbe Jar zu den Lectionen nicht genug werde haben. Da aber der Rector und Prorector etwas ungewönliches zu drucken fürgieben wolte; sollen und wollen sie ersten die Scholarchen darumb ansprechen, und darnach den Buchdruckern und Händlern solches angieben, im fall ihnen solchs villicht nicht gefallen würde: darüber dan semptlich weiter bei den Scholarchen zu delibereren, ob solches nachzulassen, oder noch eine Zeitlang auffzuschuben, damit man niemandt beschwere. — Damit alles ordentlich und beharlich zugehe, sollen die vier Buchhändler, da die von ihnen zu drucken bestalte Bücher aufsgedruckt sein, oder sunst noch zum Theill im Werke, dieselbigen von den Druckeren, mit derselben Willen, abhalen, und under sich in vier gleiche Quoten theilen; und im Nothfalle von denselben, (wie dan auch von denen, die von anderen Örtern bestalt) under Malckander zur Noturfft, und also dafs niemandt dahero selbst Mangel leide, gebürlich übersetzen; damit also die Studenten bei einem jeden Buchhändler ihre Bücher alle, oder der etliche besonder, bekommen können. Die Manier aber, die Gewerde und Zeit der Anlage, des Kaufs, der Übersetzung und Bezahlung under ihnen den Druckeren und Händlern selbst mogen sie auch selbst under sich setzen und machen, doch also, dafs dadurch dieser Vereinigung nichts benommen werde. — Es soll auch niemandt die alhier gewöhnlich gedruckten Bücher an einem anderen Orte drucken lassen oder einkauffen. Die von andern Örtern bestalte Bücher aber sollen in demselben Kauffe gelassen werden, als die Dortmundische, so fern die eben so viel, oder umb trent kosten; auch mit allen andern Büchern sollen sich die Buchhändler gegen die Studenten besonder lieblich und draglich erzeigen, welches alles zu ihrer Beschedenheit und Gewissen gestalt wirdt. — Endlich soll kein Buch von denen, die zu Dortmundt zu Behuff der Schulen gedruckt, gar abgesetzt und aufs der Schulen verworffen werden, ehe und befür, da es je etwan geschehen sollte, alle desselbigen alhier gedruckte Exemplarien verschliefsen sein."

Was die in dem Kontrakt nur gestreifte Bezahlung angeht, so hat Mellmann die Notiz, dafs 1607 die Buchbinder (= Buchhändler des Kontraktes) der Druckerei 1 Königstaler für 400 gedruckte Bogen zahlten und die Studenten den Buchbindern „für jeden wohl geplanirten und gefaltenen, doch ungebundenen Bogen 2¹/₂ Pfennig oder 5 Heller; früherhin aber nur 2 Pfennige".

Wie diese Festsetzungen es nicht anders erwarten lassen, machen die Schulbücher einen grofsen Teil der Dortmunder Druckerzeugnisse aus. So gibt sich gleich einer der ersten Drucke, das Psalterium von Eobanus Hessus, als „in trivialium scholarum gratiam" herausgegeben aus. Ferner sind hierher zu rechnen die Schriften von Petrus Mosellanus, Nikolaus Clenardus, Lambach, Cassander, Vogelmann usw.[1]). Dazu kommen die Schulprogramme[2]), von denen leider keins mehr aufzutreiben ist. Die Schulbücher scheinen überhaupt zum gröfsten Teil verloren gegangen zu sein; denn dafs die Produktion sehr ausgedehnt gewesen sein mufs, geht aus dem mitgeteilten Kontrakt hervor, wo davon die Rede ist, dafs

---

[1]) Vgl. Nr. 1, 4, 5, 6, 7, 11, 16, 18, 20, 21, 29, 34, 37, 74 der Bibliographie.

[2]) Vgl. Nr. 24 und 40.

auch für auswärtige Anstalten Schulbücher gedruckt wurden.

Eine zweite große Gruppe bilden theologische Schriften, zunächst Schöppers Katechismus [1]) und seine Predigten [2]), die Lambach den Studierenden „fleißig zu lesen, allen Ernstes zu prüfen und zu beherzigen empfahl" [3]). Die späteren dienen vor allem der eben eingeführten Reformation und ihren gottesdienstlichen Zwecken [4]).

Aus der Amtszeit des Gymnasiarchen Beurhaus, der für den Ramismus eine eifrige literarische Tätigkeit entfaltete [5]), sind uns einige Disputationen erhalten [6]), die in den Wissenschaftsbetrieb des Gymnasiums einen Einblick gestatten. Von Beurhaus ist uns darüber folgende Äußerung überliefert [7]): „Ich habe nichts underlassen, das zur Schulen Befürderunge dienen muchte, und dahero auff Bitte der Secundaner auch angefangen, Theses in Druck zu verfertigen, da ich bißhero mannige Nacht bei verschließen, Geldt derwegen an Bücher gewandt und niemalen einen Heller von bekommen habe, außer 1 Goldgulden, habe aber woll 100 Daler, oder umbtrent darane verseumbt . . ."

Weiterhin ist verhältnismäßig eifrig dramatische Literatur gedruckt worden [8]).

Die übrigen Drucke verteilen sich auf verschiedene literarische Gebiete (Kalender, Gelegenheitsgedichte usw.).

Über die Technik ist nicht viel zu sagen.

---

[1]) Nr. 8 und 9.

[2]) Nr. 30—32, 35, 36, 42.

[3]) Mellmann S. 59.

[4]) Nr. 25, 26, 33, 38, 39, 41, 42, 44, 45, 48, 49, 56, 57, 58, 76, 78, 79.

[5]) Nr. 50—53, 69. Weitere ramistische Schriften von Beurhaus erschienen in Cöln, Frankfurt, Erfurt, Mülhausen, Nordhausen. Vgl. Mellmann S. 69 f.

[6]) Nr. 63, 66, 67, 70, 72, 73.

[7]) Mellmann S. 71.

[8]) Nr. 12, 13, 17, 19, 23, 54, 60, 61. Über die Dortmunder dramatischen Aufführungen usw. vgl. Schröder a. a. O.

Was zunächst das Format angeht, so herrscht Oktav durchaus vor. Folie begegnet überhaupt nicht.

Die Type der lateinischen Drucke sieht der gleichzeitig in der Tzwyvelschen Offizin in Münster gebrauchten täuschend ähnlich. Die Drucke sind im allgemeinen korrekt und gut lesbar, fallen aber nicht durch besondere Schönheit auf. Die ersten deutschen Drucke aus der Offizin Melchior Soters zeigen schon ziemlich abgenutzte Lettern. Er mufs sie wohl aus dem Cölner oder Solinger Geschäft seines Vaters mitgebracht haben. Besser sehen die späteren von Sartor aus; sie sind zum Teil recht deutlich und schön.

Recht bescheiden ist die zierende Ausschmückung. Die wenigen Holzschnitte, die sich auf den Titelblättern finden, machen sich nicht besonders elegant. Auch an Initialen findet sich nirgends etwas Hervorragendes und Charakteristisches.

Melchior Soter wendet ein paarmal Druckerzeichen an [1]. Es sind dieselben, die wir von seinem Vater kennen.

Wiederholt findet sich auf Titeln Rotdruck mit Schwarzdruck gemischt [2]. Rotdruck allein, der sonst wohl begegnet, kommt nicht vor.

Im ganzen kann man sagen: Der Dortmunder Buchdruck des sechzehnten Jahrhunderts geht nicht über das damalige Durchschnittsmafs hinaus, bleibt aber auch nicht dahinter zurück.

---

[1] Vgl. Nr. 10 und 19.

[2] Nr. 38, 48, 49, 57, 61, 62.

II.

Bibliographie der mir bekannt gewordenen Drucke[1]).

1545.

1. Vomelius, Cyprianus: Introductio arithmetices [in arithmeticam]. Tremoniae Melchior Soter excudebat. Anno MDXLV.

Vgl. oben S. 35. Rolle, Memoriae Tremonienses, S. 21. Mellmann S. 63 Anm.

2. Vomelius, Cyprianus: Sammlung kleiner lateinischer Gedichte. (Epigrammata ad diversos. Genauer Titel unbekannt.) — Am Ende: Ex imperiali atque adeo libera Tremoniensium republica in gratiam gymnasii literarii iam pridem ibidem efflorescentis; typis suis invulgavit Melchior Soter, anno 1545. — „pièce in-12 de 2 ff. seulement".

Vgl. oben S. 35.

1546.

3. Experimenta. Von XX. Pestilentz Wurtzeln und Kreutern | Wie sie alle und ein jegliche besonder | Für Gifft und Pestilentz gebraucht mögen werden | Dem Menschen inn und außwendig | Sampt viel andern heilsamen tugenten und wirckungen | Deutsche Recepta | Auch der Kreuter gestalt und eigenschafft auß langwiriger und gewisser erfarung | Durch Tarquinium Ocyorum alias Schnellenbergium | der Freyen Künste und Artzney Doctor. Zu Dortmund an den tag gegeben.

---

1) Wo nur die Zahl der Blätter angegeben ist, fehlt Paginierung und Foliierung (meist nur Kustoden). — Die Titel der lateinischen Drucke sind wort-, aber nicht buchstabengetreu wiedergegeben, d. h. i, j, u, v, s und die Majuskeln sind in der jetzt gebräuchlichen Weise verwendet. — Die Namen der Verfasser und Herausgeber sind durch den Druck hervorgehoben.

Der Dortmunder, aus der Soterschen Offizin hervorgegangene Druck selbst ist mir nicht bekannt geworden. Vorstehenden Titel hat die in Frankfurt a. M. bei „Hermann Gülfferichen in der Schnurgassen zum Krug“ 1553 erschienene Ausgabe. Datierung des Vorworts: Datum Tremonie Pridie Idus Aprilis Anno 1546. (Exemplar der Kgl. Bibliothek in Berlin.)

4. Psalterium Davidis carmine redditum per Eobanum Hessum, in trivialium scholarum gratiam in partes divisum. Cui accesserunt annotationes Viti Theodori Noribergensis, quae commentarii vice esse possunt.

Pio Lectori.

Sic etiam vili iacuit velatus amictu
Dum sua Davides stupra flet ante Deum.
Quem nunc ire vides peregrina in veste recinctum,
Forsitan exuvias exulis esse putes.
Qualemcunque vides, talem dedit anxia Musae,
Hessidos in superos et sacra tanta sitis.
Restat, ut agnoscas lector bone, laeva malorum
Nil moror in clades nomina nata suas.

Tremoniae excudebat Melchior Soter. Anno M.D. XLVI. — 8 Bl. + 318 paginierte S. + 2 Bl. 8°.

Universitätsbibliothek in Münster.

Von Nordhoff, Denkwürdigkeiten S. 198 f. als bis dahin erster Druck genauer beschrieben. — Dieser in elegische Verse übertragene Psalter wurde von den Zeitgenossen überschwenglich bewundert. 1537 erschien in Marburg die erste, 1538 in Schwäbisch-Hall die zweite Ausgabe, denen bis Ende des Jahrhunderts etwa fünfzig folgten. Vgl. C. Krause, Helius Eobanus Hessus, Gotha 1879, 2, 204 f. — In Dortmund als Schulbuch benutzt (in trivialium scholarum gratiam), wurde er nachher 1551 bei Maurer noch einmal (tatsächlich, nicht bloſs angeblich, wie Nordhoff a. a. O. meint) gedruckt.

1548.

5. Petrus Mosellanus: Tabulae de schematibus et tropis. Tremoniae: M. Soter 1548.

Angabe des Kanonikus Büllingen in seinen handschriftlichen Notizen (lt. Mitteilung der Stadtbibliothek in Cöln). — Bei O. G. Schmidt, Petrus Mosellanus, Leipzig 1867, S. 83 nicht angeführt.

6. Institutiones absolutissimae in linguam Graecam per Nicolaum Clenardum. Adnotationes item in nominum verborumque difficultatem. Investigatio thematis, seu de verbis anomalis. Ratio syntaxeos utilis et perbrevis. His adiecti sunt dialogi aliquot Luciani, ut in iis graecarum literarum candidatae pubi grammaticae canones magis fiant conspicui, et assiduo usu altius affigantur memoriae. Tremoniae Melchior Soter excu. Anno M.D.XLVIII. — 88 Bl. (davon 160 S. paginiert). 8°.

Universitätsbibliothek in Münster.

7. Methodus recte legendi Hebraica, per Johannem Scaevasten [d. i. Lambach], in suae pubis gratiam succinctissime collecta, praeteritis iis omnibus quae in ipsis huius linguae incunabulis pubem sua difficultate alienare possent. Tremoniae 1548 [Soter].

„Eine kurze hebräische Grammatik von einem Bogen 4°." J. D. von Steinen, Westphälische Geschichte 1, 1452. Mellmann S. 61 Anm.

8. Schöpper, Jakob: Catechismus brevis. 1. Aufl.

Der Druck ist uns vorläufig verloren. Schröder a. a. O. S. 4: „Der Verlust der editio princeps beraubt uns der wichtigsten Urkunde für die innere Geschichte des Protestantismus in Dortmund." Vgl. auch Döring S. 77 f.

1549.

9. Catechismus brevis et catholicus, in gratiam iuventutis Tremonianae conscriptus, denuo recognitus et auctus.

Authore Jacobo Schoeppero, ecclesiasta apud aedem matri virgini sacram. Marci X. Sinite pueros venire ad me, nec prohibete illos, talium enim est regnum Dei. Tremoniae Melchior Soter excudebat, Anno M.D.XLIX. — 32 Bl. 8°.

Universitätsbibliothek in Münster. Stadtbibliothek in Köln.

Vgl. Junghans bei Döring S. 86 f. und Schröder S. 4.

10. Wetterbuchlin. Ein newes wetterbüchlein | Obseruiert | gezogen vnd gegründet auß den Regeln vnd lehren der hochberümpten Astrologen | Durch degliche erfahrung | warhafftige bekenntniß des wetters | bewert | Also das ein jeder er sey gelehrt oder vngelehrt | durch alle natürliche anweysung die veranderung des wetters eygentlich vnd gentzlich wissen | erkennen vnd vrteylen mag | jetzt neüw Durch Tarquinium Schnellenbergh | der freyen künste vnd Artzney Doctor | zusammengetragen | vnd zu Dortmünd an den dag gegeben. Gedruckt zu Dortmünd | durch Melchior Soter. MDXLIX. — Am Ende: Gedruckt inn der loblichen Keiserlichen Reichstatt Dörtmund | durch Melchior Soter. M.D.XLIX. — 12 Bl. 4°.

Universitätsbibliothek in Münster (Bibliotheca J. Niesert, past. in Velen. 1822. Liber perrarus. Donum D. Lud. Tross conrectoris Gymnasii Hammonensis 1822). Herzogliche Bibliothek in Wolfenbüttel. Universitätsbibliothek in Leipzig.

Widmung: „Den Ehrenvesten und Wirdigen Herren | Joachim Thumherrenn zuo Münster | und Ernsten Drosten zuo Lünen | Frantzen u. Wenmaren | Gebrüderen und Vetteren von Bulswing | meynen günstigen lieben Junckeren und guten freunden zuo Ehren und Wollgefallen dediciert unnd geschrieben." — Der eigentliche Inhalt (Blatt A_2 bis B_4 v.) ist abgeschrieben bei L. Reynmann, Wetterbüchlein. Von wahrer Erkenntnis des Wetters. Faksimileausgabe von G. Hellmann (= Neudrucke von Schriften und Karten über Meteorologie und Erdmagnetismus Nr. 1) Berlin 1893. Ob der Rest, der vom Aderlassen handelt, selbständig ist, ist danach fraglich. — Die letzte Seite schmückt ein Signet (Symbolum sanitatis mit Beziehung auf den Namen Heyl-Soter). Es entspricht dem von Johann Soter gebrauchten und bei Heitz a. a. O. unter Nr. 127 abgebildeten. Von einer Wiedergabe kann daher hier abgesehen werden.

11. Joannis Boccatii compendium Romanae historiae, oppido quam succinctum, et iam primum in lucem editum. Tremoniae excud. Melchior Soter. Anno M.D.XLIX. — 20 Bl. (Letzte Seite frei.) 8°.
    Hof- und Staatsbibliothek in München.

12. Comoedia sacra, cui titulus Joseph, ad Christianae iuventutis institutionem, iuxta locos inventionis veteremque artem nunc primum et scripta, et edita, per Cornelium Crocum Amsterodami ludimagistrum. Ex Genesios caput XXXIX. XL. et XLI. Tremoniae Melchior Soter excudebat. Anno M.D.XLIX. — 36 Bl. (Davon das letzte leer.) 8°.

Groſsherzogliche öffentliche Bibliothek in Oldenburg (an Stummelius, Studentes, 1569 angebunden). Nach Mitteilung von Herrn Professor Bolte in Berlin auch in Petersburg und Prag.

Vgl. auch Le mistère du viel testament, publié . . . par le baron James de Rothschild (Société des anciens textes français), T. 3, Paris 1881, S. XXVIII.

13. Hecastus Macropedii, fabula non minus pia quam iucunda, in qua tamquam in speculo, contemplari licet, quemadmodum ex animo poenitentes per Christum ad foelicem vitae exitum perducantur. Tremoniae Melchior Soter excudebat. Anno M.D.XLIX. — 39. Bl. (Letzte Seite leer.) 8°.

Groſsherzogliche Bibliothek in Weimar. Nach D. Jacoby, Georg Macropedius, Progr. des Königstädtischen Gymnasiums in Berlin, 1886, S. 15, auch in Danzig.

1550.

14. Synonyma. Das ist | Mancherley gattungen Deutscher worter | so im Grund einerley bedeutung haben. Allen Predigern | Schreibern vnd Rednern zů dienste colligiert vnd zusammen getragen. Durch Jacoben Schöpper Priester. I. Corinth XIIII. Nit wehret mit zungen zu reden. Gedruckt zu Dórtmúnd durch Mel. Soter. 1550. — 64 Bl. (Davon 1 leer.) 8°.

Universitätsbibliothek in Göttingen. Königliche Bibliothek in Berlin.

Widmung: Viro et omniiuga eruditione et singulari pietate ornatissimo, Joanni Scevastae, j. Doctori, Scholaeque Tremoniensis Gymnasiarchae, Jacobus Schöpperus presbyter. S.D.P. — 1550. 16. Calend. Septembr. — Schröder bezeichnet die Schrift als das erste deutsche Buch, das in Dortmund gedruckt wurde, und als das einzige aus dieser (der Soterischen) Presse (a. a. O. S. 20 und 37). Beides gilt nun nicht mehr (vgl. Nr. 3 und 10). — Proben, u. a. die deutsche Vorrede ganz, hat schon Hoffmann von Fallersleben in seinen „Findlingen" mitgeteilt (Bd. , Leipzig 1859, S. 75—79). Die Angabe, er habe ein Exemplar der Bibliothek zu Hannover benutzt, scheint aber ein Irrtum zu sein (vgl. Schröder a. a. O. S. 20 Anm. 4). — Über den Inhalt und die Bedeutung der Schrift ist Schröder zu vergleichen. — Über die Technik dieses Druckes sagt derselbe: „Elegant sieht er nicht eben aus, die Lettern sind vielfach abgenutzt, aber der Druck ist leidlich korrekt."

14[a]. Compendium de nominibus adiectivis comparandis. Tremoniae, Soter 1550.

Handschriftliche Notiz des Kanonikus Ludwig von Büllingen (lt. Mitteilung der Stadtbibliothek in Cöln).

Wahrscheinlich identisch mit Nr. 14.

15. *Ἰωάννου τοῦ Χρυσοστόμου ὁμηλία εἰς τὸ ἀποστολικὸν ῥητόν· οἴνῳ ὀλίγῳ χρῶ.* Joannis Chrysostomi

4*

homilia in dictum apostoli: Modico vino utere. Tremoniae. Melchior Soter. 1550.

Carolus Christianus Hirschius, Librorum ab anno I usque ad annum L sec. XVI typis exscriptorum millenarius. Noribergae 1746. S. 87 Nr. 995.

16. Cassander: Tabulae breves et expeditae in praeceptiones rhetoricae. Tremoniae, Soter 1550.

Handschriftliche Notiz des Kanonikus v. Büllingen.

17. Monomachia Davidis et Goliae. Tragicocomoedia nova simul et sacra. Authore Jacobo Schoeppero Tremoniano. Tremoniae Melchior Soter excudebat, Anno M.D.L. — 48 Bl. (Davon 3 Seiten leer.) 8°.

Königliche Bibliothek in Berlin. Hof- und Staatsbibliothek in München. Herzogliche Bibliothek in Wolfenbüttel.

Widmung: Maiorum imaginibus prudentiaque et pietate ornatissimis viris, Dn. Lamberto ac Nicolao a Berswordt cognatis, Tremonianae reipublicae consulibus vigilantissimis, S. P. . . . . Ex Musaeo nostro, apud aedem Matri virgini sacram. Cal. Maii, Anno MDL. V. H. addictissimus Jacobus Schoepperus presbyter. — Das Drama kam auf den Index Pius IV. von 1564 (den sogen. Trienter Index). Die Indices librorum prohibitorum des 16. Jahrhunderts hrsg. von Fr. H. Reusch (Bibliothek des lit. Ver. in Stuttgart, Bd. 176), Tübingen 1886, S. 269: Jacobi Schaepperi Tremoniani monomachia Davidis et Goliath.

18. M. T. Ciceronis sententiae insigniores, apophtegmata, parabolae seu similia, atque eiusdem aliquot piae sententiae. Autore Petro Lagnerio Compendiensi. Nunc omnia recens limata, et una cum Terentii facundissimis sententiis edita. Tremoniae Melchior Soter excudebat, Anno M.D.L. — 155 Bl. 8°.

Bibliothek der Grofsen Kirche in Emden.

Die Angabe Nordhoffs, Nachlese S. 142, „nach dem Kataloge der Kölner Stadtbibliothek“: „Ciceronis et aliorum sententiae per Petrum Lagnerium. Trem. Ph. Maurer 1551 in 8°" mufs wohl auf einem Irrtum beruhen: wie mir die Cölner Stadtbibliothek mitteilt, hat sie einen solchen Druck nicht.

1551.

19. Tentatus Abrahamus. Actio sacra, comice recens descripta. Ex Genesis 22. capite. Authore Jacobo Schoeppero presbytero. Tremoniae [M. Soter exc.] 1551. (Ohne Angabe des Druckers). — 36 Bl. (Davon 1 leer.) 8°.

Hof- und Staatsbibliothek in München.

Widmung: Rarae et eruditionis et pietatis viro, Materno Cholino bibliopolae Coloniensi diligentiss. suo tamque fratri charissimo, Jacobus Schoepperus S. P. . . . Tremoniae, e Musaeo nostro apud templum Matri virgini sacrum, Dominica Invocavit, Anno M.D.LI. — Der Drucker ist auf dem Titelblatt nicht genannt, doch findet sich auf der letzten Seite das Sotersche Signet, gleich dem bei Heitz unter Nr. 125 abgebildeten, nur dafs der hebräische Satz oben, der äthiopische unten steht. Die Verse deuten wieder auf den Namen (Orandum est, ut sit mens sana in corpore sano und *Οὐκ ἔσθ' ὑγείας κρεῖττον οὐδὲν ἐν βίῳ*).

20. Psalterium Davidis carmine redditum per Eobanum Hessum in trivialium scholarum gratiam in partes divisum cum annotationibus Viti Theodori Noribergensis, quae commentarii vice esse possunt, cui accessit ecclesiastes Salomonis eodem genere carminis redditus. Pio lectori [folgt das Gedicht, vgl. oben Nr. 4]. Tremoniae excudebat Philippus Maurer, Anno MDLI. — 330 paginierte und 8 unpaginierte Seiten. — Der eccl. Salom. 20 Bl. 8°.

Bibliothek der Grofsen Kirche in Emden.

21. Epitome rhetoricae philologi. Tremoniae 1551.

Ein Druck mit diesem Titel (vielleicht ist aber der Name des Verfassers ausgelassen) ist nach freundlicher

Mitteilung des Herrn Provinzarchivars P. Kilian O. Cap. in Krefeld in einem alten Katalog der ehemaligen Bibliothek der Kapuziner in Paderborn verzeichnet. Diese Bibliothek ist der Theodorianischen Gymnasialbibliothek einverleibt worden, aber noch immer grofsenteils ungeordnet, so dafs sich der Druck vorläufig nicht feststellen liefs, wie mir Herr Professor Richter in Paderborn gütigst mitgeteilt hat.

1552.

22. De sacerdotum coniugio. Disputatio inter suffraganeum episcopum et diaconum pastorem, acuta et christiana pro dialogorum consuetudine instituta, quam ad disquisitionem veritatis in ea quaestione quae est de sacri ordinis virorum vita coelibe, novisse valde retulerit. Authore Hermanno Osnaburgensi [d. i. Herm. Hamelmann], verbi divini ministro. Tremoniae, excudebat Philippus Maurer. Anno M.D.LII. — 68 Bl. 8°.

Universitätsbibliothek in Münster (J. Niesert past. in Velen 1814. liber rarus). Stadtbibliothek in Hamburg.

Epistula dedicatoria: Excellentibus et amplissimis praesulibus D. Francisco Monasteriensi et Osnaburgensi episcopo: Mindensis vero ecclesiae administratori: nec non D. Remberto a Kersenbroch, antistiti Paderbornensi, principibus dignissimis, dominisque suis clementissimis, Her. Hamelmannus divini verbi et ecclesiae Servatianae minister S. D. P. . . . Datae ex urbe Monasteriensi. Anno 1552. — Ein Druckfehler in der Wasserbachschen Hamelmannausgabe (C 2: De coniugio sacerdotum brevis dialogus interlocutorius. Tremonae (!) 1582. Cum Verbi divini ministrum egerit in Ecclesia Servatiana apud Monasterienses in Westfalia. — Dafs es sich blofs um einen Druckfehler handelt und tatsächlich 1552 gemeint ist geht aus dem Zusatz Cum Verbi . . . hervor) hat in der Literatur über diese Schrift ziemliches Unheil angerichtet. Leuckfeld (Historia Hamelmanni, Quedlinburg und Leipzig 1720,

S. ;13 Anm. 18) und A. E. Rauschenbusch (Hermann Hamelmanns Leben [= Bilder Westph. Theologen Bd. 1], Schwelm 1830, S. 34) reden von einem Wiederabdruck von 1582. Döring (S. 125) glaubt die Angabe Nordhoffs (Denkwürdigkeiten S. 199 Anm. nach dem Auktionskatalog der Niesertschen Bibliothek) als ein Versehen beim Katalogisieren berichtigen zu sollen und führt die Schrift unter 1582 auf. Auch P. Bahlmann, Hermann Hamelmanns Dialogus de sacerdotum coniugio, Korrespondenzblatt der Westdeutschen Zeitschrift Jahrgang 8 (1889) Sp. 189 ff., glaubt an das Vorhandensein einer Ausgabe von 1582.

23. Jacobi Schoepperi Tremoniani presbyteri comoediae et tragoediae sacrae et novae, accuratissime recognitae. Tremoniae, excudebat Philippus Maurer. Anno M.D.LII. — 108 Bl. 8°.

Königliche Bibliothek in Berlin. Hof- und Staatsbibliothek in München.

Auf dem Rücken des Titelblattes: Nomina actionum quae in hoc volumine continentur. Ectrachelistis sive decollatus Joannes. Voluptiae et virtutis pugna. Monomachia Davidis et Goliae. Tentatus Abrahamus. Es finden sich aber nur die beiden ersten in dem Bändchen. Auch das von Döring benutzte Exemplar „ist defekt und enthält nur die beiden ersten" (S. 84, wogegen er S. 60 sagt: „Vor mir liegt eine zweite [Gesamt-]Ausgabe . . . Sie enthält vier Stücke"). Dafs der im Münchener Exemplar angebundene Tentatus Abrahamus (vgl. No. 19) dazu gehört, was P. Bahlmann, Die lateinischen Dramen von Wimphelings Stylpho bis zur Mitte des 16. Jahrhunderts, Münster 1893, S. 93, für möglich hält, ist schon deshalb ausgeschlossen, weil der Tentatus Abrahamus bei Soter erschienen ist. — Widmung an Magistrat und Rat der Stadt: Prudentia, eruditione, et pietate clarissimis viris D. consulibus ac senatoribus inclytae civitatis Tremoniensis, S. P. . . . Ex Musaeo nostro, Anno 1544. Prid. Id. Decemb.

V. P. Addictissimus Jacobus Schoepperus apud D. Petrum Ecclesiasta.

24. Lambach, Johann: Schulprogramm.

Vgl. Mulher, Summarischer Begriff der Dortmundschen Statt und Grafschaft Chroniken (Döring S. 69): „In diesem Jhar grafsirte die Pest noch heftig zu Dortmund, und Ist den 26. Mai die grofse Schole von Dortmund auf Schwerte gelacht worden, und hat sich Doctor Johann Lambach Rector mit allen seinen Collegen dahin begeben, welchen ein grofs theil studenten gefolget und daselbst Ihre exercitia und studia continuiret, wie solchs obgemelten D. Doctoris Joannis Scevastae getrucktes Programma aufsweiset, und in der Litter nachbringet."

1554.

25. Collectarum liber. Sartor.

Bis jetzt hat sich kein Exemplar gefunden. Nach Scheibler war er 1553 schon teilweise fertig gedruckt und erschien 1554. Er behauptet weiter: „Dieses Buch ist nachher mehrmals, nämlich 1558 und 1565, wieder abgedruckt worden und ist noch jetzt (also 1643) bei uns in Gebrauch und enthält in sich alles zur Abänderung der päpstlichen Religion." Vgl. Döring S. 79.

26. Jobi de altissima dei providentia et christianae vitae militia narratio et disputatio. Sebastiano Castalione interprete. Una cum eiusdem annotationibus. Tremoniae. Excudebat Albertus Sartorius. Anno M.D.LIIII. — 40 Bl. 8°.

Fürstlich Stolbergische Bibliothek in Wernigerode.

1555.

27. De formandis concionibus sacris, seu de interpretatione scripturarum populari. Libri II. Authore Andrea Hyperio. Appositae praeterea sunt nunc primum conciones divinorum vatum et apostolorum ex interpretatione Sebastiani Castalionis, quibus singula genera

illustrantur. Tremoniae Albertus Sartorius excudebat. Anno M.D.LV.

Die conciones haben folgenden eigenen Titel: Vatum et apostolorum conciones quaedam, quas nunc primum a Sebastiano Castalione, ut illas ipse interpretatus et Andreas Hyperius ad singula concionum genera illustranda fere indicavit, typis separatim descripsit, Albertus Sartorius. Tremoniae. Anno M.D.LV. — Zusammen 119 foliierte Bl. 8°.

Königliche Bibliothek in Berlin (Coll. soc. Jesu Embric. 1032).

28. Carmen elegiacum in laudem electionis ac demum inauctorationis reverendiss. domini D. Wilhelmi ecclesiae Monasterien. antistitis. Autore Henrico Rupe Monasterien. Tremoniae [Alb. Sartorius] 1555. 8°.

Katalog des Britischen Museums.

29. *Ἰσοκράτους λόγοι τρεῖς. Ἐγκόμιον* (!) *τοῦ Εὐαγόρου, τῆς Ἑλένης, τοῦ Βουσίριδος.* Isocratis orationes tres. Encomium Euagorae, Helenae, Busiridis. Quae nunc primum emendatissime in studiosae Graecarum literarum pubis gratiam separatim sunt excuse. Tremoniae. [Albert Sartorius.] Anno M.D.LV. — 36 (so richtig statt 39) foliierte Bl. 8°. (Letzte Seite leer.)

Universitätsbibliothek in Münster.

Der Druck ist ziemlich fehlerhaft.

1557.

30. Tomus primus D. Jacobi Schoepperi concionum, quas Tremoniae, dum in vivis esset, methodice conscripsit et publice habuit. Nunc tandem easdem Joannes Lambachius cognomine Scevastes, pro iis, qui in ecclesia docent, in tres tomos concinnavit et digessit. Tremoniae. Excud. Albertus Sartorius. Anno 1557. — 8 unfoliierte Bl. + 542 paginierte S. 8°.

Universitätsbibliothek in Münster. Hof- und Staatsbibliothek in München. Bibliothek des Herrn Wilhelm Grevel in Düsseldorf.

Widmung: Reverendo in Christo Patri eruditione simul et pietate conspicuo Domino, Do. Hermanno Xylonio Abbati a Werden digniss. Joannes Lambachius cognomine Scevastes S. P. D.... Anno virginei partus 1557 4. die septemb. — Einleitungsgedicht: Ad lectorem. Bernar. Copius in Tremoniana schola a gymnasiarcha secundus. — Dieser erste Band enthält Predigten nach der Ordnung des Kirchenjahrs von Advent bis Palmsonntag. — Vgl. über Schöppers Predigten Junghans a. a. O. S. 87 ff.

31. Tomus secun. D. Jacobi Schoepperi concionum, quas Tremoniae, dum viveret, cum artificiosa methodo stiloque succinctissimo conscripsit, tum publice ibidem habuit. Nunc tandem easdem Joannes Lambachius cognomine Scevastes, in illorum gratiam, qui in ecclesiis docent, in tres tomos summa diligentia digessit. Tremoniae. Excud. Albertus Sartorius, Anno 1557. — 4 Bl. + 763 paginierte S. 8°.

Universitätsbibliothek in Münster. Hof- und Staatsbibliothek in München.

Widmung: Reverendo, nobilitate simul ac eruditione pietateque conspicuo D. Arnoldo a Bocholt juniori, Mindensis Ecclesiae praeposito, Magunt. Leodin. canonico digniss. Joann. Lambachius cognomine Scevastes. S. P. D.... 1557. 6. die Sep. — Enthält Predigten nach dem Kirchenjahr von Ostern bis Advent.

1558.

32. Tomus tertius D. Jacobi Schoepperi concionum, quas Tremoniae cum eleganti methodo, stiloque succinctissimo conscripsit, tum publice ibidem habuit. Nunc tandem easdem Joannes Lambachius cognomine Scevastes, in iuniorum ecclesiastarum gratiam,

in tres tomos selegit. Tremoniae. Excud. Albertus Sartorius. Anno 1558. 475 S. + 2 S. Index. 8°.

Universitätsbibliothek in Münster. Hof- und Staatsbibliothek in München.

Widmung: Reverendo, nobilitate simul ac eruditione, insignique pietate conspicuo D. Bernardo a Mordien, maioris ecclesiae Monasteriensis praeposito dignissimo Joannes Lambachius cognomine Scevastes. S. P. D. . . . 1558 18. die Martii. — Bernhard von Mordien war Lambachs Schüler. — Enthält Predigten an Heiligenfesten. — Die Angaben bei Döring S. 85 und 125 und Schröder S. 3, wonach die beiden ersten Bände 1557, der dritte 1560 erschien, sind zu berichtigen.

33.* Collectarum liber. Neue Ausgabe.

Vgl. oben Nr. 25.

34. *Ἰσοκράτους ἅπαντες λόγοι διὰ Ἱερωνύμου Βολφίου ἐπανορθωθέντες τε, καὶ ἐξ ὑπαρχῆς ἑρμηνευθέντες: τῶν λατίνων τοῖς ἑλληνικοῖς ἐξ ἐναντίας κειμένων.* Isocratis orationes, quae nunc extant omnes, per Hieronymum Wolfium Oetingensem, summo labore, et diligentia correctae, et de integro conversae: utque studiorum usui magis accomodatae essent, non omnium duntaxat orationem argumentis, sed et marginum annotationibis adornatae: latinis et Graecis e regione collocatis. Quarum catalogum versa statim pagina reperies. Tremoniae, Albertus Sartorius excud. Anno salutis humanae 1558. — 111 pag. S. 8°.

Bibliothek der Großen Kirche in Emden.

1560.

35. Tom. ter. D. Jacobi Schoepperi concionum, quas Tremoniae cum eleganti methodo, stiloque succinctissimo conscripsit, tum publice ibidem habuit. Nuper eas Joannes Lambachius cognomine Scevastes, in iuniorum ecclesiastarum gratiam, in tres tomos selegit, nunc vero easdem multis eiusdem con-

cionibus auxit, multoque emendatius, quam ante, iam secundo in lucem edidit. Tremoniae, Albertus Sartorius excudebat. Anno M.D.LX. — 438 S. + 2 S. Index. 8°.

Universitätsbibliothek in Münster.

Die übrigen Bände der zweiten Auflage sind mir nicht bekannt geworden. Nach Rolle S. 28 f. scheinen sie alle drei 1560 erschienen zu sein.

1561.

36. Tom. quart. D. Jacobi Schoepperi concionum institutionis christianae praecipuaeque doctrinae summam et pias aliquot conciones in animarum feriis habitas continens. Quae sint opusculi huiusce potiora capita cuivis christiano lectu, cognituque valde necessaria, sequens facies indicabit: concionum autem seriem in fine eiusdem offendes. Tremoniae, Albertus Sartorius excudebat. Anno M.D.LXI. — 4 unfoliierte + 170 foliierte + 1 unfoliiertes Bl. 8°.

Universitätsbibliothek in Münster.

Die Vorrede datiert: Idibus Octobris 1561. — Ursprünglich war die Ausgabe der Predigten Schöppers, wie aus den früheren Titeln hervorgeht, nur auf 3 Bde. berechnet. Der vorliegende enthält Predigten über die 10 Gebote, das apostolische Glaubensbekenntnis, das Vaterunser, die 7 Sakramente, den englischen Gruſs, Heiligenverehrung, Bedeutung einiger Zeremonien, Vorbereitung auf den Tod, Gebet für Verstorbene, Ende der Welt, Auferstehung der Toten, allgemeines Gericht. Diese Predigten sind kurz vorher (im selben Jahr) als „Institutio christiana" in Cöln bei Maternus Cholinus und Jakob Soter erschienen, worauf auch die Vorrede hinweist. — Der Katalog der Bibliothek des Klosters Liesborn (Catalogus conscriptus sub R. D. Ludgero abbate anno 1795, in der Bibliothek des Altertumsvereins in Münster) führt unter Classis D Nr. 170 Scoeperi | Jac. | Tremoniensis conciones 5. Tomi

Tremoniae 1560 auf. Woher die 5 Bände kommen, läſst sich nicht feststellen. Vielleicht sind die beiden Auflagen konfundiert.

37. Protrepticon de liberalium artium studiis colendis: in quo et iuventus ad timorem Dei, assiduas preces, et ad ordinem in studiis observandum invitatur, carmine scriptum. A M. Georgio Ornitandro Hervordiano. Tremoniae, Excudebat Albertus Sartorius. Anno salutis humanae. M.D.LXI. — 32 Bl. 8°.

Universitätsbibliothek in Göttingen.

Auf dem Titelblatt handschriftlicher Vermerk: Rarissimus in ipsa Westphalia libellus, ne Hamelmanno quidem observatus, quum tamen operum p. 843 inter Bilefeldiae ludimagistros pios, doctos et fideles etiam M. Georg. Vogelmannus i. e. Ornitander gr. vocetur. Vgl. auch Nordhoff, Denkwürdigkeiten S. 199. Das Zitat bezieht sich auf die Wasserbachsche Ausgabe, wo es S. 843 heiſst: Fuerunt ibi [Bilefeldiae] ludimagistri pii docti et fideles . . . M. Georgius Vogelmannus.

1564.

38. [Hermann Wilcken:] Kerckenordeninge der Christliken Gemeine tho Niggen Rade. Angehauen im Jar vnses HEren, Dusent viff hundert, veer vnd ſeſtig vp Pingſten. [Folgt Holzſchnitt: eine gitterartige Verzierung.] Gedruckt tho Dörtmünd dörch Albert Sartor, M.D.LXIIII. — 88 Bl. (84 foliiert). 8°.

Herzogliche Bibliothek in Wolfenbüttel. Das zweite heute bekannte Exemplar im Besitz des Herrn Pfarrers Huffelmann in Neuenrade.

Rot gedruckt sind die Worte: Kerckenordeninge, Christliken, Niggen Rade, Jar, HEren, Dusent, viff, hundert, veer, Pingsten. — Deutsche Blattzahlen; das Titelblatt zählt als 1, die letzte Zahl ist 85, fehlerhaft statt 84; 4 Blätter sind nicht numeriert. Rückseite des Titels und letzte Seite leer. Das Papier ist gut, der Druck deutlich und schön, besonders auch der Notendruck; die Lieder sind mit abgesetzten Verszeilen gedruckt, die Zeilenanfänge teilweise eingerückt.

Inhalt: Bl. 2—6 „Korte verinneringe“, Bl. 6—20 die eigentliche Kirchenordnung, dann die Liedersammlung, endlich Sendschreiben des Verfassers Hermann Wilcken an die „Gemeine tho Niggen-Rade“, Liederregister und Inhaltsverzeichnis.

Literatur: Zuerst hat C. H. E. von Oven, der das oben genannte zweite Exemplar besafs, auf das Buch aufmerksam gemacht in seiner Schrift: Die evangelischen Gesangbücher in Berg, Jülich, Cleve, Mark (= Hymnologische Beiträge), Düsseldorf 1843. Eine bibliographische, aber nicht ganz genaue Beschreibung nach dem Wolfenbütteler Exemplar gab dann Ph. Wackernagel, Bibliographie zur Geschichte des deutschen Kirchenliedes im 16. Jahrhundert, Frankfurt a. M. 1855, S. 330 f. Eine eindringende Untersuchung widmete dem Verfasser und seinem Werke A. Wolters, Hermann Wilcken genannt Witekind und seine Kirchenordnung von Neuenrade, Zeitschrift des bergischen Geschichtsvereins Bd. 2, Bonn 1865, S. 42 ff. Während er die konfessionelle Seite in den Vordergrund stellt, betont neuestens Nelle mit Recht mehr das liturgische, gottesdienstliche und hymnologische Interesse in seinem trefflichen Aufsatze: Hermann Wilckens Kirchenordnung von Neuenrade und ihre Liedersammlung, Jahrbuch des Vereins für die evangelische Kirchengeschichte der Grafschaft Mark, Jg. 2, S. 84 ff. Er hat auch, ebenda S. 112—138, das Wichtigste der Schrift herausgegeben.

39. [Hermann Wilcken:] Rie Bedeboeck ut der H. Schrift des olden und Nien Testaments, welches vorher nie gesehen noch gehoret, darinnen gefunden und gewiesen wird, wat Lief und Seelen to der Seligkeit nütte und vannoden ist. Ock wat etliche Romische Bischoffe oder Päbste, so

man sie nennet, gesettet und opgerichtet hebben. Dortmund durch Albert Sartor 1564. 8°.

Bis jetzt hat sich kein Exemplar gefunden. Der Titel wird in dieser Form von v. Steinen (4, 426) angegeben. Nelle bemerkt dazu (a. a. O. S. 92): „Abgesehen von orthographischen Ungenauigkeiten und dem Umstande, daſs die Sprache, in der dieser Titel hier wiedergegeben ist, ein Gemisch von Nieder- und Hochdeutsch darstellt, fällt bei diesem Titel zweierlei auf. Einmal die für ein Gebetbuch überhaupt ganz ungewöhnliche und insbesondere der Art Wilckens, wie wir sie sonst kennen, durchaus nicht gemäſse Reklame: ‚welches vorher nie gesehen noch gehoret'. Sodann daſs das Buch zugleich Gebetbuch und Polemik gegen Rom sein sollte. Beides wäre unerhört." Nelle bezweifelt daher, daſs der Titel so gelautet habe. Dem möchte ich entgegenhalten, daſs solche „Reklamen" damals durchaus üblich waren und meist nicht dem Verfasser, sondern dem Verleger zur Last fallen. Auch den Nebenzweck der Polemik kann ich nicht unerhört finden. Und was das Sprachliche angeht, so hat Mulher (Summarischer Begriff zu 1564) den Titel in niederdeutscherer Fassung: In diesem Jhar hatt Albert Sartor Buchdrucker alhie ein Büchlein gedruckt mit diesem Titel, Nie Bedebock vth der heiligen Schrift . . . darinnen gefunden vnd gewyset werdt, wat liff vnd Sehlen tho der saligheit nutte vnd van noeden ist, ock watt etliche Romische Bischoppe adder Paweste (so man sie noemet) gesettet vnd upgerichtet hebben etc. in 8 Hir In wird das Babstthumb fast angegriffen vnd die miſsbrauche gestraffet. — Wir dürfen also daran festhalten, daſs der Titel, abgesehen vielleicht von Abweichungen in den Wortformen, richtig ist.

40. Beurhaus, Friedrich, Schulprogramm.

Vgl. Rolle S. 38 Anm. r.: Meinerzhagensem [Beurhusius] se scribere solitus est, ut vel patet ex programmate Unnae vulgato, et hic Tremoniae impresso 1564. — Beurhaus war damals Rektor in Unna.

1565.

41. Novum testamentum, interprete Sebastiano Castalione. Cum annotationibus eiusdem. Tremoniae, Apud Albertum Sartorem. Anno M.D.LXV. — 607 paginierte Seiten. 8°.

Königliche Landesbibliothek in Stuttgart (aus der Bibelsammlung des Pastors Josias Lorck in Kopenhagen).

42. Collectarum liber.

Vgl. oben Nr. 25.

43. Institutionis christianae praecipuaeque doctrinae summa, concionibus aliquot succinctis iuxta ac catholicis comprehensa, nunc primum et aedita et typis excusa, homini cuivis christiano lectu cognituque valde necessaria. Autore D. Jacobo Schoeppero, presbytero. Quae sunt opusculi huiusce potiora capita sequens facies indicabit: concionum autem seriem in fine eiusdem offendes. Omnia ecclesiae catholicae apostolicaequae iudicio submissa sunto. Tremoniae, Excudebat Albertus Sartor. Anno M.D.LXV. — 4 unfoliierte + 170 foliierte + 1 unfoliiertes Bl. 8°.

Universitätsbibliothek in Münster.

Die Angabe „nunc primum et aedita et typis excusa" ist Vorspiegelung falscher Tatsachen: bis auf das Titelblatt ist der 4. Bd. der Predigten unverändert abgedruckt. — Der Vorbehalt: „Omnia ecclesiae . . . iudicio submissa sunto" ist sehr am Platze gewesen; denn hinter Schoeppero, presbytero ist handschriftlich hinzugefügt: damnato et prohibito legi.

44. Catechesis recens recognita a Davide Chytraeo. Tremoniae, Excudebat Albertus Sartor. Anno M.D.LXV. — 63 Bl. 8°.

Vgl. Aufzeichnungen des schweizerischen Reformators Heinrich Bullinger über seine Studien zu Emmerich und Cöln und dessen Briefwechsel mit Freunden . . . . hrsg. v. C. Krafft, Elberfeld 1870, S. 89. Döring S. 106.

1570.

45. Chytraeus: catechesis. Tremoniae, exc. Albertus Sartor. 1570.
Stadtbibliothek in Soest (laut Nominalkatalog).
Vgl. Nr. 44.

1573.

46. Musicae erotematum libri duo ex optimis huius artis scriptoribus vera perspicuaque methodo descripti per Fredericum Beurhusium Menertzhagensem scholae Tremonianę conrectorem. Tremoniae. Excudebat Albertus Sartor. M.D.LXXIII. — 48 Bl. 8°.

Universitätsbibliothek in Göttingen. Stadtbibliothek in Soest.

Widmung: Spectatissimis viris, pietate et sapientia ornatissimis Henrico Huick, Joanni Boltwingio iudici, et Casparo Heidtfeldio ecclesiae Renoldine praesidibus et procuratoribus, ceterisque eiusdem collegiorum primariis viris dominis et patronis suis observandis S. . . . Tremoniae e nostro musaeo Kalend. Maii, Anno a Christo nato M.D.LXXIII.

1575.

47. Schriff Almanach na der gebordt Jesu Christi MDLXXV. Dorch Joan Wilckinghoffs. Dortmund, By Arnt Westhoff.

Vgl. Fr. J. Pieler, Leben und Wirken Caspars von Fürstenberg, Paderborn 1873, S. 30. Im Besitz des Grafen von Fürstenberg zu Herdringen.

Dedikation: Tho ehren unde günstigen gefallen, dem Ehrwerdigen, Edelen, unde Ehrentfesten Heren, Heren Godofriden von Velmede, Probst thom Capenberge, Unde semptliken Heren darsulvest, Mynen grothgünstigen gebedenden Heren.

1579.

48. Ein schön Nye Christlick und nütte Bedeböck. Vth den Olden Lerers der Kercken, alse Augustino, Ambrosio, Cipriano, Cyrillo, Bernhardo, Chrisostomo, rc. Thosomende getragen. Yn allerley anvechtingen vnde nöden tho beedende Denstlick vnde Tröstlick. Thom vöfften male mit flyte wedder gedrücket, vñ noch mit mehr andern schönen vnd tröstliken Gebeeden vorbetert vnd vormeret. [Verzierung.] 1579. — Am Ende: Tho Dörtmünde gedrückt, dorch Al. Sart. Anno 1579. — 227 Bl. (Avij—Tvij mit I—CCXVI foliiert). 12°.

Stadtbibliothek in Soest.

Rot gedruckt: Ein schön Nye Christlick vnd . . . Vth den Olden Lerers . . . Thom vöfften male mit. Die früheren vier Auflagen sind unbekannt. Doch ist es möglich, dafs das Wilckensche Gebetbuch von 1564 (s. o. Nr. 39) die erste Auflage ist. Vgl. Nelle a. a. O. S. 93.

49. Euangelia mit den Summarien vnde Epistelen, so dorch dat gantze Jar, des Sondages vnd vornemesten Festen gehandelt werden. [Holzschnitt: Der Evangelist Matthäus schreibend; der Engel hält ihm das Buch. Der Mantel des Evangelisten und das Oberkleid des Engels sind rot.] Dörtmünd, Al. S. 1579. — 168 Bl. 12°.

Stadtbibliothek in Soest.

Rot gedruckt: Euangelia mit den Sum- . . . -mesten Festen gehandelt werden . . . Dörtmünd, Al. S. 1579.

1581.

50. [Beurhusius, Fredericus:] Ad Petri Rami dialecticae praxin generalis introductio, et specialis illustrium exemplorum, naturalis artis progressio, inductio. Tremoniae [Albertus Sartor?] 1581. 8°.

Vgl. Mellmann S. 69 Anm.

51. P. Rami, regii professoris clarissimi, dialecticae omnium postremo editae, libri duo, praelectionum et repetitionum quaestionibus illustrati: quae paedagogiae

logicae pars prima, qua artis intelligentia comparatur: Autore Frederico Beurhusio Menertzhagensi, scholae Tremonianae prorectore. Editio secunda. Tremoniae. Excudebat Alb. Sart. Anno MDLXXXI. — 248 Bl. 8°.

Universitätsbibliothek in Göttingen.

Die Widmung an Friedrich Fürstenberg, Kanonikus von Mainz und Paderborn, ist vom 1. Januar 1581 datiert.

52. De P. Rami dialecticae praecipuis capitibus disputationes scholasticae, et cum iisdem variorum logicorum comparationes: quae paedagogiae logicae pars secunda, qua artis veritas exquiritur. Auctore Frederico Beurhusio Menertzhagensi, scholae Tremonianae prorectore. Tremoniae. Excudeb. Albertus Sart. & Arnold. West. Anno MDLXXXI. — 8 Bl. + 1021 S. 8°.

Universitätsbibliothek in Göttingen.

1582.

53. Audomari Talaei rhetoricae e P. Rami praelectionibus observatae rudimenta, addita ad finem Ovidianae elegiae analysi ed. Fredericus Beurhusius. Tremoniae 1582.

Vgl. Mellmann S. 70.

54. Ein Christlich Biblisch spiell, aus den dreyen evangelischen Parabolen vom grossen abendmahl, von der Königlichen Hochzeit und vom Weinberge, die Zerstörung der Statt Jerusalem begriffend, im schein weltlich fürgebildet, aber geistlich zu verstehen, und allen Christen wohl zu betrachten. Etwan durch Hrn Johan Rasser gestellet, aber jetz neulich durch eine Erbare Bürgerschaft der löblichen Kaiserlichen freyen Reichs-Stat Dortmund nach fürgehender fleißiger übersehung mit besonderem fleiß und gebührlichem apparat auf zwey tage öffentlich im werck fürgestelt. Zu Ehren und Wohlgefallen dem Edlen und ehrenfesten Herren Herdenroth unsern lieben Junkern.

5*

Döring S. 116 nach Detmar Mulhers summarischem Begriff und einer Mitteilung in Trofs' Westphalia 2, 97. Danach ist das Stück am 28. und 29. (so richtig statt 18. und 19.) Mai 1582 in Dortmund aufgeführt, am 5. und 6. Juni wiederholt, dann „gedrucket und dem gantzen Magistrat und Stande oder Gemeinde dediciret worden". — Der Druck ist auch Herrn Professor Bolte in Berlin, dem besten Kenner der Dramenliteratur des 16. Jahrhunderts, unbekannt geblieben, wie er mir freundlichst mitgeteilt hat.

55. [Rhamann, Christoph:] Epicedion in Johannis Lambachii et Henrici, Johannis filii, mortem.

Vgl. v. Steinen 2, 1127: Christoph Ramann. War bürtig aus Unna, und wird als ein guter lateinischer Poet gerühmet; ich habe von ihm: Epicedion in . . ., welches 1582. zu Dortmund in 4. gedruckt worden ist.

1584.

56. Enchiridion | De klene Catechismus | edder Christlike Tucht | vor de gemenen Parheren | Predigers vnd Hußväder. D. Mart. Luth. Dört. Al. Sa. vn̄ Arn. West. 1584. — 48 Bl. (Letzte Seite leer.) 12°.

Fürstlich Stolbergische Bibliothek in Wernigerode.

1585.

57. Geistlike Leder unde Psalmen, D. Martini Lutheri, und anderer framen Christen, na Ordeninge der Jartyde und Feste, uppet nye tho gerichtet. [Holzschnitt.] Dört. Al. Sar. un Arn. West. 1585. — Bis framen rot gedruckt, ebenso die Verlagsangabe. — 14 Bl. (= Bogen A—Bs) unfoliiert + 196 foliiert + 6 unfoliiert. 12°.

Fürstlich Stolbergische Bibliothek in Wernigerode. Universitätsbibliothek in Göttingen.

Das mir vorliegende Exemplar der Universitätsbibliothek in Göttingen ist defekt; es sind nur Bl. 35 bis 139 der foliierten Blätter vorhanden. Beschreibung vollständiger Exemplare s. bei C. H. E. von Oven, Die evangelischen Gesangbücher in Berg, Jülich, Cleve und Grafschaft Mark seit der Reformation bis auf unsere Zeit (= Hymnologische Beiträge), Düsseldorf 1843, S. 29 ff. und W. Crecelius, Über die ältesten protestantischen Gesangbücher am Niederrhein, Zeitschrift des bergischen Geschichtsvereins, Bd. 5, Bonn 1868—1870, S. 259. Danach beginnt auf der Rückseite des Titelblatts ein Kalender, an den sich Anweisungen anschliefsen: die goldene Zahl, den Sonntagsbuchstaben und den Sonntag Estomihi für jedes Jahr zu finden. Hierauf folgt die Warninge D. Mart. Luth. „Veel valscher Meister" . . ., die Vörrede D. Mar. Luth. und die „Ordeninge der Titel, de yn dessen Boke begrepen sint, darhen ein ytzlik Psalm gehoret". Dann beginnt auf B i i j die Bezifferung der Blätter von 1 bis c x c v j, auf denen die Lieder abgedruckt sind. Den Schlufs macht ein Register von 6 nicht foliierten Blättern.

1588.

58. [Empsychovius, Hermann:] Bericht und Bedenken, warümb die Hochzeiten, Gastereyen, Kirchmessen und dergleichen, damit die Leut von der Predigt des göttlichen Worts und dem heiligen Gottesdienst abgeführet werden, und also der Feyertag entheiliget, auff die Sonntage und hohe Festtage nicht sollen geleget und gehalten werden, aus göttlicher heiliger Schrifft, und fürnehmer (sehr vieler) Theologen Sprüchen, sampt etlicher christlicher Potentaten Ordnungen, guthertzigen Christen zum Bericht einfältig zusammengetragen. Dortmund 1588.

Vgl. Rolle S. 111. Mellmann scheint die Abhandlung noch gesehen zu haben. „Eine noch lesenswerte Schrift," sagt er S. 118 Anm. **).

1589.

59. [Henrich Hilbrecht Höxarianus, Rektor zu Recklinghausen:] „Lateinisches Carmen, welches er 1589 d. 8. Apr. über das Absterben Henrich v. Nesselrod

zu Herten zu Dortmund bey Albert Sartor in 4. hat drucken lassen".

v. Steinen 2, 1026.

1591.

60. Kinderzucht. Ein wunder Liebliche | vnd vberaus gantz lustige Figur | wie vnser HErr Gott Adams vnd Euen Kinder | nach schöpffung der Welt | den heiligen Catechismum selbst verhöret | vnd die | so den Catechismum kondten | gesegnet | vnd die denselben nicht kondten | verflucht hat. Allen Gottseligen Eltern vnd kindern zu einer Christlichen Paedagogiam oder Kinderzucht | Von Johan Baumgartten fürgestelt | vnd ordentlich beschrieben. Und nun durch Arnoldum Quitingium jn fein lüstige Reim und Spielßweiß gemacht. Gedruckt zu Dörtmünd | Durch Arnt Westhoff 1591. — 56 Bl. 8°.

Königliche Bibliothek in Stockholm.

Arnold Quiting war seit 1581 Magister und Schulmeister an der alten Dortmunder Schule an St. Reinoldi. 1599 hatte er die Stelle nicht mehr. Als Dichter ist er schwerfällig in der Komposition und roh im Ausdruck. Vgl. Döring S. 25 und Bolte in der Allgem. Deutschen Biographie 27, 57 f.

1593.

61. Ein Schönes Geistliches vnnd Tröstliches Spiel | Auß der Apostel Geschicht genommen | betreffende das zwelffte Capittel. Darinnen denn fein fürgestelt | in was nott vnd gefahr die jennen sein | so Gottes Wort lautter vnd rein Lehrn vnd Predigen. Durch Arnoldum Quitingium | Schulmeistern und Bürgern zu Dörbmünd | kurtzlich in Reim gebracht. Anno 1593. Am Ende: Gedruckt in der keiserlichen freien Reichß Statt Dörtmünd Durch Arnt Westhoff. — Rot gedruckt: Geistliches vnnd Tröstliches . . . Darinnen denn fein für- . . . Arnoldum Quitingium . . . 1593. — 96 Bl. 8°.

Königliche Bibliothek in Stockholm.

1594.

62. Chronica, Der Durchlauchtigen | Hochgebornen Fürsten vñ Herren zu Gůlich | Cleue | vñ Berge | ꝛc. Darinnen jhr herrlicher vnd hochrhůmlicher anfang | Herkunfft | vnd vrsprung zu befinden.

Darbey wunder schone suspiria vnd gedenckwirdige Exempla jhres Lebens erzehlet werden. Mit erklerung | Wie ein Herr den andern succediret | Wie sie gelebet | Regiret | Gekrieget | vnd Triumphiret | Auch wie sie dieses Leben selig beschlossen haben. [Wappen.] Dem Hochlöblichen | Fürstlichen Hause zu Gůlich | ꝛc. zu ehren | vñ der Landschafft zum gedechtniß vnd gutem Exempel in Truck gegeben. Durch M. Adelarium Rhoten. 1594. [Am Ende:] Getruckt in Keyserlichen freyen Reich Statt Dórtmůnd | durch Arnt Westhoff. Im Jar vnsers HErren | 1594. — 60 Bl. 4°.

Königliche Bibliothek in Berlin.

Rot gedruckt: „Der Durchlauchtigen" bis „Berge etc." „Darbei wunder schone suspi-", „dem Hochlôblichen | Fůrstlichen Hause zu Gů-", „M. Adelarium Rhoten. 1594." Sämtliche Seiten sind umrahmt. Kleine, in Vierecke eingeschlossene Initialen.

Das Buch ist unter dem 1. Mai 1594 dem Herzoge Johann Wilhelm gewidmet. — Über den Verfasser ist Roethe in der Allgemeinen Deutschen Biographie Bd. 28 S. 397 f. zu vergleichen, wo auch die Chronik treffend charakterisiert wird.

1595.

63. Disputatio theologica de ceremoniis quibusdam, circa templa, altaria, vasa, vestitum ecclesiasticum, imagines, absolutionem privatam, panem dominicam et fractionem eius in schola Tremoniensi et exercitii et inquirendae veritatis ergo habita, d. 1. et 2. Martii, Petro Dornbergio, theologiae doctore, praeside et M. Andrea

Schaafmanno respondente, Tremoniensibus ecclesiastis. Tremoniae [Alb. Sartor.?] 1595.
Rolle S. 61 f.

64. [Fabricius, Joannes:] Bucolica ecloga, tum de horum temporum miseriis earumque causa et medela, tum de magistratus officio eiusque laude. Tremoniae 1595. 4°. typis Alb. Sartor. — Anderthalb Bogen.
v. Steinen 3, 1467.

65. [Orseius (Orsaeus):] Oda gamica, solenni nuptiarum festo Io. Lambachii iunioris, iurium doctoris et syndici reipublicae Tremoniensis dicata ac impressa Tremoniae 1595 in 4to [bei Sartor?].
Rolle S. 3.

66. Disputatio vindiciarum pro P. Rami logica, ad ingressum disputabit, an P. Rami dialectica sit philosophiae instrumentum vel pars, et, an pars speculativa vel practica, an vero potius speculationem et praxin simul spectet. Et hac occasione ea etiam considerabuntur, quae M. Cornelius Antwerpius, logices professor, etc. ad quasdam nostras pro Ramea philosophiae divisione theses respondit. Quam *πνεύματος ἄμμι θεοῦ βασάνου καὶ εὐνοέοντος* in celeberrima schola Tremoniana ad discipulorum iudicia, de vere Socratica philosophiae partitione et logicae sententia, sublevanda sub praesidio excellentissimi doctissimique viri D. Frederici Beurhusii, eiusdem scholae rectoris, defendendam suscipiet Alexander Lycaula Corbaccensis Gualdeccus, discipulus. Tremon. Excudeb. Alb. Sart. Anno 1595. — 8 Bl. 4°.
Herzogliche Bibliothek in Wolfenbüttel.
Umrahmung des Titels durch Zusammensetzung von Fileten.

67. Disputatio vindiciarum pro P. Rami logica, de hac, ad legitimam eius conformationem pertinente, quaestione demonstranda: dialecticam sua natura esse unicam et omnino generalem proindeque ea forma a P. Ramo

legitime conformatam. Qua occasione ea etiam diluentur, quae M. Daniel Cramerus, extraord. professor etc. ad quasdam nostras pro hac Ramea conformatione theses respondit. Quam *Τῇστε παριστάντος χάριτος τοῦ πρεύματος ἱροῦ* in celeberrima schola Tremoniana, ad discipulos ex duplicis triplicisve logicae captiuncula, in unius eius particulae differentia residente, expediendos, praesidio doctissimi viri, Socraticique philosophi clarissimi, D. Frederici Beurhusii, eiusdem gymnasii rectoris, suffultus defensitabit Everhardus Kleppingh Zusatensis. Tremoniae. Excudebat Albert. Sart. Anno M.D.XCV. — 14 Bl. 4°.

Herzogliche Bibliothek in Wolfenbüttel.

Umrahmung des Titels durch Zusammensetzung von Fileten.

68. [Fabricius, Joannes:] Epithalamion in honorem nuptiarum D. Jo. Lambachii conscriptum editumque Tremoniae [Alb. Sartor.] 1595.

Rolle S. 112 Anm. o).

1596.

69. [Beurhaus, Friedrich:] Rudimenta dialecticae Rami postremo edita, per inventionem nudi thematis argumentique distinctione, ad finem vero isagogico scholio illustrata. Tremoniae [Alb. Sartor?] 1596.

Mellmann S. 70.

70. Andreae Schaafmani prodromus, responsionis suae pro disputatione Tremoniana, contra refutationem M. Joannis Piscatoris, professoris theologiae Sigenensis: in quo disputationis parerga et corollaria pertractantur, de distinctione decalogi. De propriorum communione. Et Calvini prophana de merito Christi sententia. Deque Lutheranorum et Calvinianorum appellatione &c. Adiuncta est responsio ad notas J. Piscatoris, quas contra D. D. Hunnii librum de sacramentis divulgaverat, per eundem Andream Schaafmanum Tre-

moniensem. Tremoniae. Typis Sartorianis 1596. — 48 Bl. 8°.

Herzogliche Bibliothek in Wolfenbüttel. Stadtbibliothek in Soest.

71. Schaafmani hyperaspistes script. pro prodromo adversus antidromum Piscatoris. [Tremoniae, Sartor.] 1596.

Stadtbibliothek in Soest (laut Nominalkatalog).

1597.

72. *Προκεφαλαίωσις* controversiarum de baptismo, quotquot fere in veterum et neotericorum libris occurrunt. Scripta, et in gymnasio Tremoniano ad disputandum proposita a M. Andr. Schaafmano, verbi divini ministro, respondente Dn. Matthaeo Schrevio ecclesiaste in Wischeling, ad diem 19. Maii. Tremoniae [Alb. Sartor.?] 1597. — „sex plagulis".

Rolle S. 81.

1598.

73. *σὺν τῷ Θεῷ. προκεφαλαίωσις* controversiarum tum veterum, tum neotericorum de coena. Scripta et in gymnasio Tremoniano ad disputandum proposita, a M. Andrea Schaafmano, ecclesiaste Tremoniano. Respond. re. et doctiss. viro D. Henrico Reissio verbi Dei ministro. Ad 22 Januarii. Tremoniae. Excudebat Albertus Sartor. Anno M.D.XCVIII. — 39 B. 4°.

Stadtbibliothek in Frankfurt a. M.

74. *Τὰ τῶν παλαιοτάτων ποιητῶν γνώμικα ποιήματα σωζόμενα.* Vetustissima poetarum opera sententiosa quae supersunt.

Nordhoff, Nachlese S. 142 Anm. 3.

Die Dortmunder Ausgabe ist mir nicht erreichbar gewesen. Eine Antwerpener Ausgabe (Ex officina Christophophori Plantini M.D.LXIIII) hat 70 S. 8°.

1599.

75. [Fabricius, Joannes, ecclesiae Wingernensis pastor:] Epicedion in praematurum obitum D. Andreae Schaafmanni. Tremoniae excus. 1599. [Alb. Sartor.]
Rolle S. 62. v. Steinen 3, 1467.

76. Hauptsumma der Christlichen Religion, in ordentliche Fragstücke, durch alle Artickel über den Catechismum D. Lutheri, verfasset und gestellet durch Andream Schaafmann, der heil. Schrifft Doctorn und Pastorn der Kirche S. Mariae. Dortmund [Arnt Westhoff?] 1599. 12°. — „Constat plagulis duodecim."
Rolle S. 82. Mellmann S. 68.

Seit **1583** laufend.

77. Dortmunder Kalender von Win. v. Lerbach. [Arnt Westhoff?]
Nordhoff, Denkwürdigkeiten S. 200 (nach Mitteilung des Herrn O. B. Becker). Mir ist trotz aller Bemühungen kein Exemplar bekannt geworden.

O. J. (**1575**—**1600**.)

78. Christlicher unterricht D: Mart. Lutheri, von der Jüden Lügen wider die Person unsers HErren Jesu Christi u. s. w. Auß dem 5. Wittenb. Tomo. fol. 492 ff. [Holzschnitt: Luthers Kopf.] Am Ende: Gedruckt zu Dörtmund, durch Arnt Westhoff.
Privatbesitz des Gymnasialdirektors Döring. Jetziger Fundort unbekannt.
Von „D. Mart. Lutheri" bis „Jesu . . ." rot gedruckt. Vgl. Döring S. 126.

O. J.

79. Confessio Augustana.
Nach den „Ulteriores exceptiones" von 1628 (vgl. oben S. 32) hat Lambach „als Rector Scholae die Augspurgische Confession zue Dortmundt öffentlich trucken lassen". — Mooren hat S. 131 die Angabe: „In demselben

Jahre (1544) soll auch die Augsburgische Konfession in Dortmund gedruckt worden sein."

O. J.

80. Leges scholasticae, in Tremoniensi schola bonarum literarum candidatae pubi praescriptae. [Sartor?] Einblattdruck.

Vgl. meine Ausgabe, oben S. 4 ff.

Beilage.

Der Dortmunder Arzt Tarquinius Schnellenberg und seine Schriften.

In der vorstehenden Bibliographie sind auch zwei Schriften von Tarquinius Schnellenberg aufgeführt. Die erste davon ist später an anderen Orten sehr häufig gedruckt worden, mufs also eine grofse Beliebtheit erlangt haben. Ob sie selbständiger ist wie das Wetterbüchlein oder auch blofs als Plagiat zu gelten hat, kann ich nicht feststellen.

Woher Schnellenberg stammte, und wo er studiert hat, ist unbekannt. In den bis jetzt herausgegebenen Matrikeln der damaligen Universitäten habe ich ihn nicht gefunden. Auch in der für diese Zeit noch nicht gedruckten Matrikel der Universität Cöln, an die man am ehesten denken möchte, kommt er nach Mitteilung von Herrn Dr. Keussen nicht vor.

Als er 1546 die „Experimenta" herausgab, war er Arzt in Dortmund und scheint das auch geblieben zu sein. Wenigstens wird er auf den Titeln der späteren Ausgaben stets nur so bezeichnet.

Die „Aufsführliche Beschreibung" von Detmar Mulher und Cornelius Mewe hat über ihn folgende Notiz: „1546 war an diesem Ohrt und anderswohe abermahl ein wunderbare unerhorte Krankheit . . . Und hatt zur selbiger

Zeit Tarquinius Ocyorus[1]) oder Schnellenbergius medicinae Doctor und bestelleter Medicus alhie Experimenta XX Pestilentzwurzeln an verschiedenen Orthern gedruckt aussgehen lassen.“[2])

Von seinen Schriften sind folgende bekannt:

1. Experimenta. Von XX[3]) Pestilentz Wurzeln und Kreutern . . .

Ausgaben:

1546. Dortmund, Melchior Soter. S. o.!
1553. Frankfurt a. M., Hermann Gülfferich. Königliche Bibliothek Berlin.
1555. Königsberg, Johann Daubmann. In einer „Artzneybuch“ betitelten Sammlung medizinischer Schriften. Vgl. Ch. G. Kestner, Bibliotheca medica, Jenae 1746, S. 346.
1556. Desgl. 2. Aufl. Britisches Museum[4]). Kgl. Bibliothek Berlin.
1570. Frankfurt a. M., Thomas Rebart. Kgl. Bibliothek Berlin.
1577. Strafsburg, Josias Rihel. Britisches Museum.
1579. Frankfurt a. M., Paul Reffeler, in verlegung Hartmanni Hahn. Im Besitz des Herrn Wilhelm Grevel in Düsseldorf.
1589. Strafsburg, Rihel. Zusammen mit Quintus Apollinaris, Kurtzes Handbüchlein und Experiment vieler Artzneyen. Britisches Museum.
1613. Frankfurt a. O., Friedrich Hartmann. Königliche Bibliothek Berlin.
1614. Strafsburg, Josias Rihel. Mit Q. Apollinaris Handbüchlein. Universitätsbibliothek Marburg.

---

[1]) Schnellenbergs gräzisierte Namensform. „Ocyotus“ bei Jöcher 3, 1017 ist natürlich falsch.

[2]) J. S. Seibertz, Quellen zur westfälischen Geschichte 1, 379.

[3]) Bei Jöcher fälschlich „de 25 radicibus pesti resistentibus“.

[4]) So ist der im Katalog des Britischen Museums angeführte Titel richtigzustellen.

1633. Strafsburg, Wilhelm Glaser. Ebenfalls mit Apollinaris Handbüchlein zusammen. Universitätsbibliothek Göttingen.

O. J. Frankfurt a. M., Wygand Han in der Schnurgassen zum Krug. Im Besitz des Herrn Grevel.

In Zedlers Universallexikon 25, 428 werden aufserdem folgende Ausgaben zitiert: Frankfurt 1566, Strafsburg 1651, Strafsburg 1700. Ferner hat Herr Grevel aus Antiquariatskatalogen noch die folgenden notiert: 1549 (Erfurt), 1554, 1555 (Frankfurt, Gülfferich), 1560, 1594, 1625 (Strafsburg, Rihel), 1659 (Strafsburg, J. Städel).

2. Practica deutsch mit heimlicher weissagung auf das Jar 1549, der XXIII. grad der Wage, in d. Ascendent erhaben, in Figura introitali. Erfurdt, durch M. Sachssen, in der Archen Noe. — 8 Bl. 4°.

Aus einem Antiquariatskatalog.

3. Wetterbuchlin. S. o.!

4. Kurtzer bericht | Von etlichen edelen vnnd Bewerten Balsam Ole | Wund trencken | Plaster | vnnd Vguenten(!) zu machen | beide zu Frischen vnnd alten Wunden oder Schäden vor nye an den tag gegeben ist. Nun aber allen Wundartzten zu fromen vnd den Notturftigen zu trost vnd hülff | durch Tarquinium Schnellenbergium | der Artzney Doctorem inn Druck gebracht. [Holzschnitt.] M.D.XLIX. — Am Ende: Gedruckt zu Franckfurdt am Mayn durch Herman Gülfferichen in der Schnurgassen zum Krug. — 15 Bl. 4°.

Universitätsbibliothek in Göttingen.

Weitere Ausgaben unter dem Titel „Ein New Büchlein von etlichen edelen . . .“ in dem schon erwähnten, von Johann Daubmann in Königsberg herausgegebenen Artzneybuch.

IV.

Die

Dortmunder Morgensprachen 1600–1617.

Von

Fritz Barich.

In Heft 9 der Beiträge sind die Dortmunder Morgensprachen der Jahre 1558—1586 veröffentlicht, und ist die rechtliche Bedeutung derselben, namentlich ihre Bedeutung für die Entwickelung des Dortmunder Güterrechtes, sowie die besondere Bedeutung der Eheberedungen, der „Wederkar“ und der „Godegifft“ erläutert. Viele Anfragen ergaben, dafs für derartige Veröffentlichungen ein grofses Interesse bestand. Schon S. 39/40 ist auch ein Rückschlufs auf die Bevölkerungszahl von Dortmund zur Zeit dieser Morgensprachen gemacht.

Nunmehr folgt das Verzeichnis der Morgensprachen aus den Jahren 1600—1617.

Daran schliefst sich das Verzeichnis der amtlich geführten Vormundschaften, also „Des Rates Vormünderbuch von 1600—1700“ an. Die Veröffentlichungen haben wesentlich genealogisches und statistisches Interesse. Sie sind aber, wie sich auch schon aus den früheren Veröffentlichungen ergibt, interessant, da sie die Vermögens- und Familienverhältnisse in der Reichsstadt Dortmund 1600—1617 deutlich erkennen lassen. Man wird kaum fehlgehen, wenn man annimmt, dafs fast die gesamte männliche Bevölkerung der damaligen Zeit in den Reihen der Eheschliefsenden oder aber der Standgenossen auftritt, da sämtliche in Dortmund geschlossenen Ehen in dem betreffenden Zeitraume eingetragen sind.

Abkürzungen:

W. = Wederkar in Mark (Dortmundisch; s. Beitr. Bd. IX, S. 80).
G. = Godegifft in Mark (Dortmundisch) und jedem sein bestes Kleidt.
F. = Furwarde; s. Beitr. IX, S. 75.
H. = Hillixdedinge = Heiratsberedung; s. Beitr. IX, S. 75.
St. = Standgenossen.
Vrmb. = Vormünderbuch.
Mrgspr. = Morgensprache.

Laufende Nummer	Datum Jahr	Datum Tag	Name	W.	G.	Zusätze
1	1600	Nov. 7	Jorgen Schlueters . . . . Catharine Spees . . . . St.: Jorgen Harde, Heinrich Schuren, Johan Frenckinck, Sophia Vockmans, Greite Spees, der braudt mutter.	2 4	4 2	F.
2	1600	7	Heinrich Brinckhoff . . . . Trine Schulte . . . . St.: Cordt Puttman, Heinrich Koch, Berndt Krumme, Herman Portzener[1]) zu St. Catharinen, Herman Schulte genant Tappe, Jasper Leve, Johan Lenhoff, Merrie Tappe, Elßke Leve, Arndt Schubbe, Greite uxor, Trine Schulte, Heinrich Schulte et ego[2]).	4 8	8 4	
3	1600	7	Reinoldt Schiltkotter . . . . . . Stine Sassenhoff . . . . St.: Bertholdt Rump, Jasper Varwick, Everdt Rumpe, Godertt Ebinckhauß, Johan Berchfeldt, Jacob Saßenhoff, Heinrich Sassenhoff, Anna Schmetkers.	6 12	12 6	
4	1600	8	Johan Sanders . . . . . Greite Tospelmans . . . . St.: Johan Rhamecher, Clembt Voßkueler, Adam Nieß, Balßer Meier, Greite Overdorpffs.	3 6	6 3	
5	1600	10	Johan Drogehorn . . . . . . Anne Rostes . . . . St.: Dietherich Krumme, Herman Rostes, Herbertt Hansche, Johan Krumme, Gerdrudt Krumme, Anna Krumme.	3 6	6 3	

[1]) Pförtner.
[2]) et ego = und ich = der Gerichtsschreiber. Er beschließt fast ausnahmslos jede Zeugenreihe und ist in der Folge fortgelassen.

Laufende Nummer	Datum Jahr	Datum Tag	Name	W.	G.	Zusätze
6	1600	Nov. 10	Heinrich Hötte . . . . Anne Wiemers . . . . St.: Gangolff Schulte, Weßell Hotte, Heinrich Hovesche, Johan Hippartt et uxor, Johan Schnettker, Trine Beermans, Elße Pilgerms.	3 6	6 3	F.
7	1600	10	Floer Hoffman . . . . Behle Schulte . . . . St.: Claes Hoffman, Jorgen Bomeken, Johan Gerlichs, Dietherich Bodeker, Anna Gerlichs, Engel Hoffmans.	2 4	4 2	
8	1600	Dec. 12	Johan Pilenschmidt . . . . Margrete Kosters . . . . St.: Mathias Herbertz, Dietherich Harhoff, Zacharias Lobke, Johan Koster, der braudt vatter, Johan Pillenschmidt, Kersten Rawe, Anna uxor, des breudtgams mutter, Goddertt Lobbelinck, Robertt Heidtman, gastmeister, Jacob Loblinck, Naele Pilenschmitz, Wolter Bomeken et uxor.	6 12	12 6	F.
9	1600	Nov. 13	Teves Steven . . . . Anne . . . . St.: Dietherich Friegge, Thonis Timmerman, Peter Steven, Jorgen Hopman und mehr gueter leute.	4 8	8 4	
10	1600	13	Cordt Schulte . . . . Gerdrudt Scherers . . . . St.: Claes Steinwegh, Herman Eickman, Arndt Riensche, Melchior Dickman et uxor.	3 6	6 3	
11	1600	13	Johan Frenckinck . . . . Anne Poetes . . . . St.: Johan Becker, Johan Vetter, Gerwin von der Gonne, Herman Brunebecke, Anna Vetters, Johan Frenckinck.	2 4	4 2	

Laufende Nummer	Datum Jahr	Datum Tag	Name	W.	G.	Zusätze
12	1600	Nov. 15	Heinrich Wulff	6	12	
			Catharine Sitterdtz	12	6	
			St.: Heinrich Wulff, des breudtgams vatter, M. Adam Sitterdt, apotheker, Catharina uxor, der braudt elteren, Eberhardt Meternich, amptman zu Horde, M. Adam Koperschmidt, Wilhelm Sundag, Adelheit Wandthoff genant Meternich, Heinrich Deginck.			
13	1600	15	Johan von Marten	5	10	
			Anne	10	5	
			St.: Philips Grave, Thonis Grave, Heinrich Melman im Orde, Johan Hecker der alte, Johan Hecker der junge, Herman Muddeferinck, Johan Melman, Anna Melmans, Greite Schulte, Greite Heckers.			
14	1600	16	Heinrich Schade	3	6	F.
			Greite Olffmans	6	3	
			St.: Peter Veldtman, Johan Schade, Johan Olffman, Johan Barenbergh, Wilhelm Sundag, Elße Olffmans, Elße Schade.			
15	1600	16	Herman Lenhoff	6	12	F.
			Anne Kremers	12	6	
			St.: Goeßen Bellenschmidt, Peter Lenhoff, Johan Lenhoff, ReinoldtFuest, Arnoldt Westerman, Johan Potter, Johan Schulte, Christoffer Tappe et uxor, Anna Westermans, Darris Holtei.			
16	1600	Dec. 5	Zacharißen Löbbeken	25	50	F.
			Enneke Harhoff	50	25	
			St.: Her Johan Varenhagen, pastor zu Iserlhoen, her Johan Barop, pator zu St. Reinoldt, Jacob Lobbeke, des breudtgams vatter, Johan Conradt Schumacher, doctor, Herman Lobbeke, burgermeister zu Iserlhoen, Zacharias Lobbeke, richter zu Altena, Arndt			

Laufende Nummer	Datum		Name	W.	G.	Zusätze
	Jahr	Tag				
			Rademecher, burgermeister zu Iserlhoen, Dietherich Harhoff, der braudt vatter, Mathias Herbertz, Elßke uxor, Reinoldt Giesenstein, Gerdrudt uxor, Claes Becker, burger zum Hamme, Dietherich Hane, burger zu Werne, Johan Drensche.			
17	1600	Nov.	Johann Liege	6	12	F.
		17	Catharine Kames[1]	12	6	
			St.: Gerdt Seher, Reinoldt Seher, Jorgen Harde, Dietherich Schnuteken, Heinrich Plaßman, Jorgen Boeker, Peter Harnschmecher.			
18	1600	28	Tießen Donhoff	3	6	F.
			Elße Endenpoetz	6	3	
			St.: D. Casparius Vischers, Heinrich Baur, Heinrich Koster, Heinrich Plaßman, Heinrich Donhoff, Johan Donhoff, Dietherich Rehefueß, Tigges Endenpoet, der braudt vatter, Dietherich Schnueteken, Anna Baurs, Anna Rehefueß, Jorgen Heimesott.			
19	1600	Dec.	Johan Maeß	6	12	F.
		11	Catharine Borßen	12	6	
			St.: Herman Tuekinck, Herman Heckman, Johan Kumper, Dettmar Dulmans, Barbar Siebergs.			
20	1600	13	Dietherich Freilinckhauß	15	30	F.
			Belhe	30	15	
			St.: Heinrich Kueper, Gerdt Seher uff der Wistraßen, Johan Beerman, Johan Schulte, Herman Putthoff, Elße uxor, Belhe Beermans, Enne Schulte.			
21	1600	14	Peter Rehewinckell	4	8	
			Clare Brinckmans	8	4	
			St.: Gieße Rehewinckell, Peter Brinckman, Johan Schade, Cordt Hagebolle, Heinrich Haltropff, Johan Brinckman,			

[1]) Witwe; sie hat aus voriger Ehe 2 Kinder: Greiteke und Jorgen.

6*

Laufende Nummer	Datum Jahr	Datum Tag	Name	W.	G.	Zusätze
			Johan Lenhoff, Chunne Rhewinckell, Anna Brinckhmans, Neiße Rebewinckels, Herman Lueke.			
22	1600	Dec.	Dietherich Kosters	5	10	
		14	Catharine	10	5	
			St.: fehlen.			
23	1601	Jan.	Herman Reckerdes	20	40	F.
		fehlt	Clare Wendtz	40	20	
			St.: Peter Cordes, Heinrich Schaffman, Johan Kremer, Johannes von Awe, Mathias Muddeferinck, Niclas Pinnoge, Herman Kremer, Wessel Hoffmans et uxor Gerdrudt, der braudt mutter, Anna Reckers, des breudtgams mutter.			
24	1601	9	Degenhardt Huek	25	50	F.
			Margrete Halveren[1]	50	25	
			St.: Her Engelbertt Kotter, pastor zu Heerne, Johan Hueck, Everdt Horde zu Unna, Johan, Joachim und Christoffer Hueck, Wilhelm von der Leithe, Casper zum Berge, Peter Cordes, Heinrich Godtschalckes, Niclas Pinnoge, Robertt Heidtman, Dietherich Wencke, Dorothea Cordes, Margreta Leithe, Clara zum Berge, Margreta Huekes.			
25	1601	30	Der erenhaffte und wolerfarne Sebastianus Hermuntius	6	12	F.
			Anne	12	6	
			St.: Her Heinrich Rump, predicant zu Lünen, her Bertholdt Holtebrinck, predicant zu St. Reinoldt, Dr. Fridericus Beurhusius, rector, Johan Hundt, Caspar Freitagh, Johan Lambach, Jorgen Frechenhorst, Johan Furstenberg, Dietherich Duenhewer, Anna Frechenhorst, Elßke Lambaches, Catharina Rumpes, Elßke Munstermans, Anna widtwe Fabritii.			

[1]) Margrete Grevel, Witwe Egidius von Halveren. S. Mrgspr. Nr. 1328, Bd. 9 der Beiträge, und Vrmb. Nr. 2.

Laufende Nummer	Datum Jahr	Datum Tag	Name	W.	G.	Zusätze
26	1601	Febr. 3	M. Niclas Brunckhorst von der Roetenburg	6	12	F.
			Merrie Loemans [1])	12	6	
			St.: Her Bertholdt Holtebrinck, M. Peter Cordes, Reinoldt Oesterman, M. Everdt vom Grimberg, M. Gerdt Boetesack, Hanß Mateler, Jasper Leve, Jacob Berchoff, Johan Koperschmidt, Johan Pottgießer, Anna vom Grimberg, Catharina Koperschmidt, Margreta Koperschmidt, Elße Hoebrechers, Margreta Berckhoffs, Catharina Boetesacks.			
27	1601	Jan. 9	Johannes Voerste	6	12	F.
			Merrie Hentze	12	6	
			St.: Peter Cordes, Robertt Heidtman, Arndt Westerman, Thonis Leve, Arndt Tappe, Catharina Leve, Arndt Westermans, Anna Voerste.			
28	1601	23	Dietherich Kruckelman . . .	6	12	F.
			Merrie Bodekers	12	6	
			St.: M. Goddertt Ebinckhauß, Helmich Bodeker, Claes Bodeker, Herman, Jasper und Everdt Wechman, Johan Kruckelman, Dietherich Bockman, Catharina uxor, Dorothea Ebinckhauß, Clara Boekers.			
29	1601	Febr. 13	Der erenhaffte Wilhelm von dem Brinck	25	50	F.
			Die thugentsame Elßke Melmans . .	50	25	H.
			St.: Der erenachtpare, ersamo und vursichtige Johann vom dem Brinck, Heinrich Hoe, Arnoldt Mallinckrodt, Elßke widtwe von dem Brinck, des breudtgams mutter, Johan Melman, Ursula eheleute, der braudt elteren, Anthonis Bockholdt, Wilhelm Brabecke, Reinoldt Melman, Hanß Ewinckhauß, Ludtwich Sasse, Adolff Bra-			

[1]) Witwe M. Jacob Loeman; sie hat einen minderjährigen Sohn, Dietherich Loeman.

Laufende Nummer	Datum Jahr	Datum Tag	Name	W.	G.	Zusätze
			becke, Frantz Mauritz, Roser Oesthoff, Catharina Mallinckrodtz, Enneke Brabecke.			
30	1601	Febr. 13	Arndt Woesthoff . . . . Catharine Brune . . . . St.: Heinrich Glenneman, Berndt Martens, Elsa uxor, Herman Garnefeldt, Hilbrandt Blomink, Else uxor, Stine Glenemans.	3 6	6 3	
31	1601	14	Dietherich vonn Wilich . . . . . Catharine Weißmans . . . . . . St.: Heinrich Wennemers, Jorgen Morttman.	3 6	6 3	
32	1601	20	Everdt von Kley . . . . Christine . . . . St.: Reinoldt Oesterman, der braudt vatter, Everdt Steven, des breudtgams groeßvatter, Peter Lenhoff, Hilbrandt Schonnenberg, Hanß Mateler, Heinrich Ellinckhauß, Johan Bleicker, Johan Potter, Merrie Kley, Gerdrudt von Lünen, Enne Matelers, Elßke Schonnenbergs, Margreta Ellinckhauß, Elßke Middendorffs, Dietherich Derchman.	6 12	12 6	
33	1601	27	Heinrich Meies . . . . Engel Schwehers . . . . St.: Johan Melman, Ursula uxor, Reinoldt Melman, Wilhelm von dem Brinck, Johan Barenschmidt, Gerwin Schweers.	4 8	8 4	
34	1601	27	Johan Seher . . . . Mechel Dieffhauß . . . . St.: Gerdt und Heinrich Seher, geprodere, Caspar und Hanß Dieffhauß, geprodere, Melchior Buck, Caspar Berchfeldt, Jorgen zum Busche, Anna zum Busche, Anna Hoe, Catharina Dieffhauß, Lambertt Dieffhauß et uxor.	10 20	20 10	F.

Laufende Nummer	Datum Jahr	Datum Tag	Name	W.	G.	Zusätze
35	1601	Febr. 27	Johan Melman . . . . Margrete Kentzlers . . . . St.: Heinrich Melman im Orde, des breudtgams vatter, Reinoldt Melman, Johan Knoep, Friederich Moerß, Berndt Martens, Jorgen zum Kumpe, Herman Garnefeldt, Johan Dorleman, Johan Hagedorn, Mechel Konings, Dettmar Konings.	8 16	16 8	
36	1601	März 8	Meister Gerdt Voß, stadtzkoch . . . Enne Schotte . . . . St.: Meister Joest vom Steine, goltschmidt, Arndt Schwer, Jasper Willich.	4 8	8 4	F.
37	1601	6	Wilhelm Degeners . . . . Enneke Ubbings[1]) . . . . St.: Robertt Heidtman, gastmeister, Johan Aleffs, Else uxor, Johan Schlechtendal, Johan Hubbertt, Johan Hecker, Johan Degenhardt, Everdt Closterman et uxor.	10 20	20 10	F. H.
38	1601	6	Winoldt Viffhauß . . . . Margrete Niebecker . . . . St.: M. Peter Cordes, Johannes Voerste, Wennemar Lenhardtz, Everdt Saur, Jorgen Balthasars, Johan Suminck, Dietherich Vender.	6 12	12 6	F.
39	1601	20	Friederich Buedtgen . . . . . . Marie Schlauchs[2]) . . . . St.: Der edler erenvester Heinrich von dem Vaerst zum Kalenberg und seiner l. hausfr., Johan von Budtgen, des breudtgams vatter, Goeßen Koene, Goddertt Koene, Berndt Leiendecker, Gerdt Seher, Johan Barenberg, Heinrich Brinckman, Darriß Holtei, Gobbell Brinckman, Joest Emichman, Elßke Leiendeckers, Catharina Sehers, Margreta Barenbergs, Catharina Holtei, Margreta Kellerhoffs.	12 24	24 12	F.

[1]) **Witwe Heinrich Ubbing; sie hat aus voriger Ehe einen Sohn.**
[2]) **Witwe Heinrich Schlauch; s. Vrmb. Nr. 30.**

Laufende Nummer	Datum Jahr	Datum Tag	Name	W.	G.	Zusätze
40	1601	März 27[1]	Melchior Berchfeldt . . . . Margrete Schulte . . . . St.: Die achtpare, ersame und vorsichtige Caspar Dieffhauß, Caspar Berchfeldt, Peter Berchfeldt, Hanß Ewinckhauß, Ludtwich Sasse, richter, Dettmar Moller, her Herman Embsinckhoff, her Amandus Otto, pastores Nicolai et Petri, Rottger Schulte, Heinrich von Ende lic., Dietherich Schulte, Peter in der Lerßen zu Mulheim, Arndt Flume, Catharina Dieffhauß, Margreta Schulte, Elßke Berchfeldtz, Anna Sasse, Anna Berchfeldtz.	25 50	50 25	F.
41	1601	April 3	Friederich Overbecke . . . . . . Elßke Freiße . . . . St.: Johann Overbecke, Everdt Niggehoff, Everdt Baeck, Erme Overbecke, Anna und Catharina Overbecke, Everdt Saur, M. Jorgen Balthasars, her Laurentz Wonnenberg, pastor zu Kirchhorde, Tigges Schwerdtfeger.	6 12	12 6	F.
42	1601	3	Gerdt Seher . . . . Margrete Kaupe . . . . St.: Johan Seher, Gerdt Seher, Claeß Dieffhauß, Dietherich Hemelreich, Johan Nolle, Herman Roemberg, Reinoldt Siegebode, Tigges Kaupe, Heinrich, Johan und Reinoldt Melman, Enneke Kremers, Mechell Sehers, Elßke Siegebode, Catharina Roembergs.	6 12	12 6	F.
43	1601	Mai 18	Heinrich Siepman . . . . Anne Beckers . . . . St.: Johan Schade, Elßke uxor, Herman Vedtmuß, Greite zur Mollen.	6 3	3 6	(sic!)

[1]) Gedr. Bd. 9 der Beiträge S. 68. Siehe auch Anmerk. S. 70 das.

Laufende Nummer	Datum Jahr	Datum Tag	Name	W.	G.	Zusätze
44	1601	Mai 26	Johan Wiemers . . . . Anne Buchte . . . . St.: Her Herman Vedtmuß, capellaen zu unser l. frawen, Anna uxor, Berndt Reinerman, Catharina uxor. Johan Schnetzler, Heinrich Thonnis. Catharina sein hausfr.	3 6	6 3	F.
45	1601	21	Philip Zimmerman . . . . Elßke Holtermans[1]) . . . . St.: Johan und Gerdt Boetesack, geproder, meister Jasper Schulte, Degenhardt Hueck, Cordt Peters, Johan Potter.	5 10	10 5	F.
46	1601	10	Johan von Renninckhaußen . . . . Else Solderbecke . . . . St.: Peter Konings, Cordt uffm Berge et uxor, Herman Renninckhaußen et uxor. Jorgen Konings, Anna Schluters.	3 6	6 3	
47	1601	Juni 30	Peter Leiendecker . . . . Anne Brinckhoffs . . . . St.: Her Herman Vedtmuß zu unser l. frawen, her Dietherich Brenscheidt zu St. Peter capellaen, Reinoldt Giesenstein, Cordt Puttman, Heinrich Brinckhoff, Heinrich Knoep.	6 12	12 6	F.
48	1601	30	Herman Peters . . . . Anne Luecks . . . . St.: Johan Rhamecher, Johan Luecke, Heinrich Peters, Greite Wechmans.	3 6	6 3	
49	1601	Juli 3	Dettmar Leiendecker . . . . Johanne Langenesche . . . . St.: Johan Heckman, Rotger Schoeff, Cordt Scheper. M. Johan Pottgießer, Theves von Settelen. Dietherich Buck, Herman Braeke, Cordt Vischer, Dietherich Vetterman, Elße Knoepes, Niclas Perlein.	3 6	6 3	

[1]) Witwe Herman Holterman; s. Vrmb. Nr. 83.

Laufende Nummer	Datum Jahr	Datum Tag	Name	W.	G.	Zusätze
50	1601	Juli 3	Johan Emichman . . . . Margrete Middeldorffs . . . . St.: Anthonis Nevelinck, Gerdrudt sein hausfrawe, Johannes Brandthoff, Jacob Reckerdes, Joest Emichman, Johan Middeldorff, Catharina uxor, Heinrich Schoeler, Johan von dem Brinck, Jasper Hoe, Frantz Roeser, Reinoldt Lollerdt, Anna Koene, Margreta Kinckelbach, Catharina Roesers, Enneke Lollerdtz, Margreta Nieses, Johan Kremer, M. Adam Kopperschmidt.	fehlt		F. H.
51	1601	3	Dietherich Koetenbrewer . . . . . Belhe . . . . St.: Johann uff dem Kampe, Johann Knoep, Enneke Kochs, Agata uff dem Kampe, Arndt Haselhoff, Dettmar Guerinckman, Thonis Haselhoff, Belhe Haselhoffs.	fehlt		F.
52	1601	26	Der erenhaffte Reinoldt Karnap[1]) . . Die thugentsame Clare von der Megede St.: Die würdigen, erenveste, hoichgelerte, achtpare, ersame und bescheidene hern Johannes Varenhagen, pastor zu Iserlhoen, hern Bartholomeus Styberus, prediger zu St. Reinoldt, Heinrich von dem Broich, dero rechten doctor, Dietherich Hilbrinck, dero furstlicher merckisch. anwaldt, Johan Lambach, doctor, Herman von der Megede, richter zu Iserlhoen, Herman Quadtbecke, Heinrich Nieß, Ursula widtwe von der Megede, der braudt mutter, Berndt Goeßman, burger zu Iserlhoen, Sibilla Lambachs, Gerritgen Hilbrincks, Margreta und Clara Nießes, Sophia Styberi.	20 40	40 20	 H.

[1]) Witwer; s. Vrmb. Nr. 37.

Laufende Nummer	Datum Jahr	Tag	Name	W.	G.	Zusätze
53	1601	Juli 31	Der erenhaffte Caspar Nieß . . . . Die thugentsame Heinrithe vonn Eickell St.: Die erenvesten, hoichgelerten, achtparen und vursichtige hern Caspar Nieß lic., Heinrich Melman, Mathias Nieß, Heinrich Nieß, Johann Sittardt, dero rechten doctor, Johannes Fridericus Soll, dero rechten doctor, Herman Sittardt, Johan Wimelhaußen, burger zu Boichum, Johanna sein hausfrawe, Johann voun dem Berge, furstlicher renthmeister zu Essen, Dietherich Schulte, Caspar Heidtfeldt, Rottger Stam in dem Veldthauß, Dorothea, sein hausfrawe, Johan Wösthoff, Johan Kallenberg, Johanna uxor.	10 20	20 10	H.[1])
54	1601	Aug. 6	Johan Gerneman . . . . Anne Barenschmidtz . . . . . . St.: Friederich Karentreiber, Rotger Thonis, Heinrich Borcherdtz, Joest Blominck, Cordt Kindt, Dietherich Griep, Merrie Borcherdtz, Trine Griepes, Greite Godde [2]).	8 6	6 3	F.
55	1601	7	Merten Westerman . . . . Catharine Lenhoffs . . . . St.: Peter Lenhoff, Johan Lenhoff, Jacob Berchoff, Herman und Joest Lettmate, Heinrich Ellinckhauß, Everdt von Kley, Barbar Lettmate, Ida Lettmate, Anna Muddeferings, Enne Westermans, Herman Muddeferings.	6 12	12 6	

[1]) Die Heiratsberedung wurde 1601 Januar 25 in Bochum gehalten.

[2]) Der Text der Morgensprache nennt noch folgende Namen: Dietherich Luecker uff der vordersten Kampstraſse, Cordt Barenschmidt, der Braudt Broder, Dietherich Griep und seine Hausfrawe Catharine, Heinrich Broickman und Tigges Lueges uff der echtersten Kampstraſse.

Laufende Nummer	Datum Jahr	Datum Tag	Name	W.	G.	Zusätze
56	1601	Aug. 7	Johann Luerman [1]) . . . . Margrete Lunings . . . . St.: Herman Luerman zu Schwerte, Anna sein hausfrawe, des breudtgams elteren, her Dietherich Luerman, pastor zu Sieberg und Westhoffen, Herman Luerman, Jacob Luerman, Johan Luninck der alte, der braudt vatter, Dietherich Nortkirch, Johan Luninck der junge, Herman Potgießer, Johan Westhoff, Anna Nortkirch, Catharina Westhoffs, Margrete Berckhoffs.	5 10	10 5	F.
57	1601	9	Tigges Siepman . . . . Elße Kremers . . . . St.: Herman Wechman, Jorgen Harde, Johann Siepman, Anna Siepmans, des breudtgams mutter, Arndt Oesterman, Jasper Busch, Jorgen Balthasars, Everdt Saur, Christoffer von Breckerfelde, Friederich Overbecke, Anna vom Schiede, Anna Schlueters, Greite Beisenkampes, Catharina Busches.	6 12	12 6	
58	1601	22	Der erenhaffte Herman Deginck . . Die thugentsame Sibille Kremers . . St.: Die würdige, edle, erenveste, achtpare und fromme her Niclas Witten, pastor zu Apelerbecke, Herman von der Berßwordt, Conradt Kleppinck, Gerritt Kremer, Margreta Nolle, Anna Kramers, Gerdrudt Freidthoffs, Clara Muddeferings.	fehlt „	50 25	F. H.[2])
59	1601	29	Heinrich Weißman von Witten . . . Elßke Bomeke [3]) . . . . St.: Her Niclaus Witten, pastor zu Apelerbecke, her Dietherich von Awe, pastor zu Witten, Caspar Dieffhauß,	fehlt „	20 10	F.

[1]) Witwer mit Kindern.

[2]) Die Heiratsberedung war 1600 Sept. 27 gehalten.

[3]) Else, Witwe Georg Boemcke; s. Vrmb. Nr. 41; sie hat eine Schwester Margarete.

Laufende Nummer	Datum Jahr	Datum Tag	Name	W.	G.	Zusätze
			Reinhardt Weißman, des breudtgams vatter, Everdt Wechman, Jacob Janßen, Wolter Bomeken, Johan Barenschmidt, Godertt Schubbe, Melchior Berchfeldt, Dietherich Krumme, Dietherich Nortkirche, Merrie Janßen, Catharina Bomeken, Gerdrudt Schubbe.			
60	1601	Sept. 3	Jasper Lenneman	6	12	
			Gerdrudt	12	6	
			St.: Johann Voß, Tigges Middeldorff, meister Johann Teigeler der alte, Johan Zeigeler der junge, Dettmar Ziegeler, Patrocolus Bruggeman, Thonis Boemhewer, Sophia Lennemans, Anna Voßes, Ließe Boemhoeders, Agneta Ziegelers, Gerdrudt Zegelers, Enne Bruggemans, Margreta Middeldorffs.			
61	1601	6	Joest Hentze	fehlt	12	F.
			Margrete Freiße[1]	„	6	
			St.: Reinoldt Giesenstein, Mathias Herbertz, Wolter Bomeken, Jorgen Hemelreich, Johan Dorper, Roser Osthoff, M. Reinhardt Berchlei, Rotger Baeck, Everdt Baeck, Frantz Schulte, D. Herman Beldenschneider, pastor zu Horde, Johan Barenberg, Margreta Drogehorn, der braudt mutter, Elßke Berchlei, Gerdrudt Giesenstein, Anna Schulte.			
62	1601	11	Reinoldt von Nehem[2]	12	12	F.
			Catharine Janßen	6	6	(sic!)
			St.: Johann Lambach, Johann Welver, Peter Lubbertz, Jacob Nolle, Heinrich von Steinen, Jorgen Vrechenhorst, Johan Budberg, Godertt Strunck, Catharina Lubbertz, Catharina Wel-			

[1]) Die Mutter der Braut, welche noch lebt, hat 1587 Nov. 24 mit † Dietherich Drogehorne Morgensprache gehalten.
[2]) Witwer; s. Vrmb. Nr. 39.

Laufende Nummer	Datum Jahr	Datum Tag	Name	W.	G.	Zusätze
			verer, Anna Vrechenhorst, Clara Strunckx, Johan Ludgenawe, Catharina Mortmans.			
63	1601	Aug. 31	Johan Hulßberg . . . . Elße Eickmans[1] . . . . St.: Johan Freiman der alte, Catharina uxor, Hilbrandt Bloeminck, Else uxor, Enne Tilmans, Jasper Stippe, Dietherich Geistman, Joest Eveldtz.	4 8	8 4	F.
64	1601	Sept. 25	Thonis von Marten . . . . Anne Grave . . . . St.: Joest Bloeminck, Philips Grave et uxor, Reinoldt Barenschmidt, Hilbrandt Ellinckhauß, Albertt Brinckman, Dietherich Krumme, Hilbrandt Bloeminck, Johan von Marten und sein hausfr.	4 8	8 4	F.
65	1601	Okt. 11	Thonis Bycholf von Munster . . . Catharine Niebeckers . . . . . . St.: Hanß vonn Gießen, Peter Lubbertz, Johann Welveren, Joest Emichman, Wennemar Lenhardtz, Wienoldt Viefhauß, Hilbrandt Bloeminck, Reinoldt Ellinckhauß, Greite Vieffhauß, Elßke Bloemings, Greite Schubbe, Stine Merzekremers.	4 8	8 4	F.
66	1601	16	Johann Ruesche . . . . Catharine Wolters . . . . St.: Thonis Grumer, Patroculus Bruggeman, Johan Ziegeler der alte und junge, Drude Ziegelers, Jasper Lenneman, Albertt Brinckman, Gerdt Seher, Liborius Moller.	3 6	6 3	
67	1601	23	Dietherich Kottinck . . . . . Catharine Lenhardtz . . . . St.: Dietherich Bawmeister, Cordt zur Heide, Wennemar Lenhardtz, Johann Barenschmidt, Wessel Puttman, Jacob Stoter von Schwerte, Jacob Lobbe-	6 12	12 6	

[1]) Witwe; sie hat einen Sohn Diedrich, „so baußen Landes ist".

Laufende Nummer	Datum Jahr	Datum Tag	Name	W.	G.	Zusätze
			linck, Gangolff Schultes, Albertt Widtgerver, Greite Lenhardtz, Elßke Bloemings, Trineke Ellinckhauß.			
68	1601	Okt. 23	Frantz vom Grimberg . . . . Billie von Boenen . . . . St.: M. Everdt vom Grimberg, Johann vom Grimberg, Johann Barenschmidt, Jasper Willich, Anna vom Grimberg, Elßke Willich, Lißbett vom Grimberg, Anna Peters, Catharina Winckens, Anna Willich, wittib.	3 6	3 6	F. (sic!)
69	1601	25	Johann Boetesack . . . . Merrie Grevinckhoffs . . . . . . St.: Gerdt Boetesack, Everdt Saur, M. Arndt Westhoff, Arndt Tappe, Jasper Willich, Jorgen Schroder, Herman Herbrechter, Catharina Boetesacks, Anna Schroders.	6 12	12 6	F.
70	1601	25	Dietherich Harhoff . . . . Anne Schlauchs . . . . St.: Her Johann Barop, pastor zu St. Reinoldi, her Bertholdt Holtebrinck, capellaen, Johann Dorper, Heinrich Schoeler, Johan von dem Brinck, Heinrich Vogelpoedt, Johann Welveren, Heinrich Sieberg, Johan von Heiden, Reinoldt Giesenstein, Catharina und Anna widtwe Nieses, Elisabett von dem Brincke, Barbara Siebergs.	25 50	50 25	F.
71	1601	25	Goeßen Schmidtman . . . . Greite Vehoffes . . . . St.: Johan von Lunen, Niclas Pinnoge der junge et uxor, Hans Witte, Catharina Westhaußen, Goeßen Bellenschmidt, Gerdrudt Lunens.	4 8	8 4	
72	1601	30	Wilhelm Haselhoff . . . . Ennecke Potters . . . . St.: Her Berthold Holtebrinck, capellaen zu St. Reinoldt, Frantz Vischer,	6 12	12 6	F.

Laufende Nummer	Datum Jahr	Datum Tag	Name	W.	G.	Zusätze
			Joest Quadtbecke, Johann Potter, Arndt Westerman, Johan Westerman, Dietherich Duenhewer, Wessell Hoffman, Werner Fley, Reinoldt Fuest, Heinrich von Achen zu Chamen, Catharina Potters, Barbar Haselhoffs, Catharina Quadtbecke, Margreta Vischers, Herman Lenhoff et uxor, Wilhelm Sundag, Thonis Leve.			
73	1601	Okt. 30	Johann vom Niggenberge genandt Schnetzler	4	8	F.
			Anne Glasemechers[1])	8	4	
			St.: M. Heinrich vom Niggenberge, Else uxor, des breudtgams elteren, Claes vom Niggenberge, M. Albertus Vitriarius et uxor, Johannes Brandthoff, Johan Emichman et uxor, Berndt Reinerman, Reinoldt Hoe, Johann Dieffhauß.			
74	1601	Nov. 6	Mathieß Kaupe	12	24	F.
			Catharine vom Kumpe	24	12	H.
			St.: Johann Nolle, Johan und Jasper Kaupe, Herman Roemberg, Gerdt Seher, Caspar Nieß, Wessell Holtei, her Dietherich zum Kumpe, pastor zu Derne, Ludolff Schulte zum Kumpe, der braudt vatter, Heinrich und Jorgen zum Kumpe, Jorgen Kreike, Johan Liege, Herman Herbrechter, Elßke zum Kumpe, meiersche zu Velmede, Clara Muddeferings.			
75	1601	Dec. 4	Heinrich von Steinen[2])	6	12	F.
			Margrete Vogtz	12	6	
			St.: Johan Welver, Johan Weidtmar, Jasper Hoe, Reinoldt von Nehem, Johan von Lunen, Herman Garnefeldt, Rudolff Rogge, Johan Vogtt, Chri-			

[1]) Ihr Bruder ist Albertus Vitriarius.
[2]) Witwer; s. Vrmb. Nr. 45.

Laufende Nummer	Datum Jahr	Datum Tag	Name	W.	G.	Zusätze
			stoffer Sindern, Cordt Quadtbecke, Gerdrudt von Lunen, Ließbett Garnefeldtz, Catharina von Nehem.			
76	1601	Dec.	Gerdt Richterinck	3	6	
		4	Christine Tappe	6	3	
			St.: Arndt Tappe, der braudt vatter, M. Heinrich Richterinck, des breudtgams vatter, Arndt Tappe, Dietherich Wordtman, Johann Lenhoff, Johan Quadtbecke, Greite Tappe, Jasper Willich, Trine Schnetzlers, Anna Richterings.			
77	1601	6	Berndt Adrian	3	6	
			Dorothee Kobbe	6	3	
			St.: Winoldt Adrian, Jorgenn Buckinck, Wilhelm vonn Berchoffenn, Johann Schulte, Johan Westhoff, Johannes Badenkamp, Johan Krumme, Catharina Cobbe, Elßke Krumme, Anna Schulte, Catharina Westhoff.			
78	1601	17	Claes Dieffhauß	} fehlt		F.
			Catharine			
			St.: Gerdt Seher, Johan Baeck, Johan Schlechtendaell, Jorgen von Iserlhoen, Anna Baeckes, Catharina Schlechtendals, Anna Embsinckhoffes.			
79	1602	Jan.	Jasper zur Oesten der junge . . .	2	4	F.
		8	Anne Schmiedtz	4	2	
			St.: Johan von dem Brinck, Jasper zur Oesten der alte et uxor, Herman Schmedt et uxor, Herman Potgießer, D. Amandus Otto, pastor St. Petri, Herman Hubbertt.			
80	1602	8	Rottger Bodeker	2	4	
			Catharine Schroders	4	2	
			St.: Arndt Luerman, Herman Hubbertt, Kerstin Tappe, Reinoldt Lanckhoff, Steffen Lanckhoff.			

Laufende Nummer	Datum Jahr	Datum Tag	Name	W.	G.	Zusätze
81	1602	Jan. 18	Cordt Schoeler . . . . Else . . . . St.: Godfridus Brugman, Greite Neverings, Catharina Schwarte.	2 4	4 2	
82	1602	17	Godertt Volperinck . . . . Anne Scherers . . . . St.: M. Godertt Ebinckhauß, Peter Konings, Dietherich Schrer, Johan Berman, Jorgen Koning, Barbar uxor.	3 6	6 3	
83	1602	17	Reinoldt Siepman [1]) . . . . . . Elße von dem Borchoeffe . . . . . St.: Herman Quadtbecke, Johan Kremer, Heinrich Everdtz, Heinrich Roecholl, Johan Lenhoff, Heinrich Donhoff et uxor.	3 6	6 3	F.
84	1602	22	Johan Tappe . . . . Mechele Konings [2]) . . . . St.: Jorgen Barenscheide, Arndt Tappe, Jorgen zum Kumpe, Johan Melman, Arndt Tappe, Herman Hubbertt, Gerdt Richterinck, Heinrich Scherer.	5 10	10 5	F.
85	1602	22	Johan Vischer . . . . Ursele Haselhoffes . . . . St.: Tigges Nieß, Claes Pinnoge, Joest Quadtbecke, Wilhelm Haselhoff, Anna uxor, Trine Quadtbecke, Anna Baropes.	6 12	12 6	
86	1602	22	Dietherich Muerman . . . . . . Catharine Huege . . . . St.: Heinrich Koster, Herman Wordtman, Jorgen Huege, Luedtwich Huege, Anna uxor, Tigges Suderman, Johan Donhoff, Catharina Sudermans.	3 6	6 3	
87	1602	Febr. 8	Johann Kampman . . . . Agate . . . . St.: Reinoldt Boeker, Thonis von Kley, Johan Pottgießer, Thonis Kampman, Merrie Boekers, Stine Pottgießers.	4 8	8 4	

[1]) Witwer; s. Vrmb. Nr. 48.
[2]) Mechtilde, Witwe Nikolaus Koning; s. Vrmb. Nr. 46.

Laufende Nummer	Datum Jahr	Datum Tag	Name	W.	G.	Zusätze
88	1602	Febr. 19	Johann im Siepen . . . . Neise Chames . . . . St.: Heinrich Baur, Herman Strunck, Friederich Overbecke, Peter Eickelinckhoff, Anna Baur, Ida Eickelinckhoff, Gerdrudt Strunckes.	4 8	fehlt "	F.
89	1602	20	Johann Frenckinck . . . . Anna Leve[1]) . . . . St.: Casparus Sollinck, secretarius, Arndt Frenckinck, des breudtgams vatter, Johannes Frenckingk, Teile Frenckincks, Robbertt Heidtman, Dietherich Porttman, Herman Garnefeldt, Trine Frenckings, Catharina Stenwegs.	20 40	40 20	H.
90	1602	20	Dietherich von Dulm . . . . . . Anne Haselhoffs . . . . St.: Johann Hecker, Else uxor, Johan Haselhoff, Anna uxor, Dietherich Schwirman, Friederich Albertz, Johann Forschepiepe.	2 4	4 2	
91	1602	26	Balthasar Rueters . . . . Trine Nevelings . . . . St.: Herman Rueter, Joest Luerman, Catharina Bockmans, Greite Pelßers, Anna Hoffmans, Trine Luermans.	3 6	6 3	
92	1602	26	Clemmett Koene . . . . Elße Bawmeisters . . . . St.: Hans von Olm, Hanß Berck, Maria uxor, Reinhardt Berchlei, Elßke uxor, Dorothea Cordes.	2 4	4 2	
93	1602	26	Jacob Sassenhoff . . . . Catharine . . . . St.: Her Herman Vedtmoeß, Caspar Vischer, Melchior Castropff, predikant, Heinrich Sassenhoft, Johan Drensche,	6 12	12 6	F.

[1]) Witwe Herman Leve; s. Vrmb. Nr. 49.

7*

Laufende Nummer	Datum Jahr	Datum Tag	Name	W.	G.	Zusätze
			Johan Barenschmidt, Ursula Oesthauß, der braudt mutter, Anna Barops, Dorothea Schniers, Margreta Drensche.			
94	1602	März 5	Johann Quitinck	6	12	F.
			Catharine Eickels	12	6	
			St.: D. Casparus Weißman, conrector; Arndt Schubbe, Rottger Eickell, Heinrich Becker, Tigges Kaupe, Herman Roemberg, Gerdrudt und Lißbett Eickells, Mechell vonn Hilden, Margreta Schubbe.			
95	1602	6	Der würdige und wolgelerte her Heinrich vom Erllßberge	6	12	F.
			Catharine Bockholdtz	12	6	
			St.: Arndt Schulte zum Erlßberge, Elße uxor, des breudtgams elteren, Heinrich Heringhauß, Anna uxor, Johan Middeldorff, Anthonis Bockholdt, Hanß Ewinckhauß, Albertt Sieberdt, Johan Dorper, Roser Oesthoff, Johan Ploeger, Greite uxor.			
96	1602	6	Nevelinck Luerman	4	8	
			Anne Schaelß	8	4	
			St.: Arndt Luerman, des breudtgams vatter, Anna Luermans, die mutter, Johann Luerman, Joest Luerman, Johann Schade, Else uxor.			
97	1602	19	Johan am Ende	3	6	F.
			Catharine Bockhmans	6	3	
			St.: Johann Bockman, Anna eheleute, der braudt elteren, Wilhelm Dornenberg, Elße uxor, Heinrich Koster, Herman am Ende, Johan Lambertz, Herman Eickman, Berndt Kreveter.			
98	1602	5	Dietherich Widtgerver	6	12	
			Margrete Hoedtmechers	12	6	
			St.: Balthasar Hoedtmecher, der braudt vatter, Gerdrudt uxor, Johan Wen-			

Laufende Nummer	Datum Jahr	Datum Tag	Name	W.	G.	Zusätze
			neker, Herman Widtgerver, Hanß Krosche, Albertt Widtgerver, Barbara Siebergs.			
99	1602	März 12	Heinrich Bolte	6	12	F.
			Anne Budbergs	12	6	
			St.: Her Bertholdt Holtebrinck, Gerdt Budberg, Johannes Bolte, her Dietherich Moller, pastor zu Umminck[1]), Floer Saell, Herman Schurckman, Johan Nolle, Albertt Brinckman, Dietherich Harhoff, Johan Quadtbecke, Everdt vonn Kley, Telman Bolte, Margreta Heidtfeldtz, Barbara Siebergs, Merrie Voerste, Christina Cley, Johan Hecker.			
100	1602	18	Thonis Weilen	3	6	
			Elße Pelgrims	6	3	
			St.: Gangelff Schultes, Dietherich Lueker, Johann Hyppertt, Herman Botterlinck, Johan Bilenschmidt, Regina Schultes, Catharina Luekers, Greite Luekers.			
101	1602	19	Thonnis Heinen[2])	fehlt		F.
			Trine Joedemans[2])			
			St.: Bertholdt Rump, Heinrich Schaffman, Caspar Varwich, Goddertt Hemerde, Herman Botterlinck, Jorgen Barenscheide, Reinoldt Ellinckhauß, Johan Brandthoff, Greite Botterlings, Greite in der Bruggenei, Elße Vorwichs, Anna Weißkotte.			
102	1602	5	Claes Leneke	2	4	F.
			Stoffer Haues (Haves?)[3])	4	2	
			St.: Johann Siepman, Else uxor, Johan Ellinckhauß, Trine uxor, Trine Kobbe.			

[1]) Uemmingen bei Langendreer.
[2]) Er ist Witwer, sie Witwe; beide haben Kinder.
[3]) Die Mutter der Braut ist Drude Vogt.

Laufende Nummer	Datum Jahr	Datum Tag	Name	W.	G.	Zusätze
103	1602	März 23	Dettmar Schnellenberg	2	4	
			Enne Telmans	4	2	
			St.: Hilbrandt Bloeminck, Else uxor, Joest Poett, Johann Nollekenn, Herman Khesemacher, Greite Telmans.			
104	1602	April 29	Herman Wittering	2	4	
			Anne	4	2	
			St.: Cordt Kindt, Werner Himpendaell, Else uxor, Reinoldt Barenschmidt, Jorgen Nollcken, Claes Tubbinck.			
105	1602	29	Hanß Breve von Baur.	6	12	F.
			Merrie von Brunkhorst[1].	12	6	
			St.: Her Bertholdus Holtebrinck, Caspar Nieß, Gerdt Boetesack, M. Johan Pottgießer, Goddert und Johan Kopperschmidt, geprodere, M. Dettmar Beckman, Heinrich Breve, Catharina Boetesack und Catharina Kopperschmidtz.			
106	1602	Mai 1	Clemmett Voß	4	2	
			Trine Trapmons	2	4	(sic!)
			St.: Everdt Trapman, der braudt vatter, Johan Trapman, Greite uxor, Hilbrandt Blominck, Else uxor, Johan Voß, Heinrich von Berchoffen.			
107	1602	6	Lubbertt Richter[2].	3	6	F.
			Stine	6	3	
			St.: Frantz Richter, Trine uxor, Heinrich von Schuren, Herman Wordtman, Herman Garnefeldt.			
108	1602	7	M. Arndt Westhoff[3])	6	12	F.
			Greite Menne.	12	6	
			St.: Johann und Wilhelm von dem Brinck, Arndt Mallinckrodt, Johann Westhoff, Jorgen Westhoff, Johann			

[1]) Witwe Nikolaus von Brunckhorst.
[2]) Seine Geschwister sind Diedrich und Anna.
[3]) Wohnte auf dem Friedhofe.

Laufende Nummer	Datum Jahr	Tag	Name	W.	G.	Zusätze
			Lueker, Adolff Gummerßpach, Dietherich Wordtman, Lißbett Brinckes, Elßke witwe Brinks.			
109	1602	Juni 5	Joachim Torck . . . . Margrete Kleine . . . . St.: Goddertt Brochauß, Frantz Torck, Carll Michels, Dietherich Harhoff, Sebastianus Hermuntius, Anna uxor, Wolter Bomeken, Catharina uxor, Johan Welffer, Margrete Torcks, Anna Torcks, Maria Kleine.	6 12	12 6	F.
110	1602	15	Dietherich vom Boichoeloe . . . . . Engele Kosters[1]) . . . . St.: Jasper Beckman, Johan Broickman, Johan Liege, Herman Vedtmuß, Trine Liege, Herman von Minnen, Elße uxor.	2 4	4 2	F.
111	1602	Juli 2	Heinrich von Schuren[2]) . . . . . . Christine Schoelen[3]) . . . . . . St.: Herman Garnefeldt, Johann von Schuren, Jorgen Bomeken, Greite zum Kumpe.	4 2	4 2	F. (sic!)
112	1602	2	Thonis Wolters . . . . Drude Brinckmans . . . . St.: Albertt Brinckman, Trine uxor, Johan Gerlichs, Ließe Boemhewers.	2 4	4 2	
113	1602	28	Heinrich Moller . . . . Greite Schnellenbergs . . . . . . St.: Rottger und Dettmar Schocke, Adam Nieß, Elße Schocke, Enne Schocke, Stine Nieß, Reinoldt Gerdes, Elße Heckers.	3 6	6 3	
114	1602	30	Claes Grundtman . . . . Anne Broeckmans . . . . St.: Jorgen Drensche, Thonis Drensche, Dirich Drensche, M. Gerwin Boedeker,	2 4	4 2	F.

[1]) Witwe; sie hat einen Sohn: Johann Koster.
[2]) Witwer mit 3 Kindern; er hat ein Haus auf der Kuckelke.
[3]) Witwe mit Kindern.

Laufende Nummer	Datum Jahr	Datum Tag	Name	W.	G.	Zusätze
			Joest Rudinckhauß, Jacob Berckhoff, Anna Rudinckhauß.			
115	1602	Aug. 13	Thonis Grumer	6	12	F.
			Elße Kleinkampes	12	6	
			St.: Cordt Melman, Elße eheleute, Gerdt und Heinrich Seher, Reinoldt Siegebode, Joest Frantz, Hanß Furstenberg, Reinoldt von Nehem, Elße Siegeboden, Greite Sehers, Elßke Furstenbergs, Catharina von Nehem.			
116	1602	Sept. 8	Jacob Peters	2	4	F.
			Jutte Kosters[1])	4	2	
			St.: Joest Potter, Else Joedemans, Johan von Wellinckhoffen, Merten Westerman, Joest Poedt, Dettmar Schnezler.			
117	1602	17	Reinoldt Wessels	6	12	F.
			Elßke von Asselen[2])	12	6	
			St.: M. Adam Kopperschmidt, Herman Bloete, Mathias Herbertz, Michaell Palm, Reinoldt Giesenstein, Berndt Wessels, Heinrich und Johan Knoep, Jorgen Vogell.			
118	1602	17	Jorgen Hollinck	6	12	
			Greite	12	6	
			St.: Der würdiger und wolgelerter her Johan Barop, pastor zu St. Reinoldt, Jasper Buck, Jasper von der Niggenborg, Godertt Gerwin, Gangolff Schulte, Wilhelm Hageman, Johann Wisch, Margreta Buck, Catharina Weidtmars.			
119	1602	26	Heinrich Vogtt	10	20	F.
			Christine Hinderinkinck	20	10	
			St.: Gerlach von Olpe, Johan Boeckinck, Johan Melman, Jorgen im Siepen,			

[1]) Ihre Tochter heißt Anna.
[2]) Witwe Johan von Asselen.

Laufende Nummer	Datum Jahr	Datum Tag	Name	W.	G.	Zusätze
			Johan Barenberg, Thonis Drude, Heinrich Schulte zu Olffen, Melchior Schulte zu Bispinck, Johan Barenschmidt, Johan Schulte, Ursula Vogtts, des breudtgams mutter, Merrie Gronewaldtz, Anna Schulte, Margreta, meiersche zu Olffen, Hestera Boekings.			
120	1602	Okt.	Her Herman Lueg	3	6	F.
		15	Catharine Funcke	6	3	
			St.: Johan Middeldorff, Hilbrandt Schonnenberg, Tieges Lueges, Anna uxor, Wessel Kolmans, Margreta uxor.			
121	1602	22	Everdt Saur der junge	6	12	F.
			Anna Nettelbecken [1])	12	6	
			St.: Friederich und Everdt Saur, Herman Pottgießer, Johan Rueßberg, Arndt Westerman, Johan Luninck der alte, Dietherich Wulner, Wilhelm Bruiß, Godertt Koperschmidt, Rottger Aldthoff, Catharina Nettelbecke, Elße Saurs, Gerdrudt Aldthoffs, Ursula Wulners.			
122	1602	18	Heinrich vom Sunderen	3	6	
			Wilhelme Bruggemans	6	3	
			St.: Dietherich von Sunderen, Truchses Bruggeman, Anna uxor, Engelbertt Dulmens, Rekse von Sundern, Johan Schade, Jorgen von Boichum, Herman von Sundern, Johan Bruggeman.			
123	1602	fehlt	Cordt Ruepinck	3	6	
			Enneke Wechmans	6	3	
			St.: Herman Ruepinck, Herman Wechman, Greite uxor, Everdt Wechman, Herman Ruepings.			

[1]) Sie nehmen Wohnung im Hause der Mutter der Braut, Witwe Nettelbeck; die Braut hat eine Schwester Catharina.

Laufende Nummer	Datum Jahr	Datum Tag	Name	W.	G.	Zusätze
124	1602	fehlt	Herman Wechman	2	4	F.
			Greite [1])	4	2	
			St.: Jorgen Harde, Everdt Wechman, Tigges Kamphewer, Herman Rupinck et uxor.			
125	1602	Okt. 25	Detmar Teigeler	3	6	
			Stine Westerman	6	3	
			St.: Dietherich Koetenbrewer, Truchses Brugman, Jasper Lenneman, Heinrich Burgerhoff, Johan Schorll, Arndt Haselhoff, Johan Teigeler.			
126	1602	25	Ludolff Fickerman	2	4	
			Else Teigelers	4	2	
			St.: Truchses Bruggeman, Jasper Lenneman, Thonis Boemhewer, Johan Teigeler, Johan Schorll, Arndt Haselhoff, Heinrich Burgerhoff, Dettmar Teigeler, Dietherich Koetenbroer.			
127	1602	25	Arndt Mellinckhauß	3	6	
			Trine Roeters	6	3	
			St.: Johan Mellinckhauß, Jutta uxor, Rottger Hosterei, Johan Morck.			
128	1602	29	Jorgen Gerwins	4	8	
			Ide Kroschen	8	4	
			St.: Johan Hecker, Dietherich Ruerman, Johan Baeck, Joest Ewaldtz, Wilhelm Hoebrecker, Hans Rueter, Dietherich Widtgerver, Thonis Nevelinck, Johan Quadtbecke, Catharina Ewaldtz, Greite Freiße, Enne Rueters, Elße Hoebreckers, Herman Bloete.			
129	1602	Nov. 3	Wilhelm Hoffmann	3	6	
			Enneke zur Buerlage	6	3	
			St.: Herman Garnefeldt, Dietherich Hoffman, Johan Schorll, Jasper Leneman, Jasper Teigeler, Greite Hoffmans, Trine Teigelers, Clara Schorls, Gerdrudt Lenemans, Greite Sehers.			

[1]) Sie hat zwei Kinder: Matthias und Margarete.

Laufende Nummer	Datum Jahr	Datum Tag	Name	W.	G.	Zusätze
130	1602	Nov. 5	Johan Siepman, bodeker . . . . . . Mechell . . . . St.: Peter Eickelinckhoffen, Melchior Barenberg, Heinrich Godtschalck, Johan Lambach, Reinoldt Bodeker, Jorgen Bodeker, Johan Weißkotte, Rottger Lueges, Anna Godtschalcks, Elßke Lambachs, Steffen Lueges.	4 8	8 4	F.
131	1602	12	Arndt Francke . . . . Elße Meibomes . . . . St.: Herman Bloete, Johan Drensche, Heinrich Solderman, Melchior Dieckman, Claes Bilenschmidt, Dirich Storckboem, Peter Hagedorn, Johan Koninck, Greite Webers, Gerdrudt Meibomes, Tigges Ruddinckhauß.	3 6	6 3	F.
132	1602	20	Der erenhaffte Dettmar Moller[1]) . . Die tugentsame Elßke Probstings . . St.: Die würdige, wolgelerte, achtpare und vursichtige hern Herman Embsinckhoff, pastor zu St. Nicolai, Amandus Otto, pastor zu St. Petri, Hans Ewinckhauß, Caspar Bertholdt, Heinrich von Schwanßbell, Johannes Boenen, Ludwich Sasse, Ludolff Schulte zu Probstinck, Jorgen Schulhe, burgermeister zu Chamen, Johan Voß, Everdt Horde, Victor Beier, Godertt Schulte zu Boinck, Wilhelm von der Leithe, Johan Hueck, Gerdrudt Probstinck, Anna Sassen, Clara Boenen, Catharina Dieffhaus, Elßke Berchfeldtz.	25 50	50 25	F.
133	1602	Dec. 31	Johann Lobbers . . . . Anne Westermans . . . . St.: Michel Palm, Johan Heidtman, Johan Quadtbecke, Johan Drensche, Lambertt Steinhauß, Jasper Lochtemecher, Anna Palms, Elße Quadt-	6 12	12 6	

[1]) Witwer; s. Vrmb. Nr. 60.

Laufende Nummer	Datum Jahr	Datum Tag	Name	W.	G.	Zusätze
			becke, Greite Drensche, Trine Heidtmans, Drude Lochtemechers, Elße Steinhauß.			
134	1603	Jan. 6	Herman Reinoldtz	3	6	
			Trine Schliggen	6	3	
			St.: Herman Beckhoff, Jorgenn Wische.			
135	1603	28	Johan Strunck	4	8	
			Elßke Vischers	8	4	
			St.: Herman Tappe, Johan Lenhoff, Herman Vischer, Heinrich Brinckhoff, Johan Stricker, Anna Vischers, Merrie Tappe, Trine Brinckhoffs, Sophia Vischers.			
136	1603	Febr. 28	M. Arndt Rump	5	10	F.
			Anne Knoepes	10	5	
			St.: Jorgen Hemelreich, Reinoldt Ellinckhauß, Johan Brinck, Adolffus Gummerspach, Jorgen im Siepen, Johan Knoep, Rottger Freiße, Johan Freiman, Arndt Westerman, Godertt Schubbe, Johan Westhoff, Jorgens im Siepen hausfrawe, Thonis Brandis et uxor.			
137	1603	18	Jasper Kaupe	12	24	F.
			Margrete Berckhoffs	24	12	
			St.: Tigges Kaupe, Gerritt Kramer, Johan Nolle, Herman Roemberg, Gerdt Seher, Renoldt Siegebode, Gerritt Kaupe, Johann Berckhoff, Wennemar Nevelinck, Barbar Berckhoff, Margreta Berckhoffs, Anna Sasse, Sophia Diekerßhoffs, Catharina Roembergs, Elße Siegebode, Catharine Kaupe.			
138	1603	18	Heinrich Botterman	6	12	
			Catharina Messe	12	6	
			St.: Heinrich Messe, Reinhardt Botterman, Berndt Pampes, Johan Drensche, Johan Budberg, Herman Bloete, Cordt Drensche, Trine Meße, Stine Nagels.			

Laufende Nummer	Datum Jahr	Datum Tag	Name	W.	G.	Zusätze
139	1603	Febr. 25	Hilbrandt Schulten . . . . Catharine Schepers . . . . St.: Jasper von der Niggenborg, Johann Schulten vonn Corne, Herman Schulte, Herman Ruepinck, M. Johan Krueße, schnetzler, Heinrich Ruepinck, M. Floer Bardtscherer, Catharina von der Niggenborg, Catharina Khrueße.	5 10	10 5	
140	1603	25	Dietherich Lambertings . . . . . . Anne Vieselers . . . . St.: Johan Schroder zu Wambell, Daem Schendekerl, Heinrich Lambertinck, Frantz Costen, Jasper Bertholdtz, Jorgen Vieseler, Reinoldt Ellinckhauß, Greite Kostens, Nigge Vieselers, Greite Lambertings, Stine Vieselers.	3 6	6 3	
141	1603	27	Heinrich Schuerman . . . . Alheitt Stiepels . . . . St.: Her Reinoldt Sternenberg, pastor Leprosorum [1]), Arndt Stipels, Adam Nieß, Elße Stiepels, Stine Nieß.	8 4	4 8	 (sic!)
142	1603	März 4	Everdt Salchen . . . . Clare Fabritius . . . . St.: Der erenhaffte, wolgelerte, ersame Anthonis Nevelingk, Johann Brandthoff, Jorgen Drensche, Sebastianus Hermuntius, Johann Emichman, Johan Kleine, Isack Holdtz, Joachim Torck, Johan und Caspar Furstenberg, Wessell Hoffman, Anna widtwe Fabritii, Gerdrudt Richerdtz, Catharina widtwe Lunings, Anna widtwe Brandthoffs, Anna Hermuntii.	12 24	24 12	
143	1603	18	Joest Hentzen . . . . Margarethe Drensche . . . . . . St.: An seidten des breutigamß Reinolt Gisenstein, Gerdrudt Hentze	10 5	10 5	F. (sic!)

[1]) Die Kapelle der Leprosen (Aussätzigen), welche an der Funkenburg lag, ist also noch im 17. Jahrh. bezeugt.

Laufende Nummer	Datum Jahr	Datum Tag	Name	W.	G.	Zusätze
			sein haußfrawe, Matthieß Herbertz, Zacharias Lobbecke, Wolter Bomken. An seidten der braudt Jurgen Drensche, der vatter, Cort Drensche, Herman, Heinrich und Reinolt Ellinckhauß, Johan Lohoff, Margareta Drensche, der braudt mutter, Anna Lohoffß, Girrit Kramer und Wilm Brabecke.			
144	1603	April 11	Clemmett Bertholdtz	2	4	
			Else	4	2	
			St.: Johann Lambertz, Joest Poetes, Claes Greve, Apolonia Mollers, Enne Greve, Grete Albertz.			
145	1603	15	Andres Holtei	6	12	F.
			Ließbett[1]) Mertens.	12	6	
			St.: Wessell Holtei, Johan Melman, Arndt Westerman, Darius Holtei, Dietherich Kottinck, Johan Spiekerhoff, Johan Lenhoff, Heinrich Sundag, Johan Mertens, Johan Braunenberg, Herman von Stummel, Peter Ludtwich, Johann Sundag, Herman Sundag, Merrie Holtei, Anna Sundags, Anna Melmans, Catharina Holtei, Margreta Mertens.			
146	1603	15	Bernhardt Schwerdt	6	12	F.
			Gertrude Richerdes[2])	12	6	
			St.: Johan Schwerdt, des breudtgams vatter, Godfridus und Johan Schwerdt, Anthonis Nevelinck, Rottger Schulte, Dietherich Duenhewer, Sebastianus Hermuntius, Johan Emichman, Anna Fabritii, der braudt mutter, Merrie Schwerdtz, des breudtgams mutter,			

[1]) Weiterhin Liefske genannt.

[2]) Witwe Johann Recherdes (Richardtz); sie hat einen Sohn Philipp Recherdes und einen weiteren Sohn aus der Ehe mit Johann Helschenborg; ihre Mutter ist die Witwe Philipp Fabritius.

Laufende Nummer	Datum Jahr	Datum Tag	Name	W.	G.	Zusätze
			Merrie Eringkhaußen, Anna Overhagen, Gerdrudt Nevelings, Catharina Furstenberg, Clara Holdtz.			
147	1603	April 15	Johan Melman der alte	} fehlt		H.
			Catharine Dieffhauß			
			St.: Conradt Melman, Johan Melman der junge, Jorgen von Iserlhoen, Johan Koperschmidt, Johan Melman, des breudtgams soen, Elßke Melmans, Barbar Melmans, Enneke Melmans, Trine Pannenschmidtz, Trine Koperschmidtz.			
148	1603	Aug. 26	Der würdige und wolgelärtte herr Dethmar Melman, pastor zu unser l. frawen	50	25	
			Die thugentsame Gerdrudt Eickmans	25	50	(sic!)
			St.: An seiten des breutigams: die ernhaffte und vurnehme Anthon Bockholt, richter, Reinolt Melman, Wilhelm Brinck, Wilm Brabeck, Elßke Melmans, des breutigams mutter und obgemelte manßpersonen ire haußfrawen. An seidten der braudt die auch ernhaffte und wolgelehrte M. Christianus Bartolus, Steffen Zweibaum, Herman Potgießer, rathsverwanter, Heinrich Ellinckhauß, Hanß Lohoff und Arnold Flumme, Margareta Eickhoeves, der braudt mutter, Agnes Flume, Anna Ellinckhaußes, Anna Loehoffs.			
149	1603	Sept. 2	Joest Poett	5	10	F.
			Elße Wechmans	10	5	
			St.: Wessell Prein, Herman Floer, Rotger Nierhoff, Jacob Stevens, Jasper Willich, Cordt Peters, Cordt Sundthoff, Reinoldt Barenschmidt, Johan Wisch, Rotger Luoges, Margreta Barenschmidtz, Elße Willich.			

Laufende Nummer	Datum Jahr	Datum Tag	Name	W.	G.	Zusätze
150	1603	Juli	Arndt von dem Boele	3	6	
		25	Elße Westermans	6	3	
			St.: Jasper Uterman, Johan Westerman, Arndt Wisch, Jasper Lenneman, Arndt Schubbe, Heinrich von Schuren, Philips Graffe, Anna Westermans, der braut mutter, Elße des breudtgams süster.			
151	1603	Mai	Caspar von Sittardt	6	12	
		6	Elßge Borenschmidtz	12	6	
			St.: M. Adam von Sittardt, Gerdrudt uxor, Eberhardt Meternich, ambtman zu Horde, Reinoldt Barenschmidt, Niclas Pinnoge, Adolffus Gummerspach, Jorgen Schilling, Cordt Kyndt, Anna Barenschmidtz, Catharina Wulffes.			
152	1603	9	Johan Loeges[1])	2	4	F.
			Greite	4	2	
			St.: Jorgen Teilken, Heinrich Reckerdes, Johan Elliß.			
153	1603	26	Herman Budde	12	24	F.
			Catharine Erdtmans	24	12	
			St.: Johann Luerman, rhamecher, Bertholdt Laeckman, Elßke uxor, Jasper Leve, Heinrich Brinckhoff, Catharina uxor, Herman Stock, Catharina uxor, Margreta Rhamechers.			
154	1603	27	Der erenhaffte Johann Dorper[2]) . .	25	50	F.
			Anna vonn Gelderen[3])	50	25	H.
			St.: Her Johan Barop, pastor zu St. Reinoldt, her Heinrich Erlßberg, predicant zu Essen, Hanß Ewinckhauß, Anthonis Bockholdt, Caspar Nieß, licentiat, Jacob Nolle, Roser Oesthoff, Dietherich Hueck,			

[1]) Witwer; die Vormünder seiner Kinder sind: Jorgen Teilken, Heinrich Reckerdes, Peter von Eicklinckhofen.
[2]) Witwer; sein Sohn heißt Johann; s. Vrmb. Nr. 64.
[3]) Witwe Johann von Geldern; s. Vrmb. Nr. 65, 119 u. 247.

Laufende Nummer	Datum Jahr	Datum Tag	Name	W.	G.	Zusätze
			Heinrich Schoeler, Johan Welffer, Reinoldt von Nehem, Johan von dem Brinck, Catharina von Nehem, Johan Lutgena, Clara uxor, Anna widtwe Nießes, Peter Lubbertz, Anna uxor.			
155	1603	Juni 30	Johann Ellinckhauß	4	8	
			Sophie Roddings	8	4	
			St.: Zerries von Roddinck, Johan Loeke, Johan Dieckhewer, Berndt Leiendecker, Johan Wisch, Heinrich Theiman, Joest Poedt, Wessell Gerstekamp, Apolonia Wisch, Belhe Loeke.			
156	1603	Juli 1	Der erenhaffte Heinrich Nieß der junge	fehlt	50	F.
			Die edle und thugentsame Margrete Schwartzen	„	25	
			St.: Die edell, ernvest, hochgelerte, achtpare und vorneme Caspar Schwartze der junge, der braudt broder, Anthonis Nieß des breudtgams vatter, Heinrich und Johan Nieß, geproder, Heinrich Schoeler, Caspar Nieß und Heinrich von Ende, beide dero rechten licentiaten, Caspar Heidtfeldt, Mathias Herbertz, Anna Nieses, Margreta Nieses, Clara Nieses, Clara Karnaps, Elßke Herbertz.			
157	1603	Aug. 19	Michaell Kremer	6	12	F.
			Enneke Loemans	12	6	
			St.: Johann Welveren, Anthonis Biehoff, Sebastian Kersch, Matheus Hane, Bertholdt Bruninck, Caspar Sittardtz, Wessell Kolman, Johan Lenhoff, Catharina Kersch.			
158	1603	Sept. 9	Mertin Westerman[1]	6	12	
			Belhe vom Grimberg	12	6	
			St.: Meister Everdt vom Grimberg, Jorgen Barenscheide, Caspar Nieß, Hanß Mateler, Caspar Kaupe, Reinoldt			

[1]) Witwer; s. Vrmb. Nr. 68.

Laufende Nummer	Datum Jahr	Datum Tag	Name	W.	G.	Zusätze
			Oesterman, Gerdt Melchers, Johan Melchers, Joest Koch von Essen, Anna vom Grimberg, Catharina Melchers, Mechell Tappe, Ließbett Hewmans, Heinrina vonn Eickell genandt Nieß, Frantz vom Grimberg, Thonis Mellinckhauß.			
159	1603	Sept. 23	Thonis Schubbe	6	12	F.
			Belhe	12	6	
			St.: Arndt Schubbe, Goddertt Schubbe, Johan Knop, Jorgen im Siepen, Thonis Brandis, Godertt Kopperschmidt, Everdt Borcherdtz, Wilhelm Rouer, Arndt Turich, Tigges Ruterßhoff, Greite Borcherdtz, Anna Turichs, Greite Schubbe, Greite Knopes, Gerdrudt Schubbe.			
160	1603	Okt. 28	Johann Tohinck	6	12	
			Anne Hagebollen	12	6	
			St.: Wilhelm Schloßschulte, Johan Welckener, Herman Wulff, Jorgen Hollinck, Cordt Hagebolle, Adolff Weißkotte, Everdt Volbertt, Reinoldt Heckes, Dietherich Kottinck, Catharina Hagebolle, Ursell Krumbergs, Stine Pottgießers.			
161	1603	Nov. 4	Mertin Thomas	5	10	F.
			Ließbet Dumpers	10	5	
			St.: Johan Laeckman, Johan Krumme, Gerdt Laeckman, Herman Degginck, Johan Dumper, Albertt Dumper, Everdt Volbertt, Heinrich Boinck, Jorgen Drensche, Trine Dumpers, Anna Kremers, Johan Lenhoff, Thonis Weile.			
162	1603	6	Heinrich Schulte	4	8	
			Greite Goerdes	8	4	
			St.: Heinrich Nieß, Johan Lenhoff, Arndt Grieße, Gerdrudt Lenhoffs, Elße Grieße, Trine meersche zu Lindenhorst, Greite Ruesche.			

Laufende Nummer	Datum Jahr	Datum Tag	Name	W.	G.	Zusätze
163	1603	Nov. 11	Herman Meinerdtz . . . . Anne Boekelmans . . . . St.: Johann Meinerdtz, Reinoldt Bokelman, Johan Schroder, Cordt Melman, Johann Luninck der alte, Gangolff Schulte, Jorgen Bokelman, Herman Muddeferingk, Enne Meinerdtz, Enne Boekers.	5 10	10 5	
164	1613	11	Herman Widtgerber[1] . . . . Anne Haselhoffs . . . . St.: Albertt Widtgerber, Dietherich Widtgerber, Reinoldt Scheve, Arndt Haselhoff, Thonis Sundthoff, Claes Ruggenbecker, Ludolff Schulte zu Corne, Johan Berndtz, Belhe Peters, Anna Widtgerbers, Belhe Haselhoffs, Belhe Sundthoffs, Else Guerinckmans.	6 12	12 6	F.
165	1613	11	Thonis von dem Boklhoe . . . . Anne Drensche . . . . St.: Heinrich Baur, Johan Kreienberg, Heinrich und Reinoldt Ellinckhauß, Thonis Drensche, meister Joest vom Stein, Dietherich und Johan Drensche, Herman Hemmerde, Heinrich Hoe, Elße vom Stein, Christina Drensche, Margreta Ellinckhauß, Margreta Drensche, Catharina Kreienbergs.	6 12	12 6	F.
166	1613	25	Albertt zum Berge . . . . Enneke Gildehauß . . . . St.: Johan Hecker der alte, Johan Hecker der junge, Reinoldt Greve, Jorgen Gerwins, Thonis Drude, Heinrich Loeman, Berndt Schwerdt, Johan Tihewer, Heinrich Ruepinck, Elisabet Freidthoffs, Herman Ruepinck, Dreiß Junge, Anna Hanßes zu Mengelinckhaußen, Greite Loemans, Catharina Hundtzbecke, Elße Heckers.	5 10	10 5	

[1]) Sein Vater ist der „alte blinde Heinrich Widtgerber“.

Laufende Nummer	Datum Jahr	Datum Tag	Name	W.	G.	Zusätze
167	1603	Dec. 2	Heinrich Ludtwichs . . . . Elßke Burdens . . . . St.: Dietherich Schmidt zu Heinkhaußen, Johan Vaest, burger zu Unna, Herman Krumme, Mertin Brinckman, Goddertt Schubbe, Egidius Appelhoff, Heinrich Puppeskamp, Jacob Janßen, Heinrich Weißman, Gerdrudt Schubbe, Elßke Weißmans, Margreta Schmidtz zu Heinckhaußen.	6 12	12 6	F.
168	1603	9	Johan vonn Nehem. . . . . Margarete Vischers. . . . . St.: An seiten deß breutigams Reinolt von Nehem der vatter, Johan Lambach und deßen haußfr. Elßke, Jurgen Freckenhorst und deßen haußfraw, Enne Catharina ehehaußfraw Reinolt von Nehems. An seiten der braudt Herman Vischer, Gerdt Weißgerber, Cuneke Fischers, Dietherich Hemmelreich und mehr leute genuch.	6 12	12 6	
169	1603	Aug. 28	Hilbrandt Bloeminck . . . . Anne Melmans . . . . St.: Joest Blominck, Joest Ewaldtz, Wessel Holtei, Johan Melman der junge, Arndt Schubbe, Wennemar Lenhardtz, Reinolt Melman, Thonis Mellinckhauß, Trine Holtei, Greite Schubbe, Greite Lenhardtz.	6 12	12 6	F.
170	1603	Dec. 16	Dietherich Lenhartz . . . . Catharine Leiendeckers . . . . . . St.: Wennemar Lenhardtz, Dietherich Kottinck, Daem Dette, Thonis Biehoff, Reinoldt Koperschmidt, Else uxor, Dietherich Freilingkhauß, Mathias Herbertz, Zacharias Lobbecke, Reinoldt Giesenstein, Joest Hentze, Heinrich Knoep.	6 12	12 6	F.

Laufende Nummer	Datum Jahr	Datum Tag	Name	W.	G.	Zusätze
171	1604	Jan.	Johan Borchman	3	6	F.
		9	Margrete [1])	6	3	
			St.: Rottger Borchman, Heinrich Schroder, Johan und Gerdt Seher, Thonis Grumer, Margreta Sehers, Elße Siegenbode, Catharina und Anna Borchmans.			
172	1604	27	Johann Nolleken	4	8	
			Goede Schwingenhewers	8	4	
			St.: Jorgen Nolleken, Jorgen zum Kumpe, Dietherich Schwingenhewer, Tideman von Clausenstein, Cordt Lenneper, Friederich Overbecke, Margreta zum Kumpe, Catharina Dorlemans, Entzian vom Clausenstein, Margreta von Steinen, Gerdrudt Kattensterdtz.			
173	1604	28	Der erenhaffte Herman zum Berge .	12	24	
			Die thugentsame Margrete von der Leithen	24	12	H.
			St.: Heinrich Wenner, burger zu Lunen, Heinrich Hiddinck, Johan zum Broich, Jobst Schorlemer, Johan, Degenhardt und Christoffer Hueck, geprodere, Robertt Heidtman, Georg Hemmelreich, Herman Hemerde, Joest Emichman, Jorgen Balthesars, Margreta Huekes, Clara zum Berge, Anna Godtschalcks, Johanna Wenners, Anna Hiddings, Elßke Freitags.			
174	1604	28	Michaell Bießevelder	6	9	
			Belhe Amandtz	9	6	
			St.: Peter Lubbertz, Thonis Biehoff, Cordt Sundthoff, Joest Wineken, Reckerdt Isebroich, Cordt Peters, Jasper Willich, Joest Poett, Frantz Embsinckhoff, Catharina Lubbertz, Catharina Biehoffs, Elßke Sundthoffs, Gerdrudt Isebroichs, Catharina Winekens.			

[1]) Witwe Heinrich Bruß; sie hat eine Tochter: Margarete Bruß.

Laufende Nummer	Datum Jahr	Datum Tag	Name	W.	G.	Zusätze
175	1604	Febr. 10	Johan Sonnenschein . . . . Margrete zum Berge . . . . St.: Her Herman Embsinckhoff, pastor zu St. Nicolai, Jorgen Barenscheide, Jasper Varwich, Melchior Buck, her Dettmar und Johan Hackenberg, geprodere, Jorgen zum Middelnberge, Elbertt zum Berge, Jasper Funcke, Tigges Theiman, Margreta zum Middelenberge, Elßke Barenscheidtz, Anna Kremers.	10 20	20 10	 H.
176	1604	11	Jorgen Walbaum . . . . Anne . . . . St.: Serris von Roddinck, Johan Ellinckhauß, Johan Melman der alte, Johan Reuters, Arndt Adrians, Johan Bastardt, Sophia Ellinckhauß, Sophia Walbaums, Elßke Adrians.	4 8	8 4	
177	1604	17	Johan Donhoff[1]) . . . . Catharine Nettelbecken[2]). . . . . St.: Heinrich und Tigges Donhoff, Jorgen Heimesodt, Heinrich Baur, Everdt Saur, Friederich Saur, Wilhelm Bruiß, Herman Wordtman, Heinrich Koster, Dietherich Wulner, Ursula eheleute, M. Berndt Bartscherer, Anna Baur, Greite Donhoffs, Elßke Donhoffs.	4 8	8 4	F.
178	1604	März 23	Heinrich Becker . . . . Catharine Maeßmans . . . . . . St.: Her Herman Schmidt, capellaen zu Lutkendorttmundt, Heinrich Sieberg, Heinrich Becker, Herman Becker, Johan Kampman, Herman Heckman, M. Johan Pottgießer, Jacob Hiebeler, Barbar und Clara Siebergs, Anna Beckers, Anna Beckers zu Lutkendorttmundt, Greite Hiebelers.	6 12	12 6	

[1]) Witwer; s. Vrmb. Nr. 73.
[2]) Ihre Schwester heißt Anna.

Laufende Nummer	Datum Jahr	Datum Tag	Name	W.	G.	Zusätze
179	1604	März 29	Jasper Borcherdinck . . . . Margrete von Solde . . . . St.: Her Bertholdt Holtebrinck, Johan Lambach, Johan Boekinck, M. Albertus Vitriarius, Sebastianus Hermuntius, Johan Schulte, Nevelingk Luerman, Elßke Lambachs, Enne von Solde, Hestera Boekings.	3 6	6 3	F.
180	1604	April 26	Johan Goverinckman zu Wannebell . Anne Stipels . . . . St.: D. Reinoldus Sternenberg, pastor Leprosorum, Christoffer Stipell, Joest Schoe, Mertin Freiman, Herman Rosenbaum, Dettmar Guerinckman, Catharina Sternenbergs, Margreta Schoe, Greite Overdorffs, Gerdrudt Timmermans.	5 10	10 5	
181	1604	Mai 11	Heinrich Hoedtmecher. . . . . . Catharine von Luninck . . . . . St.: Meister Balthasar Hoedtmecher, Johan Wennekers, Dietherich Widtgerber, Hans Reuter, Rottger Leueman, Johan Leueman, Jasper Leueman, Wilhelm Meßman, Berndt Budde, Berndt Elmhorst, Gerdrudt Hoedtmechers, Elßke Wennemars, Barbar Leuemans, Stine Obhoffs, Catharina Elmhorst, Greite Meßmans.	10 20	20 10	
182	1604	18	Dietherich Bodeker. . . . . . . Elße Schulten . . . . St.: Floer Hoffman, Claes Hoffman, Enne Berndtz, Gerdrudt Schulte, Johann Ploeger.	3 6	6 3	
183	1604	Juni 8	Peter Veldtman[1]) . . . . Else . . . . St.: Engelbertt Dulmen, Enneke sein hausfrawe, Elßke Veldtmans widtwe, Hans Witte, Claes Heilingk, Heinrich Weißkotte und Claes Pinnoge.	} fehlt		F.

[1]) Witwer mit Kindern.

Laufende Nummer	Datum Jahr	Datum Tag	Name	W.	G.	Zusätze
184	1604	Juni 14	Jasper Fincke . . . . Anne Kolmans . . . . St.: Heinrich Fincke, Heinrich Bickerman, Johan Dieckhewer, Dettmar Schocke, Dietherich Wegener, Greite Vincke, Else Bickermans.	3 6	6 3	
185	1604	Juli 5	Johan Rost . . . . Dorothee Solderbecken . . . . . . St.: Johan Brinckmans, Dietherich Krumme, Merten Frigge, Jasper Trost, Cordt uff dem Berge, Johan von Renninckhaußen, Elße Solderbecke, Ließe Konings.	6 3	6 3	(sic!)
186	1604	Aug. 2	Philip von Marten . . . . Mechele von Berchman . . . . . . St.: Her Johan Barop, pastor, Thonis von Marten, Reinoldt Barenschmidt, Joest Bloeminck, Arndt Schubbe, Greite Schubbe, Jorgen Mortmans, Arndt Griese, Merrie Westerman, Anna Barops, Trine Mortmans, Caspar Leve et uxor.	6 12	12 6	
187	1604	Sept. 6	Johan Helmich . . . . Margrete Konigs . . . . St.: Brune Helmich, des breudtgams vatter, her Laurentz Wunnenberg, pastor zu Kirchhorde, Reinoldt Melman, Johan Melman, Heinrich Vogtt, Wilhelm Rump, Hertlieb Schlueter, Adolffus Gummerspach, Johan Hemerde, Heinrich Ellinckhauß, Margreta Rumpes, Margreta Schlueters, Elßke Melmans, Catharina Brinckmans, Herstera Boekings.	5 10	10 5	F.
188	1604	Okt. 6	Dietherich Schillinck . . . . . . Margrete Moenicks . . . . St.: Tideman von Clausenstein, Heinrich Gleneman, Herman Marten, Herman Garnefeldt, Heinrich von Unna, Engebertt Kockeler, Mechel Tappe, Anna Moenekes.	3 2	fehlt „	F.

Laufende Nummer	Datum Jahr	Datum Tag	Name	W.	G.	Zusätze
189	1604	Okt. 7	Dettmar Pieper	3	6	
			Greite Reusche	6	3	
			St.: Her Bertholdt Holtebrinck, predicant, Johan Wennemars, Johan Reusche, Johan Vischer, Johan Holtei, Everdt und Herman Bawmeister, Heinrich Pupeskamp, Dietherich Brocks, Liese Bawmeisters, Trine Reusche, Ursel Vischers, Else Wennemars.			
190	1604	12	Jorgen Storck	3	6	
			Anne	6	3	
			St.: Mathias Muddeferinck, Heinrich Storck, Jorgen Storck, Gerdrudt Storcks, Greite Lanckhoffs, Johan und Heinrich Knoep, Greite Mietropffs.			
191	1604	Juni 15	Thonis Temmesfeldt	5	10	F.
			Elßke Grasenkamps.	10	5	
			St.: Wilhelm von Berchoffen, Gerdt Stradtman, Melchior Rudolffs, Friederich Rodolffs et uxor, Dietherich Grasenkamp, Anthonis Nevelinck, Johan Chammen, Maria Grasenkamps, Gerdrut Nevelings, Greite Everdes, Merie Berckhoffs, Barbar Melmans.			
192	1604	23	Friederich Grardes	6	12	F.
			Gerdrudt Nießings[1])	12	6	
			St.: Peter Hagedorn, Peter von Netze, Jasper Nierhauß, Wilhelm und Friederich Becker, Bertholdt Rump, Heinrich Schaffman, Thonis Nießingk, Jasper Varwich, Godertt Hemerde, Frantz Fischer, Catharina Nießings, Elße Varwichs, Greite Westermans.			

[1]) Sie hat einen Bruder Heinrich Nießinck, „so in andere lande vereiset"; ein zweiter Bruder heißt Thonis; ein dritter ist tot.

Laufende Nummer	Datum Jahr	Datum Tag	Name	W.	G.	Zusätze
				Thaler	Thaler	
193	1604	Okt.	Dietherich Schennekerll	3	6	F.
		26	Stine Kuelmans[1]	6	3	
			St.: Berndt Kuelman et uxor, Johan Scherer, Johan und Lambert Schennekerll, Gerdt Brasse, Johan Hagenewer, Jorgen Buleken, Johan Moller, Jacob Steven, Druda uxor, Enne Mollers, Herman Ellinckhauß, Mertin Westerman, Trine Schnetkers.			
				Mark	Mark	
194	1604	26	Friederich von Marten	5	10	
			Anne Staelß	10	5	H.
			St.: Die ehrwürdige, edle und thugentreiche her Robert Staell, thumb custer zu Hildeßheim, Clara von Hoete, abdissin zum Gevelßberge, Anna von Plettenberg, Mette Sibilla von Hoete, her Johannes Fabritius, pastor zu Wenneger, Heinrich Rieße, pastor zum Gevelßberge, Theodorus von Auwe, pastor zu Witten, Heinrich Kluvenbecke, pastor zu Stypell, Herman von Marten, Johan von dem Brinck, Melchior Buck, Herman zum Berge, Gerdrudt Bucks.			
195	1604	26	Reinoldt Giesenstein[2]	6	12	F.
			Margrete	12	6	H.
			St.: Heinrich Holscher, Engell, sein hausfrawe, Heinrich Baur, Anna eheleute[3], Jorgen Baur, Jorgen zum Kump, Mathias Herbertz, Wolter Bomeken, Joest Hentze, Zacharias Lobbeke, Herman Potgießer, Adolff Weißkotte, Niclas Pinnoge, Arndt Westerman, Johan Schulte, Elßke Forstenbergs, Enneke Nortkirche, Dietherich Leonhardtz, Anna Weißkotte, Margreta Hentze.			

[1] Ihre Eltern sind: Berndt Kuelmann und Catharina, geb. ?

[2] Reinold Giesenstein gen. Perdestall ist Witwer und hat einen Sohn Johann; s. Vrmb. Nr. 78.

[3] Eltern der Braut.

Laufende Nummer	Datum Jahr	Datum Tag	Name	W.	G.	Zusätze
196	1604	Nov. 2	Niclaß Mencken . . . . Sophie Sanders . . . . St.: Bertholdt Rump, Reinoldt Ellinckhauß, Jasper Varwich, Johan Kremer, Johan Lambach, Thonis Leve, Heinrich Mencke, Rotger Hosterei, Zerries Mencke, Greite Overdorps.	3 6	6 3	
197	1604	2	Dietherich Nierhauß . . . . . . Gerdrudt Greißen . . . . St.: (fehlen).	6 12	12 6	F.
198	1604	11	Werner Flei . . . . Gertrude Vedthacken . . . . . . St.: Herman Pottgießer, Adolff Weißkotte, Herman Hubbertt, Jasper Trost, Anna Fley, des breudtgams mutter, Anna Potgießers, Catharina widtwe Oestermans, Johannes Vedthack, Lodtgen eheleute, der braudt vatter und mutter, Heinricus Vedthacke, Johan Schulte, Roser Berchauß, Heinrich Buschman, Margreta uxor, Philip Vedthacke, Belhe Dungelmans, Else Schulte.	6 12	12 6	F.
199	1604	18	Thonis Rhebein . . . . Gertrude Kattensterdtz . . . . . St.: M. Thonis Rehebein, Dietherich Ronaine, Heinrich Schoemacher, M. Gordt Schlechtenthall, Gerdrudt uxor, Jasper Leve, Jorgen zum Kumpe.	5 10	10 5	
200	1604	18	Dreiß uff dem Woestenhoeffe . . . Anne Greven . . . . St.: Johan Greve, Heinrich Greve, Reinoldt Seher, Catharina Liege und Anna Greve.	4 8	8 4	

Laufende Nummer	Datum Jahr	Datum Tag	Name	W.	G.	Zusätze
201	1604	Nov. 22	Johann Heckman . . . . Barbara Boekelmans[1]. . . . . . . St.: Johan Lieckman, Dettmar Braße, Arndt Riesche, Tigges Middeldorff, Greite uxor, Jacob Vrede, Berndt Marten, Everdt Volbertt, Johan Dorleman, Berndt Gerdes, Johan von Solde, Herman Vieregede, Drude uxor.	6 12	12 6	F.
202	1604	Dec. 7	Everdt Wulff[2] . . . . Catharine Kneipmans . . . . St.: Berndt Wulff, Johan Hippertt, Johann Schultte, Anna Grauemans, Everdt Lipman, Heinrich Baur, Dettmar Braße, Jorgen Theile, Anna Buer.	4 8	8 4	F.
203	1604	16	Heinrich Herdinck . . . . Sibille Weißmans . . . . St.: Johan Kleppinck, rittmeister, Jorgen Hemelreich, Niclas Herdinck, des breudtgams vatter, Johan Freidthoff, Herman Puttman, Albertus Vitriarius, Margreta Becke, Johannes Scholvinck, Johan Quadtbocke, Johannes Weidtmar, Heinrich Vogelpoett, her Joest Scholuvinck, pastor zu Barope, Claes Heilingk.	10 20	20 10	F.
204	1605	Jan. 18	Dietherich Koeneman . . . . . . Catharine Lunings . . . . St.: Jorgen Schulte im Koenen, des breudtgams vatter, her Goßwinus Koeneman, predicant zu Schwelm, Dietherich Frolich zu Herdicke, Jacob Hoebrecher zu Hagen, Herman Koeneman, Johan Luninck der alte, Johan Luninck der junge, Cordt Hueck, M. Jorgen Balthesars, Johan Koefueß,	12 24	24 12	F.

[1]) Nach „irer beider absterben sollen dafs Haufs mit drei Gedemen an irer, Barbaren, Dochter Kinder heimfallen".

[2]) Sein verstorbener Bruder ist Heinrich Wulff, der 2 Kinder: Hildebrand u. Gertrud, hinterlassen hat; s. Vrmb. Nr. 63.

Laufende Nummer	Datum Jahr	Datum Tag	Name	W.	G.	Zusätze
			Anna Hueckes, Catharina widtwe Lunings, Catharina Lunings, Ida Frolichs, Margreta Hoebrechers.			
205	1605	Jan. 25	Heinrich Salman	3	6	
			Gerdrudt	6	3	
			St.: Herman Boemeister, Heinrich Pasche, Else uxor, Gerdt Seher et uxor, Clara Vrede, Jurgen Lambertz, Anna sein hausfrawe.			
206	1605	27	Reinoldt Faust	fehlt	12	
			Anne Burdons	„	6	H.
			St.: Her Heinrich Schollen, pastor zu Mengede, Arndt Westerman, Johan Potter, Herman Lenhoff, Hanß von Olm, Mertin Brinkman, Wilhelm Haselhoff, Darris Holtei, Jorgen Schillinck, Margreta Schollen, Enneke Lenhoffs, Anna Haselhoffs, Catharina Brinckmans.			
207	1605	Febr. 15	Gerritt Geselschop von Wesel . . .	6	12	
			Gerdrudt Boever	12	6	
			St.: Gangolff Schultes, Godertt Schlechtendael, koperschmidt, Gerdrudt eheleute, Johann Knoep, Heinrich Haber, Wilhelm Turich, Thonis Schubbe, Tigges Rutershoff, Dietherich Bockman, Reinhardt Hoedtmecher.			
208	1605	März 1	Tilman von Weseke	6	12	
			Elsaben Bodekers	12	6	
			St.: Her Johan Barop, pastor zu St. Reinoldt, her Dettmar Melman, pastor zu unser l. frawen, her Herman Vedtmuß, her Bertholdt Holtebrinck, M. Gerwin Bodeker, Johan Lambach, Jasper Willich, Johan Boetesack, Heinrich Vogtt, Johan Barenschmidt, Anna Bodekers, Anna Baropii, Gerdrudt Melmans, Elßke Lambachs, Elßke Kumpsthoffs.			

Laufende Nummer	Datum Jahr	Datum Tag	Name	W.	G.	Zusätze
209	1605	März 3	Philip Kramer	6	12	F.
			Else Veldtmans	12	6	
			St.: Her Amandus Otto, pastor zu St. Petri, Herman Kramer zu Lutkendorttmundt, Engelbertt Dulmen, Heinrich Becker, Johan Schade, Johann Barenberg, Greite Mollers, Enne Dulmens, Agate Schemeke.			
210	1605	15	Cordt Koller	3	3	
			Cilie Weißmans	6	6	
			St.: Reinoldt Koller der vatter, Schotte und Herman Koller, Jorgen Koller, Johan Drensche, Wilhelm Haselhoff, Daem Dette, Gertrudt und Rexa Kollers, Margreta Drensche, Margreta Dette, Enne Dette.			
211	1605	15	Dietherich Schillinck	6	12	
			Anne Vedtmuß	12	6	
			St.: Her Herman Vedtmuß, capellaen zu unser l. frawen, Berndt Schillinck, M. Elbertt Zimmerman, Nevelinck Bruß, Herman Vedtmuß, Johan Dieckman, Johan Bierman, Berndt Gerdes, Belhe Vedtmuß, Anna Vedtmuß, Greite Schillings.			
				Thaler	Thaler	
212	1605	Mai 25	Lubbertt Aldorff	5	10	
			Anne Frenckings	10	5	
			St.: Her Matheus Schrevius, predicant zu St. Reinoldt, Simon Deckers von Schwelm, Heinrich Hoe, Johan Breve, Herman Stock, Heinrich Brinckhoff, Regina Schrevia, Merrie Breve, Catharina Stocks, Catharina Brinckhoffs.			
				Mark	Mark	
213	1605	Juni 7	Reinolt Melman	6	12	
			Elßke Boele	12	6	
			St.: Johan Melman der alte, Herman Boele, burgermeister zu Schwerdte, Joest Emichman, Heinrich Melman,			

Laufende Nummer	Datum Jahr	Datum Tag	Name	W.	G.	Zusätze
			Albertt Bierman, Jorgen von Iserlhoen, Else Boele, Gerdrudt Maße, Anna von Nehem, Greite Haselhoffs.			
214	1605	Juni 7	Johann Hustebecke . . . . Else Heinemans . . . . St.: Der würdige, wolgelerte und ersame her Amandus Otto, pastor Petri, Johan von dem Brinck, Johan und Jasper Hustebecke, Jasper ther Oesten, Friederich Martens, Catharina Otte, Elße widtwe von dem Brinck, Cunera Lanckhoffs, Catharina Hustebecke.	6 12	12 6	F.
215	1605	Mai 10	Claß Hoffman . . . . Greite Kosters . . . . St.: Rotger Hoffman, Floer Hoffman, Jorgen Boemeken, Clemens Niehauß, Dietherich Boeker, Dietherich Koepeßhoff, Herman Bolle, Johan Oesthecker.	12 6	12 6	F. (sic!)
216	1605	Juni 22	Dettmar Braße . . . . Goeke Krombergs[1]) . . . . . . St.: M. Friedericus Beurhusius, rector, Friedericus Beurhusius junior quartae classis lector, Jorgen Balthesars, Jorgen Kromberg, M. Johan Pottgießer, Jorgen Theile, Berndt Solderbecke, Sophie Buerhusii, Ursula Krombergs, Stine Pottgießers, Theile Theile.	fehlt „	4 4	
217	1605	30	Jorgen Schlueter . . . . Elßge Molmans . . . . St.: Heinrich Schlueter, Jorgen Molman, Dettmar Kueper, Joest von Ossenbrugge, Adrian Lichtfangk, Jurgen Harde, Johann Krumme, Heinrich vom Scheine, Gerdt Westerman, Greiteke Westermans, Elßke Molmans, Kunne Langhoffs.	3 6	6 3	

[1]) Sie hat eine Behausung, so „irem soen nach irem thoede zustendig".

Laufende Nummer	Datum Jahr	Datum Tag	Name	W.	G.	Zusätze
218	1605	Juli 12	Joest Walleboem . . . . Anne . . . . St.: Heinrich Schnetzler von Schwerdte, Cordt Walleboem, Jasper Lochtemecher, Johan Dorleman, Albertt Brinckman, Thonis Mellinckhauß, Johan Melman, Reinoldt Barenschmidt, Reinoldt Melman, Anna Everdtz, Greidte Velbruchs, Anna Schnetzlers, Trine Brinckmans, Johan Everdtz.	5 10	10 5	
219	1605	12	Wilhelm Becker . . . . Agnete Schloten . . . . St.: Herman Becker, Jasper Nierhauß, Friederich Becker, Cordt Hueck, Heinrich Ellinckhauß, Anna Beckers, Anna Nierhauß.	12 24	24 12	
220	1605	13	Johann Liegen . . . . Merrie Bercks[1] . . . . St.: Hans von Olm, der braudt vatter, Johan Liege zu Evencke, des breudtgams vatter, her magister Bartholomeus Styberus, predicant zu St. Reinoldt, Herman Quadtbecke, Johan Kumpsthoff, Mathias Nieß, Dietherich Hueck, Everdt Rupe, Catharina widtwe Nieses, Beleke Huekes, Enneke Berchfeldtz, Elßke Kumpsthoffs, Elße Liege, Johan Kreienberg.	50 25	50 25	F. (sic!)
221	1605	19	Johan Roddinck . . . . Gerdrudt Ebbinckhauß . . . . . St.: Her Dettmar Melman, pastor, Herman Vedtmuß, capellaen Marie, Ludolff Schulte zu Roddinck, Johan Worttman zu Keminckhaußen, Diederich Hueck, Jorgen zum Kumpe, M. Godertt Ebinckhauß, Jorgen Barenscheide, Herman von Castrope, Jorgen Krumberg, Anna Rodings, Dorothea Ebbinckhauß, Trine Kosters.	6 12	12 6	

[1]) Witwe Hans Bercks; s. Vrmb. Nr. 87.

Laufende Nummer	Datum Jahr	Datum Tag	Name	W.	G.	Zusätze
222	1605	Juli 26	Tigges Donhoff[1]) . . . . Herman Recklinckhaußen[2]) . . . . . St.: Johan Donhoff, Tigges Suderman, Dietherich Schnuedtgene, Johan Brockman, Cordt Lenneper, Trine Donhoffs, Greite Brockmans, Trine Lennepers, Trine Sudermans, Greite Donhoffs.	3 6	6 3	F.
223	1605	Aug. 30	Gerhardt Voerste . . . . Anne Ridderhoffs . . . . St.: Lambertt Voerste, des breudtgams vatter, Johan Lambach, Johan Schulte, Joest Quadtbecke, Reinoldt Giesenstein, Dietherich Frielinghauß, Joest Schoe, Dietherich Leonhardtz, Johan und Heinrich Knoep, Reinoldt Kopperschmidt, Elße Kopperschmidtz, Catharina Leonhardtz, Elßke Lambachs, Catharina Bomchens, Greite Knoepes.	6 12	12 6	F.
224	1605	Sept. 6	Dietherich zum Busche . . . . . Elisabett Wulffs . . . . St.: Her Amandus Otto, pastor zu St. Petri, her Bertholdus Holtebrinck, capelaen Reinoldi, Jorgen zum Busche, Herman Lettmate, Herman Hubbertt, Gerlach Wulff, Johan Westick, Belhe uxor, Heinrich Wulff, Trine Busches.	6 12	12 6	F. H.
225	1605	7	Meister Joachim Jurgens, lademecher Dorothee Wulffs . . . . St.: Der erenveste, hochgelerte und ersame her Caspar Nieß, licentiat, meister Eberdt vom Grimberg, Wilhelm Dornenberg, vogtt im heiligen geiste, Heinrich Ellinckhauß, Everdt vom Kley, Heinrich Hoe, schomacher, Mertin Westerman, Catharina Nieses, Anna vom Grimberg, Belhe Westermans, Hanß Witten.	6 12	12 6	F.

[1]) Witwer; sein Sohn heißt Caspar; s. auch Nr. 18 und Vrmb. Nr. 89.
[2]) Witwe Jacob Recklinghauß; s. Vrmb. Nr. 90.

Laufende Nummer	Datum Jahr	Datum Tag	Name	W.	G.	Zusätze
226	1605	Sept. 13	Jasper von Coln	4	8	
			Clare Stenwegs	8	4	
			St.: Herman Stenweg, Johan Kremer, Gerdt Everdtz, Heinrich Juchoe, Anna von Coln, Greite Cordes, Else Otte.			
227	1605	20	Der erenhaffte und wolgelerte Hermannus Bulleren	6	12	F.
			Margrete Schmidtz	12	6	
			St.: Johan Kumpsthoff, Adam Kopperschmidt, Adolff Weißkotte, Johan Schmidt, Herman Potgießer, Werner Flei, Johan Rugiseren, Heinrich Fischer, Dietherich Freiman, Jorgen Balßer, Reinoldt Scheve, Elßke widtwe Ruddinckhauß, Anna widtwe Fleie, Anna Fischers, Greite Freimans, Greite Rugiseren.			
228	1605	27	Herman Garnefeldt	5	10	
			Merrie Grimbergs	10	5	
			St.: Her Matheus Schrevius, predicant zu St. Reinoldt, Herman Garnefeldt, Reinoldt Garnefeldt, Johan vom Grimberg, Johan Rasche, Heinrich Glenneman, Johan und Clas Schnetzler, Mertin Westerman, Johan Gerlichs, Ließbett uxor, Greite Schepers.			
229	1605	Okt. 5	Dietherich Hasenkamp	4	8	
			Greite Rumpes	8	4	
			St.: Jorgen zum Kumpe, Mertin Westerman, Heinrich Liege, Heinrich Schroder zu Harpen, Dietherich uff dem großen Leneke zu Brakell, Johan uff dem großen Leneke daeselbst, Johan Geistman, Greite zu Vockinck.			
230	1605	5	Johan Hovell	4	8	
			Enneke	8	4	
			St.: Dietherich Hasenkamp, Heinrich Schroder zu Harpen, Trine Schroders, Greite Hasenkampes, Belhe Westermans.			

Laufende Nummer	Datum Jahr	Datum Tag	Name	W.	G.	Zusätze
231	1605	Okt. 18	Henrich Dreier . . . . Catharine Holtey . . . . St.: Johan Kromberg, schlotmecher, Jorgen Kromberg, Gerdt Schlechtendall, Johan Schlechtendall, Johann Dreier, des breudtgams vatter, Weßell Holtey, der braudt vatter, Johann Melman, Darius Holtei, Cortt Puttman, Albertus Vitriarius, Adolpf Wißkotte, Hanß von Ulm, Johann Wenneker, hoetmecker, Johan Pilenschmedt, Clemenß Nagelschmedt, Henrich Kramer, Catharina Holtey, Liske Holtei, Elßke Holtei, Margreta Melmanß.	12 6	6 12	H. (sic!)
232	1605	19	Goddert Allerdinck . . . . Elßke Buerse . . . . St.: Der edell und ernveste Niclaß Hane, Henrich Middendorpff und Johan Seipe, der würdige Hubertus Buerse, pastor zu Amelbuer, der braut vatter, Margareta Hane, der braut mutter und Anna Kleihorst.	12 6	6 12	F. (sic!)
233	1605	24	Weßell Gerstkamp . . . . Figge von der Leithe . . . . . . St.: Johan Ellinckhauß, Matthias Muddefering, Heinrich Godtschalck, Johan Berckhoff, Jasper Kaupe, Mertin Westerman, Johan Dieckhewer, Figge Dieckerhoffes, Greitte Kaupe.	4 8	8 4	
234	1605	25	Heinrich Lenhoff . . . . Margrete Hoe . . . . St.: Claeß Schuerhoff, Cordt Sundthoff, Johan Thiehewer, Johan Luerman, Arndt Pannenschmidt, Jasper Hoe, Johan Middeldorff, Heinrich Polm, Clara Lenhoffs, Iliana Hoe, Gerdrudt Polms, Cathrina Westhoffs.	8 16	16 8	

9*

Laufende Nummer	Datum Jahr	Datum Tag	Name	W.	G.	Zusätze
235	1605	Okt.	Johan Hanneman[1])	3	6	F.
		25	Trine Putthoffs	6	3	
			St.: Caspar Dieffhauß, kremer, Caspar und Melchior Berchfeldt, Arndt Schubbe, her Bertholdt Holtebrinck, capellaen zu St. Reinoldt, Dietherich Frielingkhauß, Berndt Kloeter, Belhe Frielinghauß, Elßke Berchfeldtz, Greita Bloemings, Anna widtwe Hoe, Anna zum Busche.			
236	1605	Nov.	Andreis uff dem Tucke	5	10	
		1	Anne in der Straten	10	5	
			St.: Hans von Harhen, goltschmidt, Peter Freiße, Peter uff dem Tucke, Greite von Horen, Trine Zimmermans, Neiße Freiße.			
237	1605	1	Herman Bawmeister	6	12	
			Marie vom Schiede.	12	6	
			St.: Her Matheus Schrevius, predicant, Cordt Peters, D. Henricus Kleberus, lector tertie claßis, Niclaß Pinnoge, Johan Schulte, Laurentius Kleber, M. Jasper Schulte, Enneke vom Schiede, Elßke Kleberi, Margreta Pinnoge, Elßke Schulte.			
238	1605	1	Reinoldt Ellinckhauß[2])	4	8	F.
			Gerdrude Knoepes	8	4	
			St.: Heinrich Ellinckhauß, Arndt Niggehauß, Johan Ellinckhauß, Herman Hemerde, Jorgen Barenscheide, Herman Widtgerber, Peter Schmidt zu Laer, Heinrich Knoep, Albertt Widtgerber, Apolonia Knoepes, Anna Ellinckhauß, Trine Ellinckhauß, Barbar Melmans, Anna Rumpes.			

[1]) Siehe Vrmb. Nr. 92.
[2]) Witwer: s. Vrmb. Nr. 94.

Laufende Nummer	Datum Jahr	Datum Tag	Name	W.	G.	Zusätze
239	1605	Nov. 1	Johan Voß	3	6	F.
			Catharine Lesemechers[1]	6	3	
			St.: Clemmett Voß, Johan Rensinck, Joest Ewaldt, Johan Morck, Johan Barenberg, Johan Luerman, Trine Voßes, Barbar Morcks, Grete Nebelers, Grete Luermans, Trine Ewaldtz.			
240	1605	15	Johan Hauman	10	20	F.
			Anne Barops	20	10	
			St.: Her Johan Barop, pastor zu St. Reinoldi, her Amandus Otto, pastor Petri, magister Bartholomeus Stiberus, predicant, her Matheus Schrevius, predicant, her Nicolaus Witte, vicecurat in Apelerbecke, her Bertholdt Höltebrinck, predicant zu St. Reinoldi, Heinrich von dem Broiche, richter zu Horde, Johan Drensche, Melchior Buck, Johan Lambach, Zacharias Lobeke, Johan Welckener, Anna Baropii, Margreta Drensche, Johan Quadbecke, Enneke Lobbeke, Elßke Lambachs.			
			. . . .			
241	1605	27	Johan Kumpers[2]	6	3	F.
			Greite Schrivers	3	6	(sic!)
			St.: Her Theodorus Brenschedius verbi divini minister ad d. P., Niclaß Pinnoge, Niclaß Schwakenberg, Dethmar Dulmans.			
242	1605	27	Claeß Schwackenberg	4	4	
			Anne	2	2	(sic!)
			St.: Her Theodorus Brenschedius verbi divini minister ad d. P., Niclaeß Pinnoge, Johan Kumper, Dethmar Dulmans.			

[1] Ihr Vater ist Johann Morck.
[2] Witwer; s. Vrmb. Nr. 95.

Laufende Nummer	Datum Jahr	Datum Tag	Name	W.	G.	Zusätze
243	1605	Nov. 29	Johan Winckelman	4	8	
			Bele Bomers	8	4	
			St.: Heinrich Buer, Werner Fleie, Tigges Winckelman, Herman Eckman, Johan Schade, Herman Kafsack, Hanß Krosche, Greite Winckelmans, des breudtgams mutter, Anna Bomers, der braudt mutter.			
244	1605	Dec. 5	Johan Bockholt	8	6	
			Trine	6	3	
			St.: Tonnis Mellinckhauß, Goßen Grote van Schwerdte, Johan Mellinckhauß der alde, Hillebrandt Mellinckhuß, Anna Plumers, Elßke Plumers.			
245	1605	6	Johan Quadtbecke	6	12	F.
			Enneke zur Mollen [1])	12	6	
			St.: Her Herman Vedtmuß, predicant zu unser l. frawen, Jorgen Hemelreich, Niclaß Heilingk, Jorgen Harde, Hans von Arnsperg, Agata uxor, Elßke Munstermans, Heinrich Francke.			
246	1605	14	Herman Cordes	3	6	
			Anne Tiebewers	6	3	
			St.: Gert Stratman, Heinrich Cordes, Johan Storck zu Barope, Johan Storck zu Dorstfelde, Dietherich Gestman, Grete Stratman, Trine Cordes zu Dorstfelde, Anna van Collen.			
247	1605	29	Heinrich vom Schede	3	6	
			Anne	6	3	
			St.: Heinrich vom Schede, des breudtgams vader, Johan Wennemars, Heinrich Puppeskamp, Johan Hanneman, Baltasar Dietherichs, Detmar Piper, Engelbertt Dulmans, Elße Wennemars, Enne Dulmans.			

[1]) Witwe mit Kindern aus 1. Ehe.

Laufende Nummer	Datum Jahr	Datum Tag	Name	W.	G.	Zusätze
248	1606	Jan. 17	Heinrich Schaffman[1]) . . . . Catharine Oestermans . . . . . . St.: Her Johan Barop, pastor d. Reinoldi, Caspar Schaffman, Caspar Varwich, Godertt Hemerde, Heinrich von dem Broiche, richter zu Horde, Herman Pottgießer, Werner Fley, Adolff Weißkotte, Johan Potter, Niclas Pinnoge, Anna Potgießers, Catharina Potters, Anna Weißkotte, Elßke Varwichs, Sophia Hemerde, Elßke Schaffmans, Margreta Pinnoge, Agnes Flumme, Jorgen Hemelreich et uxor.	10 20	20 10	F. H.
249	1606	17	Dietherich Hoffman . . . . . . Beleke Stoedtz . . . . St.: Jorgen Bomeken, Clas Hoffman, Dietherich Stoedt, Teves Stoedt, Johan Lenhoff, Elße Stoedtz der braudt mutter.	2 4	4 2	
250	1606	Febr. 1	Der erenhaffte Johan Pottgießer . . Elßke Degings[2]) . . . . St.: Caspar Dieffhauß, Johan Kumpsthoff, Everdt Ruepe, Johan Kreienberg, Heinrich Melman, Dietherich Hueck, Heinrich Schoeler, Jasper Berchfeldt, Frantz Schoeler zu Werll, Albertt Praell, Daniel Wordtman, burgermeister zu Schwerdte, Margreta Melmans, Elßke Kumpsthoffs, Catharina Kreienbergs, Barbar Ruepe, Beleke Deggings, Beleke Huekes, Anna Schoelers, Elßke Melmans.	50 100	100 50	H. F.
251	1606	9	Johan Kip . . . . Trine Rademachers . . . . St.: Lambert Dieffhauß, Caspar und Melchior Berchfelt, Wilhelm von	4 8	8 4	

[1]) Witwer mit Kindern aus 1. Ehe.
[2]) Witwe mit Kindern.

Laufende Nummer	Datum Jahr	Datum Tag	Name	W.	G.	Zusätze
			Berchoffen, Jorgen Kellerman, Cordt von dem Berge, Heinrich Kip von Berchoffen, Heinrich Gropper, Trine Kips, Trine uff dem Berge, Johan Lentze.			
252	1606	Febr. 16	Reinolt Wolters	4	8	
			Greite Morcks	8	4	
			St.: Heinrich Mork, des breudtgams vatter, Herman Marten, Melchior Morck, Johan Teigeler der alte und junge, Johan Schorl, Jasper Leneman, Tonis Wolters, Detmar Teigeler, Clar Schorll, Drude Teigelers, Trine Morcks, Gerdrudt Lenemans.			
253	1606	24	Jorgen Brockman	3	6	F.
			Else	6	3	
			St.: Johan Boeckinck, Dietherich Drensche, M. Herman Tappe und uxor, Trine Drensche.			
254	1606	28	Cordt Buck	6	12	F.
			Catharine Donhoffs [1]	12	6	
			St.: Dietherich Buck, des breudtgams vatter, Mathias Herbertz, Heinrich Koster, Wilhelm Bruiß, Herman Wordtman, Johan Veldthauß, Everdt Saur, Herman Urbans, Hanß Westick, Dietherich Wulner, Elßke Herbertz, Ursell Wulners, Enne Saurs, Stine Wordtmans.			
255	1606	28	Johan Sundthoff	4	8	
			Catharine Middelmans	8	4	
			St.: Heinrich Sundthoff, des breudtgams vatter, Gerritt Kramer, Herman Bloete, Michael Pallm, Heinrich Paschedag, Ennecke Kremers, Greite Webers, Anna Palms, Ursel Paschedags, Trine uff dem Berge.			

[1] **Witwe Johann Dönhoff; s. Vrmb. Nr. 98.**

Laufende Nummer	Datum Jahr	Datum Tag	Name	W.	G.	Zusätze
256	1606	Febr. 28	Jorgen Teilken	6	12	F.
			Anne Regenboge	12	6	
			St.: Adolff Weißkotte, Johan Pottgießer, Mathias Nieß, Johan Schlechtendaell, Nieß Welpman, Anna uxor, Johan Regenboge, her Melchior Castrope, pastor zu Hockerde, Joest Baeck, Johan Koster zu Hockerde, Elße Regenboge, Stine Pottgießers.			
257	1606	März 2	Johan Erbschloer	5	10	
			Anne	10	5	
			St.: Johan Vischer, pastor zu Berchum, der braudt vatter, Johan Erbschloer, des breudtgams vader, Caspar Sittardt, Heinrich Quadtbecke, Johan Schlotter der junge von Westhoven, Johan Koetenborch, Elßke Middeldorps, Enne Nevelings.			
258	1606	5	Herman Steffen	3	6	
			Trine Kuse	6	3	
			St.: Heinrich Khuse, der braudt vatter, Johan Gildehauß zu Barope, Johan Storck tho Barope, Nale Steffens, des breudtgams moder, Grete Khuse, der braudt moder, Steffen Gockmar, Jacop Becker.			
259	1606	7	Der erenhaffte und wolgelerte Johannes Beurhusius	12	24	F.
			Die thugentsame Anne Nieses . . .	24	12	H.
			St.: Die würdige, achtpare, wolgelerte und ersame hern Johannes Schmidt, pastor zu Wenneger, magister Bartholomeus Styberus, predicant zu St. Reinoldt, Friederich Beurhusius, rector, Anthon Nieß, Heinrich Nieß, Heinrich Schoeler, Arnoldt Mallinckrodt, Mathias Herbertz, Dettmar Braße, Jacob Hase von Meinertzhagen, Heinrich Hultenschmidt, vogtt zu Elsei, Berndt Hulßhoff, Anna Nieses, Margreta Nieses, Anna Schoelers.			

Laufende Nummer	Datum Jahr	Datum Tag	Name	W.	G.	Zusätze
260	1606	März 9	Thonis Biehoff[1]) . . . . Christine Ruschen . . . . St.: Meister Everdt Baeke, Thonis von dem Boekeloe, Wilhelm Martens, Heinrich Glenneman, Johan Martens, Berndt Hanebecke, Dietherich Nolleken, Johan Bussenschmidt, Adam Nierhauß, Reinoldt Holtwickede, Christina Glennemans, Margreta Mertens, Sophia Holtwickede, Trine Nollekens.	6 12	12 6	F.
261	1606	14	Johan Rumps . . . . Anne Westermans . . . . St.: Caspar Varwich, Gortt Hemmerde, Wilhelm Schlottschulte, Heinrich Everdes, Johan Westerman, der braudt vatter, Arndt Wisch, Arndt van Boege, Philips Graue, Georgen Gosekule, Anna Westermans der braudt mutter, Grete Schubbe, Else Wißkotte, Grete Wischs.	5 10	10 5	
262	1606	16	Goße Schmidtman[2]) . . . . . . Grete . . . . St.: Die würdige und achtpare hern Amandus Otto, pastor zu St. Petri, Johannes von Lunen, Johan Drensche, Johannes Scholvinck, Cordt Cremer, Renoldt Heckes, Johan Abbinckhoff, der braudt vatter, Daem Dette, Anna Barops, Catharina Otto, Enneke Hawemans, Grete Drensche.	3 6	6 3	
263	1606	April 10	Heinrich Langen[3]) . . . . Anna Boemers . . . . St.: Dettmarus Kueper, Gerdt Westerman, Steffen Langhoff, Johan Spieckerhoff, Herman Eickman, Johan Schorll, Greite Westermans, Clara Schorls, Enne Eickmans.	fehlt "	3 3	H.

[1]) Witwer; s. Vrmb. Nr. 99.
[2]) Witwer; s. ebd. Nr. 100.
[3]) Er ist Witwer und hat zwei noch ledige Töchter, Catharina u. Anna.

Laufende Nummer	Datum Jahr	Datum Tag	Name	W.	G.	Zusätze
264	1606	April 18	Berndt Schmidt von Gladtbeck . . .	5	10	
			Hille Lutkendorps von Buer . . .	10	5	
			St.: Anthoniß Nieß, Wilhelm Brabeck, Herman Schmidt von Glabeck, Heinrich Roerhoff van Bur, burger von Hattingen, Arndt Pannenschmidtz, Anna Nießes, Drude up dem Putte von Hattingen, Trine Pannenschmidtz.			
265	1606	25	Reinoldt Derchman	6	12	
			Gerdrudt Backs	12	6	
			St.: Rottger Baeck, der braudt vader, Johan Baeck zu Unna, Frantz Schulte, M. Tigges Middeldorp, Thoniß Drensche, Melchert van der Lite, Anna Baecks, Ennecke van Galen zu Unna, Mechel Döstmans.			
266	1606	26	Heinrich Grip	4	8	
			Anne	8	4	
			St.: Dietherich Grip, Herman Strunck, Johan Pottgeißer, Johan Kamp, Kersten Papenhoff, Heinrich Grip, Clas Kumper, Stine Pottgeißers, Trine Gripes, Agata Kampes, Gertt Struncks.			
267	1606	27	Berndt Reder	6	12	F.
			Sophie	12	6	H.
			St.: Herr Bertholdt Holtebrinck, Johan Berckhoff, Johan Brockman, Roseer tho Husinck, M. Adam Gulich, kopperschleger, Wennemar Nevelinck, Berndt Nagell, Grete Kaupe, Stineke Nagels, Merie Reders.			
268	1606	28	Steffen Blissinck	5	10	F.
			Anne [1])	10	5	
			St.: Heinrich Loeman, Johan Blissinck, M. Adolff Wißkotte, Johannes Frenckinck, Andres Loeman, Johan Blissinck, Cilie Loemans, Stine Loemans.			

[1]) Witwe Johann Siepmann; s. Vrmb. Nr. 105.

Laufende Nummer	Datum Jahr	Datum Tag	Name	W.	G.	Zusätze
269	1606	Mai 10	Der erenhaffte Johan Dorper der junge	50	100	F.
			Die thugentsame Gertrude von Langenberg	100	50	H.
			St.: Die edle, ernvest, hoichgelerten und achtpare Johan Dorper, des breudtgams vatter, Heinrich von Eickell zum Vordene, Anthon Bockholdtz, Rosier Oesthoff, Dietherich Hueck, Lutter Langenberg, der braudt vatter, Niclaß Langenberg, dero rechten doctor, Johan Langenberg, Johan von dem Brinck, Mertin Coster, Sophia Langenbergs, Margreta Vrede, Catharina Langenbergs, Margreta widtwe Linden, Gerritt Manhardt, Albertt Siebertz, Melchior Lotterinckhauß, Dietherich Vrede.			
270	1606	30	Johan Schroder	6	12	F.
			Agnete Willichs	12	6	
			St.: Jorgen Schroder, Johan Moller, Dietherich Krumme, Johan Berckenbusch, Jacob Jansen, Hilbrandt Ellinckhuß, Jasper Willich, M. Adolphus Gummersbach, Henricus Herdinck, Cordt Peters, Jost Winecken, Else Willichs, Trine Wineckes, Elßke Sundthoffs.			
271	1606	Juni 6	Johan Saurlender	6	12	
			Trine Kollers	12	6	
			St.: Heinrich Saurlender, Herman Prein, Johan Drensche, Daem Dette, Reinoldt Giesenstein, Schotte Kollers, Gerdt Saurlender, Trine Saurlender, Greite Drensche.			
272	1606	13	Der erenhaffte und wolgelerte Friederich Beurhuiß der junge	12	24	F.
			Die thugentsame Agnes von Sinderen	24	12	
			St.: Die edle, ernveste, wolgelerte, achtpare und vorneme Wennemar von der Recke zur Kemnade, Johan vom Lhoe zum Holte, Philips von Poepinck-			

Laufende Nummer	Datum Jahr	Datum Tag	Name	W.	G.	Zusätze
			hauß, Friederich Beurhauß, rector, Johannes Beurhauß, her Herman Embsinckhoff, pastor Nicolai, her Johan Schmidt, pastor in Wenneger, Friedericus Haiße, pastor in Meinertzhagen, Herman Robenstrunck, prediger zu Kerspe[1]), Heinrich Schaffman, Heinrich Haese, schultes zu Meinertzhagen, Friederich Warendorff, burger in Coln, Agnes von Munster genandt Poepinckhauß, Elße Braße genant Holtzenschmidt, Sophia Schmidtz, Anna Schweden, Gertrudt Krup.			
273	1606	Juli 5	Der erenhaffte Roser Oesthoff[2]) . .	10	20	F.
			Die thugentsame Elßke Huekes genandt Welfferen[3])	20	10	H.
			St.: Her Bertholdt Holtebrinck, capellaen zu St. Reinoldt, Johan Melman, Caspar Dieffhauß, Anthon Bockholdt, Johan Dorper, Wilhelm von dem Brinck, Caspar Berchfeldt, Cordt Huek, Heinrich von Steinen, Jorgen Rocberdinck, Heinrich Godtschalck, Christoffer beim Graffe, Anna Dorpers, Anna Huekes, Barbar Hoffmans, Gertrudt Strunckes, Greite von Steinen, Dorothea widtwe Cordes, Anna Godtschalcks.	Reichsthaler	Mark	
274	1606	11	Heinrich Plaeß	100	24	F.
			Elßke Theilen	100	12	H.
			St.: Dietherich Isebruch, Jorgen Barenscheide, Adolff Weißkotte, Niclaß Pinnoge, Jorgen Balsars, Johan Schulte, Frantz Freitag, Herman Rodenbecke, Herman und Dietherich Theile, Elßke Freitags, Elßke Plaeses widtwe, Catharina Ryps, Catharina Winkels, Claß Porte, Christina Schreibers.			

[1]) Kierspe.
[2]) Witwer; s. Vrmb. Nr. 108.
[3]) Else Hueck Witwe Johann Welver; s. ebd. Nr. 107.

Laufende Nummer	Datum Jahr	Datum Tag	Name	W.	G.	Zusätze
275	1606	Juli 13	Adrian Rupinck . . . . Merric Saurs . . . . St.: Herman Ruepinck, des breudtgams vatter, Cordt und Reinoldt Ruepinck, Wessel Holtei, Trine uxor, Dietherich Boeker, Margreta Ruepings, Reinoldt und Johan Melman, Gerdt Seher, Reinoldt Siegenbode, Else uxor, Enne Ruepings.	6 12	12 6	F.
276	1606	16	Albertt Brinckman . . . . Trine . . . . St.: Reinoldt Barenschmidt, Caspar Sittartz, Thonis von Marten, Joest Peters, Niclas von Wipperfurde, Ließe Boemhouders, Gerdrudt Brinckmans, Mette von Wipperforde.	4 8	8 4	F.
277	1606	23	Hilbrandt Mellinckhauß[1]) . . . . . Anne . . . . St.: Johan Mellinckhauß, Thoniß Mellinckhauß, Arndt Mellinckhauß, Arndt Kemnae, Goeßen Groete.	8 6	6 3	
278	1606	Aug. 16	Gerritt Voß . . . . Ließbett Dreisemans . . . . St.: Meister Johan Veldthauß, Heinrich von Schuren, Johan Siepman, Everdt Baumeister, Thonis Mellinckhauß, Engelbertt Kockeler, Elßke von Schuren, Trine Dreisemans, Trineke Pelsers, Anna Kockelers, Greite Baumeisters, Elße Siepmans.	4 8	8 4	
279	1606	Sept. 27	Dietherich Buck[2]) . . . . Enneke Quitings . . . . St.: Johan Veldthauß, Laurentz Buck, Cordt vor dem Boeme, Wilhelm von Waltrope, Dietherich Duenhewer, Arndt Schubbe, Johan Quitinck,	6 12	12 6	F.

[1]) Witwer; s. Vrmb. Nr. 111.
[2]) Witwer; s. ebd. Nr. 110; die Braut hat einen Bruder Johann.

Laufende Nummer	Datum Jahr	Datum Tag	Name	W.	G.	Zusätze
			Johan von Clei, Wessel Hoffman, Margreta Becke, Ursell Wulners, Greite von Kley, Elße Pottgießers, Catharina Quitings.			
280	1606	Sept. 19	Dietherich Cordes [1]	3	6	F.
			Nale	6	3	
			St.: Franß up dem Brincke, Berndt Budde, Melchert Grem, Jorgen Harde, Dietherich Schnutken, Johan Greve, Stine up dem Brincke, Enne Gren.			
281	1606	Okt. 5	Steffen von Ende	4	8	
			Catharine Bruggemans	8	4	
			St.: Heinrich Kueper, Gerdt Seher uff der Wistraße, Henricus Herdinck, Dietherich Freilingkhauß, Heinrich Freilingkhauß, Herman von Fley in der Mürie, Herman Schulte von Lunen, Rotger Lueges, Barbara Siebergs, Else Boenes, Catharina Sehers, Bella Frilinckhauß.			
282	1606	10	Johan von der Hove	5	10	
			Gerdrude Derchmans	10	5	
			St.: Herman von Castrope des breudtgams vader, Evert Saur und Friederich Saur, Heinrich Ellinckhauß, Renoldt Derchman, Melchior Rademecher, Renolt Ellinckhauß, Johan Roddinck, Johan im Siepen, Tigges Middeldorp, Toniß Drensche, Grete Derchmans, Pette von Castrope, Gertrudt Derchmans, Grete Ellinckhauß.			
283	1606	17	Dietherich Richters	4	8	
			Greite Kersperß	8	4	
			St.: Frantz Richters, Trina uxor, deß breudtgams elteren, Johan Melman, Wilhelm von dem Brinck, Elßke uxor, Lubbertt Richters, Rotger Lueges, Steffen uxor, Johan Leve.			

[1]) Witwer; er hat 2 Kinder, Christine und Hermann.

Laufende Nummer	Datum Jahr	Datum Tag	Name	W.	G.	Zusätze
284	1606	Okt. 22	Dietherich Kolman . . . . Trine . . . . St.: Berndt Stoffers, der braudt broder, Jasper Vincke, Jorgen Werners, Trine Kolmans, des breudtgams moder, Enne Vincke.	3 6	6 3	
285	1606	24	Steffen Vincke . . . . Anne Kaupe . . . . St.: Her Bartholomeus Stiberus, prediger zu St. Reinoldt, her Reinoldt Sternenberg, pastor Leprosorum, Johan Lambach, Jorgenn Lambertz, Herman Godtschalcks zu Horde, Johan Hoenradt, Dorothea widtwe Cordes, Sophia Stiberii, Catharina Sternbergs, Anna Borneman.	5 10	10 5	
286	1606	28	Johan Bastardt zu Schuren . . . . Greite Hasenkamps . . . . St.: Johan Rueter zu Horde, Mertin Westerman, Joest Quadtbecke, Ließe Rueters, Heinrich von Steinen, Greite Schotte, Belhe Westermans.	5 10	10 5	
287	1606	31	Der erenhaffte und wolgelerte Heinrich Vedthacke . . . . Anne Hoe . . . . St.: Johann Vedthake, Ludtgert uxor, deß breudtgams elteren, Werner Fley, Johan Schütte, Jorgen Tappe, Everdt Lipman zu Lunen, Johan Middeldorff, Heinrich Schoeler, Reinoldt Hoe, Jorgen im Siepen, M. Johan Schlechtendaell, Jorgen Drensche, Hanß von Gießen, Gerdt Seher der alte, Jasper von Alstein, Gerdrudt Fleye, Christina Lipmans.	12 24	24 12	F.
288	1606	Nov. 2	Arndt Dubbe . . . . Grete . . . . St.: Heinrich Schottelendreier, Dreiß Holtei, Evert Wulff, Johan Oesterman, Claß Garnefeldt, Enne Schmidtz.	2 4	4 2	

Laufende Nummer	Datum Jahr	Datum Tag	Name	W.	G.	Zusätze
289	1606	Nov. 7	Niclaß Garnefeldt . . . . Else . . . . St.: Renoldt Garnefelt, Anna uxor, deß breudtgams eltern, Herman Garnefeldt, Tonißs Scheper, Herman Garnefeldt, Johan Barenschmidt, Johan von Wellinckhaven, Henrich Schulte, Else uxor, der braudt elteren, Johan Schulte, Claß Schulte, Enne Schulte, Toniß Bauwemeister, Imme uxor.	4 8	8 4	F.
290	1606	8	Johan Benthuß . . . . Else . . . . St.: Herman Benthuß, Johan Saur, Heinrich Schaffman, Johan Drogehorn, Mertin Frigge, Dietherich Krumme, Johan Krumme, Mertin Westerman, Trine Krumme, Enne Krumme.	6 12	12 6	
291	1606	9	Berndt Gerdtz[1] . . . . Barbare . . . . St.: Herman Worttman, Bertram von der Lennep, Heinrich Plister, Joest Haselhoff, Renoldt Gerdtz, Stine Wortmans, Stine Plisters, Winoldt Haselhoffs.	fehlt		F.
292	1606	14	Herman Grevinckhoff . . . . . . Margrete . . . . St.: Dietherich zur Becke, Niclaß Roprecht, Janus Lubelinck, Arndt Westerman, Gangloff Schultes, der braudt vatter, Johans Schultes, Johan Luninck der alte, Wennemar Lenertz, Regina Schultes, der braudt mutter, Grete Trostes, Clara zur Becke und mehr gudter leute gnoch.	5 10	10 5	F.
293	1606	16	Johan Garnefeldt . . . . Anne . . . . St.: Dietherich Hueck, Belecke uxor, Margrete Nießes, Jasper Garnefeldt,	3 6	6 3	

[1]) Er ist Witwer, sie Witwe; beide haben Kinder.

Laufende Nummer	Datum Jahr	Datum Tag	Name	W.	G.	Zusätze
			Else uxor, Claß Garnefeldt, Dietherich Koepelshoff, Trine Garnefeldt, des breudtgams moder, Else Wißkotte.			
294	1606	Nov. 22	Claß Garnefeldt	3	6	
			Grete	6	3	
			St.: Adolff Wißkotten, Tonið von Klei, Rottger Lueke, Margreta von Clei, Anna Wißkotten.			
295	1606	22	Cordt Bilstein	3	6	
			Stine	6	3	
			St.: M. Elbertt Thimans, Adolff Wißkotte, Michael Kramer, Sebastianus Kerße, Evert Volbertt, Anna Kramers, Grete von Clei.			
296	1606	23	Hilbrandt Blominck	4	8	F.
			Elßge von Herbede [1]	8	4	
			St.: Wilhelm Dornenberg, vogtt im heiligen geiste, Arndt Schubbe, Johan Melman im Orde, Jorgenn Eilkinck, Elße Dornenberg, Agata Schubbe.			
297	1606	26	Detmar Knolle	2	4	
			Enne	4	2	
			St.: Johan Knolle, Johan Pelgermar, Gordt Knolle, Gordt Richterinck, Leonhardt Welckener, Dietherich Knolle, Else Knolle, Gerdt Pelgrumbs.			
298	1606	Dec. 12	Johan von Elleren der junge . . .	6	12	
			Elßke Schulten	12	6	
			St.: Her Bertholdt Holtebrinck, predicant zu St. Reinoldt, Johan von Elleren der alte, Catharina uxor, Thonis Drensche, Herman Hemerde, Frantz Vischer, Johan Borchertz, burger zu Chamen, Luedeke Natorff, Caspar Borchertz, Dietherich Koep zu Berchcamen, Herman zu Renninckhaußen, Jorgen Borchertz, Cordt			

[1] Witwe Vitz von Herbede; s. Vrmb. Nr. 113.

Laufende Nummer	Datum Jahr	Datum Tag	Name	W.	G.	Zusätze
			Schulte zu Renninckhaußen, Johan zum Berge, Margreta Hovemans, Margreta Brandthoffs, Elßke Herigs, Enneke Schulte zu Renninckhaußen.			
299	1607	Jan. 21	Reinoldt Hoener[1])	8	6	
			Anne	6	3	
			St.: Herman Hubbertt, Jasper Trosten.			
300	1607	25	Johann Hustebecke	fehlt		
			Elßke			
			St.: Her Detmarus Melman, pastor, Herman Vedtmuß, capellaen zu unser l. frawen, Gerrit Kremer, Mathias Muddeferinck.			
301	1607	30	Der erenhaffte Caspar Dieffhauß der junge	25	50	F.
			Die thugentsame Anne Melmans . .	50	25	
			St.: Caspar Dieffhauß, kemmer, Heinrich Melman, Frantz Schoeler, Johan Deffe von Werll, Wilhelm Mascherel genandt Knopff, medicinae doctor, Lambert Dieffhauß, Caspar Berchfeldt, Margrete Melmans, Ermgardt widtwe Pinnoge, Anna Brandthoff, Mechell Sehers, Elßke Berchfeldtz, Johan Dieffhauß, Melchior Buck, Johan Melman, Johan Seher, Johan Pottgießer, Caspar Heidtfeldt, Heinrich Schoeler.			
302	1607	Febr. 12	Berndt Kampferdt	4	6	
			Margrete Trapmans	6	4	
			St.: Jasper vonn Asperg, Johann Kampman, Peter Moller, Agata Kampmans, Wilhelm Molners.			
303	1607	13	Johann Krill von Rhade	6	12	
			Catharine Trapmans	12	6	
			St.: Johan Drensche, Daem Dette, Jorgen Kellerman, Cordt Khuele,			

[1]) Witwer; s. Vrmb. Nr. 102.

Laufende Nummer	Datum Jahr	Tag	Name	W.	G.	Zusätze
			Jorgen Koninck, Melchior Rademecher, Johann Hellinck, Margrete Drensche, Gerdt Trapmans, Enne Dette, Johannes Kluetinck.			
304	1607	Febr. 13	Heinrich Scharffenberg . . . . . Christine . . . . St.: M. Johan Rhamechor, Heinrich von Schuren, Hanß von Althena, Greite Rhamechers, Stine von Schuren, Catharina Kosters.	4 8	8 4	
305	1607	14	Dreiß Lenhoff . . . . Gerdrudt . . . . St.: Rottger zur Neden, Steffen Lenhoff, Johan Lenhoff, Renoldt Melman, Jorgen Barenschede, Johan Schlottschulte, Elße Schehers, der braudt moder.	2 4	4 2	
306	1607	März 6	Johann Hueck von Wickede . . . Gerdrudt Middeldorffs . . . . . . St.: Heinrich Grube zu Wickede, deß breudtgams vatter, Engel uxor, mater, her Petrus Kriete, pastor zu Wickede, Johannes Rocherdinck, prediger godtlichs wordtz, Johan Middeldorff, Catharina uxor, Degenhardt Huck, Margreta uxor, Heinrich Melman, richter, Heinrich Scholer, Johan Schulte zu Rocherdinck, Jorgen Rocherdinck, Berndt von Nehem, burgermeister zu Schwerdte, Everdt Horde zu Unna, Reinoldt Lollertt, Johan Emichman.	25 50	50 25	F. H.
307	1607	8	Claeß Greve [1]) . . . . Grete . . . . St.: Hilbrandt Blominck, Joest Poetes, Jurgen Lammerts, Thoniß Mellinckhauß, Joest Walboem, Wessell Stenhuß, Elßke Blomings, Else Poetes, Drucke Mellinckhauß, Enne Lammerts.	4 8	8 4	F.

[1]) Witwer; s. Vrmb. Nr. 114; die Braut hat einen Sohn, Johann Cordes, „von einem soldaten erzeugett“.

Laufende Nummer	Datum Jahr	Datum Tag	Name	W.	G.	Zusätze
308	1607	März 27	Hanß Heinrich Becker	6	12	
			Anne Bodekers	12	6	
			St.: Meister Johan Becker zu Lutkendortmundt, Johan Menne, burger zu Horde, Johan vom Lhoe, Jorgen zum Kumpe, Johan Dorleman, Margreta Beckers, Anna vom Lhoe, Margreta zum Kumpe uxor, Catharina Dorlemans, Ließbeth Busches.			
309	1607	28	Johan Hoenrodt	3	6	
			Merrie Bodden	6	3	
			St.: Berndt Hoenrodt, Johan Bodde, Johannes Brandthoff, Adrian Lichtfanck, Wilhelm von der Hornenberg, Elisabet Brandthoffs, Tigges Ruddinckhauß, Heinrich von Unna, Trine Goesens, Goeßen Clemmetz, Merrie Ruddinckhauß.			
310	1607	April fehlt	Jasper Teigeler	2	4	F.
			Trine [1])	4	2	
			St.: Johan Schorl, Jasper Lehman, Johan Teigeler, Clara Schorls.			
311	1607	Mai 1	Johan Richters	8	4	
			Gerdrudt	4	8	(sic!)
			St.: Herman Hemerde, Joest vom Stein, Heinrich Hoe, Heinrich Nieß, Dettmar Nieß, M. Dietherich Hoevell, Claeß Varwich, Johann Geistman, Johan Hovell, Johan Schnetzler, Elße Richters, Margreta Nieses, Belhe Hoe, Enne Hovels, Enneke Hovels.			
312	1607	8	Reinoldt Lanckhoff	5	10	
			Gerdrudt Zehenders	10	5	
			St.: Steffen Lanckhoff, Kunne eheleute, des breudtgams elteren, Johan von Lunen, Johan Drensche, Detmar Kueper, Herman Hubertt, Everdt			

[1]) Witwe mit einem Sohn.

Laufende Nummer	Datum Jahr	Datum Tag	Name	W.	G.	Zusätze
			Zehender, Johan Hustebecke, Tigges Zehender, Greite eheleute, Jasper ther Oesten der alte und junge.			
313	1607	Mai 13	Wilhelm Flaßhoff	8	8	
			Ließe	4	4	(sic!)
			St.: Thonis Brinckhoff zu Perßebecke, Greite sein haußfrawe, Heinrich Plaßman, Hilbrandt Abels zu Wennegern.			
314	1607	22	Der erenhaffte Detmar Nieß . . .	12	24	
			Die thugentsame Catharine Melmans .	24	12	H.
			St.: Die würdige, wolgelerte, achtpare, erbare und vursichtige hern Detmar Melman, pastor Mariae, Bartholomeus Styberus, prediger zu St. Reinoldt, Heinrich Nieß, Margreta uxor, Johan Melman, Ursula uxor, Wilhelm von dem Brinck, Elßke uxor, Anthon Nevelinck, Gerdrudt uxor, Anthon Nieß, Anna uxor, Anthon Bockholdt, Catharina uxor, Roser Oesthoff, Reinoldt Melman, Elßke sein hausfr., Wilhelm Brabecke, Enneke uxor, Heinrich Schoeler, Dietherich Hueck, Beleke uxor, Johan Nieß, Clara uxor, Gerhardt Uphoff, burgermeister zu Recklinckhaußen.			
315	1607	Juni 12	Johan Lodtwichs	6	12	
			Anna Martens	12	6	
			St.: Heinrich Ludwichs, Herman Krumme, Herman Martens, Jutte eheleute, Greite Pupskamps, des breudtgams mutter, Heinrich Koch, Jorgen Boemcken, Berndt Martens, Jorgen zum Kumpe, Heinrich von Steinen, Rottger Buscher, Greite eheleute, Belhe in dem Hagen.			
316	1607	12	Johan dar Baven	3	6	
			Greite Endorffs	6	3	
			St.: Heinrich Knoep, Johan Knoep, Wilhelm uff der Widdem, Margreta Knoeps, Anna Kraffts, Anna Storcks.			

Laufende Nummer	Datum Jahr	Datum Tag	Name	W.	G.	Zusätze
317	1607	Juni 26	Caspar Uterman[1] . . . . Else Saurlenders . . . . St.: Heinrich Evertz, Claeß von Wipperfurtt, Johan Hoveman, Anna uxor, Johan von Rae, Gertraudt Seumings.	4 8	8 4	F.
318	1607	Juli 11	Broßies Mollers . . . . Anne Bödekers . . . . St.: Johannes Gerlichs, Jasper Stippe, Diederich Bödeker, Johan Bendthauß, Weßell Puttman, Nieß Ruesche, Catharina uxor.	12 6	6 10	 (sic!)
319	1607	17	Johan Hagebolle . . . . Catharine Oestermans . . . . . . St.: Heinrich Baur, Evertt Volbert, Johan Hageboll der alte, Herman Hemesott, Johan Gildehauß, Johan Doing, Johan Oesterman, Johan Storck, Catharina Hemesodts, Catharina Dörstmans.	12 6	6 12	 (sic!)
320	1607	17	Der erenhaffte Heinrich Ewinckhauß . Catharine Bucks . . . . St.: Her Herman Embsinckhoff, pastor Nicolai, Dettmarus Melman, pastor Marien, Amandus Otto, pastor Petri, her Johan Schmidt, pastor in Wennegern, Hanß Ewinckhauß, Herman Ewinckhauß, Caspar Nieß, licentiat, Caspar Dieffhauß, Hanß Dieffhauß, Melchior Buck, Anthon Bockholdt, Caspar Berchfeldt, Melchior Kramer, Caspar Dieffhauß der junge, Johan Seher, Jorgen Barenscheide, Barbara Sasse genandt Ewinckhauß, Gerdrudt Bucks, Clara Ewinckhauß, Anna Kramers, Elßke Dieffhauß, Elßke Berchfeldtz, Mecheldt Sehers.	12 24	24 12	 H.

[1]) Er hat einen Sohn Georg.

Laufende Nummer	Datum Jahr	Datum Tag	Name	W.	G.	Zusätze
321	1607	Aug. 21	Dettmar Brinckman	4	8	
			Catharine Telmans	8	4	
			St.: Albertt Brinckman, Catharina sein haußfrawe, Cordt Kindt, Philips Graffe, Reinoldt Barenschmidt, Dettmar Knocke, Johan Melman, Johan Schorll, Greite Telmans, Enne Telmans, Johan Suminck, Gerdrudt sein haußfr., Clara Schorll, Thonis Boemhoeder, Gerdrudt sein haußfr.			
322	1607	22	Der erenhaffte Georg vom Vaerst . .	12	24	F.
			Catharina Heidtfeldtz	24	12	H.
			St.: Her Johan Schmidt, pastor in Wenigern, Mathias Hackenberg, Johannes Boenen, Albert Gieseler, Johan Nolle, Johannes Ruepe, Jasper Heidtfeldt, Jorgen Schulte von Eilpe, Caspar Dieffhauß, Mathias Muddefering, Margreta Heidtfeldtz, Ermgardt widtwe Pinnogen, Clara Boenen, Sophia Heidtfeldtz.			
323	1607	Sept. 6	Heinrich Knoep der alte	fehlt	12	F.
			Anne Krumme	„	6	
			St.: Johan und Heinrich Knoep, Gerdt Westerman, Greite eheleute, Johannes Gerlachs, Johan und Jorgen Krumme, Joest Wineke, Trine uxor, Dietherich Freiman, Greite uxor, Jorgen Schillingk, Trine Krumme, Johan von Brekerfeldt, Johan Krumme uff der Wistraße, Everdt Berchauß.			
324	1607	18	Heinrich Heidtman	12	24	F.
			Margrete Cordes	24	12	H.
			St.: Her Mattheus Schrevius, sacellanus ad divum Renoldum, Cracht Heidtman, Else uxor, deß breudtgams elteren, Cordt Loer, Caspar Solling, secretarius, Dietherich Walrabe, Thoniß Leve, Philips Stalsprenger, Johan Stalsprenger, Claß von Wipper-			

Laufende Nummer	Datum Jahr	Datum Tag	Name	W.	G.	Zusätze
			forde, Caspar Varwich, Tigges Nieß, Dorothea Cordes, der braudt moder, Trineke Leve, Ermecke Temminckhoffs.			
325	1607	Okt. 9	Dehtmar Dieckhewer	6	3	F.
			Christine Plaeßes [1])	3	6	(sic!)
			St.: Die ehrwürdige, achtpare und vornehme her Renolt Sterneberg, sacellanus, Jorgen Barenscheidt, Niclaß Pinnoge, Renolt Baur, Anna uxor, Heinrich Plaeß, der braudt vatter, Michaell Ambtmans, Margretha uxor, Wilhelm von der Hornborg.			
326	1607	16	Herman Hauß	12	6	F.
			Cecelie Braecken [2])	6	12	(sic!)
			St.: Johan Velthauß, Johan Stevens, Johan Berckenbuß, Wilhelm von Waltrop, Dirich Buck, Conradt Buck, Heinrich Knoep, Heinrich Bertholdtz, Greite Bracke gnandt Berckenbuß.			
327	1607	22	Reinhardt Dieckerßhoff	2	4	
			Greite Brinckmans	4	2	
			St.: Berndt Brinckman auß dem kirspell von Boele, Dietherich Frigge, Johan Schulte, Anna Frigge.			
328	1607	23	Herman Bierman	6	12	
			Agnes zum Busche	12	6	
			St.: Jasper zum Busche, der braudt vatter, Jorgen zum Busche, Dietherich zum Busche, Jacob Bierman, Jorgen Balthasars, Johan Beisenkamp, Jacob Janßen, Johan Kampman, Heinrich Weißman, Catharina zum Busche, der braudt mutter, Ließe zum Busche, Agata Kampmans, Trine Biermans.			

[1]) Ihre Schwester ist Margarete, Ehefrau Michael Ambtmann.
[2]) Ihr Vater heißt Hermann.

Laufende Nummer	Datum Jahr	Datum Tag	Name	W.	G.	Zusätze
329	1607	Okt.	Jorgen vom Schiede, goltschmidt . .	6	12	
		24	Elßke Brauns	12	6	
			St.: M. Heinricus Kleberus, lector tertie classis, Herman Bawmeister, Caspar Schulte, Dietherich Wencke, Johan Brumenberg, Berndt Engels, Herman Dieckgreber, Reinoldt Melman, Herman von Stummel, Enneke widtwe vom Schiede, Elßke Kleberi, Maria Bawmeisters, Elßke Schulte, Elßke Melmans.			
330	1607	25	Heinrich Grumer[1]	6	3	F.
			Catharine Wemers	3	6	(sic!)
			St.: Der ehrenhaffte und wolgelelehrte Dethmar Kuper, Gerhardt Richterdinck, Herman Grumer, deß breudtgams vatter, Christian Tappe, Johan Westerman, Steffen Lanckhoff, Herman Wemers, der braudt vatter, Catharina uxor, Christina Richterdings.			
331	1607	30	Der erenhaffte Dietherich Sollinck .	25	50	
			Die thugentsame Margrete Wencker .	50	25	H.
			St.: Die erenachtpare, vornehme und vursichtige Caspar Sollinck, secretarius, her Detmar und Wirich von Widtgenstein, geprudere, Caspar Delscher, Herman Wencke, Dietherich Wencke, Johannes Kramer, Johan Melman, Ludtwich Sasse, Reinoldt Melman, Johan Wordtman, Herman Kramer, Joest Delschers, widtwe Sollings, Elßke Wencke, Margreta Kramers, Elßke Worttmans, Anna Berchfeldtz.			
332	1607	30	Andreiß Tiehewer	3	6	
			Catharine Koene	6	3	
			St.: Heinrich Knoep, Johan Mellinckhauß, Heinrich Rinckenschmidt, Gerdrut uxor, Dietherich Rost, Evertt Rost, Anna Koene, Else Knoepes.			

[1]) Sein Bruder ist Diedrich Grumer.

Laufende Nummer	Datum Jahr	Datum Tag	Name	W.	G.	Zusätze
333	1607	Okt. 30	Johan Janßen . . . . Margrete Herbertz . . . . St.: Herman Lenhoff, Johan Schulte, Susanna uxor, Heinrich Botterman, Wilhelm Schmollingk, Heile Marckmans, der braudt mutter, Jorgen Ringelbandt.	3 6	6 3	F.
334	1607	30	Johan Schoeff . . . . Margrete Kollers . . . . St.: Her Herman Embsinckhoff, pastor ad d. Nicolaum, Heinrich Schaffman, Laurentius Wunnenberg, pastor in Kirchorde, Caspar Nierhauß, Adam Nierhauß, Herman Botterlingk, Thonis Nießinck, Catharina uxor, der braudt mutter, Jorgen Schoeff, Herman Schoeff, Trina Schoeffs, des breudtgams mutter.	3 6	6 3	F.
335	1607	Nov. 6	Jorgen Bertholdtz . . . . Catharine Plaeses . . . . St.: Everdt Bertholdtz, Gerdt Bertholdtz, Johann Koster, Herman Plaeß zu Deußen, der braudt vatter, Johan Plaeß, Johan Rueßperg, Thonis Drensche, Joest vom Stein, Heinrich Hoe, schomacher, Enne Kosters, Drude Bertholdtz, Catharina Rueßperg, Elße vom Stein	6 12	12 6	
336	1607	8	Reinoldt Ruepinck . . . . Margrete Wegeners . . . . St.: Cordt und Adrian Ruepinck, M. Johan Krumme, Heinrich Koch, Johan Berckenbusch.	5 10	10 5	F.
337	1607	13	Wilhelm Olffman . . . . Margrete Endenpoitz [1]) . . . . . . St.: Her Caspar Fischer, capellaen Nicolai, Reinoldt Leve, Heinrich Koster, Arndt Olffman, Barbara sein haußfr., Tigges Donhoff.	3 6	6 3	F.

[1]) Sie hat eine verheiratete Tochter mit einem Sohn: Jasper Donhoff; s. Nr. 18.

Laufende Nummer	Datum Jahr	Datum Tag	Name	W.	G.	Zusatz
338	1607	Nov. 22	M. Albert Berndtz . . . . Ermedt Cleve . . . . St.: Jorgen zum Kumpe et uxor, Heinrich von Steinen et uxor, Herman Martens et uxor, Jorgen Bonnecken et uxor, M. Arndt Tappe, Adrian Lichtfanck.	6 12	12 6	F.
339	1607	Dec. 11	Goddert Knolle . . . . Clare . . . . St.: Gordt Knolle, deß breudtgams vatter, Anthoniß Nevelingk, Cordt Drensche, Dietherich Ruerman, Heinrich Weißman, Heinrich von Steinen, Johan Quadtbecke, Hanß von Arnsperg, Johan Mellinckhuß, Heinrich Kecke, Anna Knolle, deß breudtgams mutter, Ennecke Quadtbecke, Agatha Arnspergs, Derte Gummerspags, Trinecke Brackelmans.	6 12	12 6	F.
340	1608	Jan. 7	Werner Riepinck . . . . Catharine . . . . St.: Her Herman Vedtmuß, prediger zu unser l. frawen, Tigges Hovell, Weßell Holtei, Dreiß Holtei, Johan Melman, Heinrich Schotlendreier, Darris Holtei, Greite Hovells.	4 8	8 4	
341	1608	Febr. 12	Johann Nielandt . . . . Margrete Berchauß [1]) . . . . . . St.: Her Bertholdt Holtebrinck, capellaen, Berndt Nielandt, Albert Heßingk, Heinrich Vastman, Cordt Nielandt, Reinoldt Hoe, Thonis Brandes, Heinrich Grevinck, Gerdt Kobbe, Hanß von Bullinck, Johan Berchauß, Everdt Berchauß, Gerdt Westerman, Johan Krumme, Heinrich Knoep, Anna Knoepes, Anna Bullings, Greite Westermans, Dorothea Cordes, Elße Krumme.	6 12	12 6	F.

[1]) Ihr Stiefvater ist Heinrich Knoep; ihre Mutter heißt Anna; s. auch Nr. 323.

Laufende Nummer	Datum Jahr	Datum Tag	Name	W.	G.	Zusätze
342	1608	Febr. 25	Der erenhaffte und vursichtige Caspar Dieffhauß	50	100	
			Die thugentsame Gertrude von Heiden	100	50	H.
			St.: Caspar Berchfeldt, Lambert Dieffhauß, Caspar Dieffhauß der junge, Melchior Berchfeldt, Georg Hemmelreich, Heinrich Godtschalck, Zacharias Lobbeke, Herman Lenhoff, Melchior Buck, Johan Seher, Hanß Dieffhauß, Heinrich Melman, richter, Elßke Berchfeldtz, Anna Dieffhauß widtwe Hoesche, Gerdrudt Bucks, Anna Dieffhauß, Anna Hemmelreichs, Anna Godtschalcks.			
343	1608	26	Herman Olffman	4	8	
			Engel Schulten	8	4	
			St.: Johan Luninck der alte, Dietherich Kordeman, Reinoldt Leve, Johan Leve, Arndt Olffman, Wilhelm Olffman, Catharina Leve, Greite Olffmans, Greite Loermans.			
344	1608	27	Der erenhaffte Caspar Degginck . .	25	50	F.
			Die thugentsame Gertrude Dieffhaußen	50	25	
			St.: Die wurdige, edle, erenveste, hoch und wolgelerte hern Johan Barop, pastor Reinoldi, her Detmar Melman, pastor Mariae, her Herman von der Berßwordt, burgermeister, Johan Nolle, Margreta sein haußfrawe, Herman Degginck, Melchior Degginck, Caspar Dieffhauß, Gerdrudt sein haußfr., Caspar Berchfeldt, Johan Dieffhauß, Melchior Buck, Wilhelm Mascheradt genandt Knoep, medicinae doctor, Johan Seher, Johan Kumpsthoff, Gerdrudt Bucks, Beleke Deggings, Elßke Potgießers, Elßke Kumpsthoffs, Mechell Schers.			
345	1608	März 4	Johan Herßen	5	10	
			Else Aldendorffs	10	5	
			St.: Dietherich Brocks, Gerdt Brocks, Johan Wennemars, Dietherich Alden-			

Laufende Nummer	Datum Jahr	Datum Tag	Name	W.	G.	Zusätze
			dorff, Johan Dorleman, Balthesar Hoedtmacher, Everdt Hane, Wilhelm Theiman, Gerdrudt Brocks, Enneke Brocks, Elßke Martens, Gerdrudt Hoedtmechers, Elßke Hane.			
346	1608	März 4	Johan von Berchem genandt Dieckman	8	16	
			Deerte Brinckmans	16	8	
			St.: Heinrich ther Boffen zu Berchem, Jasper Gerdes, Herman Lunings zu Westhoffen, Mertin Brinckman, Cordt Sundthoff, Jorgen Mordtman, M. Arndt Westhoff, M. Adolffes Gummerspach, Heinrich Ludtwichs, Johan Helmich, Catharina Brinckmans, Greite Schlueters, Greite Rumpes, Greite Westhoffs, Deerte Gummerspachs, Dietherich Ruerman.			
347	1608	10	Hanß von Althena	4	8	
			Catharine	8	4	
			St.: Tideman von Volmestein, M. Johan Radermecher, Heinrich Scharpenborch, Heinrich von Schuren, Greite Rhamechers, Christina Scharpenbergs, Christine von Schuren.			
348	1608	18	Herman Garnefeldt [1])	20	40	
			Catharine Schulten	40	20	
			St.: Dietherich Porttman, Reinoldt Garnefeldt, Johan von Lunen, Johannes Frenckinck, Johan Becker, M. Johan Sasse zu Horde, Wilhelm Munsterman, Johan Barenschmidt, Dietherich Freilingkhauß, Elßke Leve, Catharina Stenwegs, Anna Frenckings.			
349	1608	18	Thonis Knoep	6	12	
			Ursule Nießings	12	6	
			St.: Caspar Nierhauß, Johan zu Daelhaußen, Adam Nierhauß, Johan Quadtbecke, Thonis Nießingk, Caspar Var-			

[1]) Witwer; s. Vrmb. Nr. 118.

Laufende Nummer	Datum Jahr	Datum Tag	Name	W.	G.	Zusätze
			wich, Jorgen Barenscheide, Frantz Fischer, Niclaß Pinnoge, Herman Bloete, Cordt Drensche, M. Godert Ebbinckhauß, Catharina Nießings, Margreta Pinnoge, Margreta Vischers.			
350	1608	März 20	Heinrich Greve	6	12	F.
			Elßke Rhebeins	12	6	
			St.: Johan Reinoldtz, Johan Greve, Dreiß Vogell, M. Thonis Rhebein, M. Heinrich Richterdinck, Jorgen Harde, Heinrich Plaßman, Enne Vogels, Enno Rhebein, Stine Berchmans, Barbar uff den Oefer.			
351	1608	April 22	Melchior Korman	6	12	F.
			Clare Preins	12	6	
			St.: Die erenachtpare, ersame und vurnehme Melchior Korman, des breudtgams vatter, Johan Korman, bruder, Zacharias Lobbeke, Conradt und Gerritt Lobbeke, burgermeistere zu Iserloen, Dietherich Daume, Wessell Prein, Christoffer Sinder, Victor Diekerhoff, Berndt Schwerdt, Heinrich von Steinen, Dorothea Kormans, Enneke Preins, Margreta Adams, Anna Lobbeken.			
352	1608	27	Johan up dem Keller	3	6	
			Trine	6	3	
			St.: Johan Mellinckhauß, Johan Greve, Dietherich Schwingelhewer, der braudt vatter, Johan Nolcken, Judith Mellinckhaußes, Anna Greve, Gode Nolckens.			
353	1608	29	Johan Lemberg	3	6	
			Trine	6	3	
			St.: Heinrich Weißman, Herman Wiemer, Heinrich Grumer, Heinrich Knoep, Kerstin Tappe, Heinrich Botterman, Grete Schroders, Merrie Wittings.			

Laufende Nummer	Datum Jahr	Datum Tag	Name	W.	G.	Zusätze
354	1608	April 29	Arndt Lese	5	10	F.
			Agniß	10	5	
			St.: Claß Lese, Gerdrut uxor, des breudtgams elteren, Heinrich Wißkotte, Johan Bocknan, Jasper Varwich, Heinrich Schapman, Adolff Weißkotte, Caspar Schapman, Reinhardt Berchlei, Jorgen Hage, Heinrich Bredeman.			
355	1608	Mai 6	Wolter Schulte	4	8	
			Elßke Geistmans	8	4	
			St.: Peter Schulte, Reinoldt Schmidt, Jorgen zum Kumpe, Heinrich von Steinen, Berndt Marten, Jasper von Sittardt, Detmar Knoke, Reinoldt Barenschmidt, Dietherich Busch, Heinrich Liege, Hanß Tappe, Detmar Brinckman, Trine Schulte, Margreta zum Kumpe, Elßke Martens.			
356	1608	März 12	Johan Hovell	2	4	
			Drude	4	2	
			St.: Johan Bodecker, Hilbrandt Schoeff, Bele Westermans, Trine Begge.			
357	1608	Mai 16	Meister Hanß Nortmeier	6	12	F.
			Christine Wordtbergs[1])	12	6	
			St.: M. Adam Kopperschmidt, Johan Breve, Lubbertt Aldorff, Herman Bolle, Johann Kampman, Merrie Breve, Agata Kampmans, Elßke Bolle.			
358	1608	Juni 10	Herman Becker	4	8	
			Gerdrudt Rosenbaums	8	4	
			St.: Herman Quadtbecke, Johan von dem Brinck, Johan Rosenbaum, Dietherich Zorriß, Johan Becker, Tigges Ruddinckhauß, Johan Breve, Johan zu Goverinck, Johan Becker zu Deusen, Anna Beckers sein haußfr., Enneke Kosters, Merie Breve, Jorgen zum Kumpe.			

[1]) Witwe Johann Wortberg; s. Vrmb. Nr. 120.

Laufende Nummer	Datum Jahr	Datum Tag	Name	W.	G.	Zusätze
359	1608	Juni 10	Arndt Wilhelms . . . . Greite Overdorffs . . . . St.: Dietherich Blencker, M. Arndt Westhoff, Johan Lambach, Joest Quadtbecke, Johan von Elleren, Cordt Koller, Heinrich Heck, Agata Schnege, Drucke Blenckers, Anna Wilhelms, Greite Albertz, Sibilla Brugmans, Claß Meucke, Figge uxor, Clemmett Overdorff.	4 8	8 4	
360	1608	17	Diederich Schulte [1] . . . . Trine . . . . St.: Johan Schulte, Heinrich Juede, Johannes Frenckinck, Rotger Aldthoff, Jorgen Dorleman, Dietherich Lueker, Enneke Schulte, Greite Juede, Gerdrudt Aldthoffs.	6 12	12 6	F.
361	1608	Juli 1	Wilhelm Rusche . . . . Gerdrudt Kosters [2] . . . . . . St.: Her Dietherich Brenschedius, prediger zu St. Peter, Heinrich Schaffman, Herman Potgießer, Wennemar Leonhardtz, Christian Tappe, Jasper ther Oesten, Wilhelm Olffman, Cordt Buck, Trine Tappe, Trine Bucks, Greite Olffmans.	3 6	6 3	F.
362	1608	15	Dietherich Geistman . . . . . . Merrie Bloete . . . . St.: Cordt Scheper, Greite eheleute, Heinrich Cordes, Herman Bloete, Friederich Moller, Jorgen Bloete, Catharina Mollers, Berndt Schwerdt, Gerdrudt eheleute, Heinrich Vogtt, Heinrich von Unna, Fige uxor, Johannes Freidthoff.	5 10	10 5	

[1] Witwer; s. Vrmb. Nr. 123.
[2] Witwe Heinrich Köster.

Laufende Nummer	Datum Jahr	Datum Tag	Name	W.	G.	Zusätze
363	1608	Aug. 12	Heinrich Hoe	6	12	
			Margrete Drensche	12	6	
			St.: Jasper Hoe, Jorgen Drensche, Johan Luerman, M. Joest vom Stein, Johan Westhoff, Herman Potgießer, Mathias Herbertz, Cordt Drensche, Diana Hoe, Margreta Drensche, Catharina Westhoffs.			
364	1608	Sept. 16	Hanß Jorgen von Witzell	3	6	
			Merrie Garnefeldtz	6	3	
			St.: Johan vom Grimberge, Clas von Wipperforde, Clas Garnefeldt, Johan Sandtman, Reinoldt Garnefeldt, Johan Barenschmidt, Herman Garnefeldt, Groite Schepers, Ließbett vom Grimberge, Else Garnefeldtz, Elße Richters, Enneke Sandtmans.			
365	1608	23	Evert Saur	6	12	F.
			Ließbeth	12	6	
			St.: Friederich und Caspar Saur, vatter und sohn, Evert Saur der junge, Jorgen Hemmelreich, Johann Boetesack, Herman von Castrope, Jorgen Balthasars, Degenhardt Hueck, Adrian Kramers, Arndt Oestermans, Johan von Castrope, Johan Beisenkamp, Anna Schlueters, Anna Beisenkamps, Margreta Huecks.			
366	1608	Okt. 7	Herman Groete	4	8	
			Nelle	8	4	
			St.: Her Caspar Vischer, sacellanus d. Nicolai, Dietherich Schnudtgen, Thonis Groete, Jorgen Aleffs, Bertram von Lennep, Johan von der Cluse, Hanß Hackenberg, Heinrich Plaßmann, Merie von Lennep, Engell von Lennep, Neise von Herdicke, Trine Lenneps.			
367	1608	7	Everdt Saur	5	10	F.
			Stine Nollekens	10	5	
			St.: Herman Potgießer, Arndt Westerman, Everdt und Friederich Saur,			

Laufende Nummer	Datum Jahr	Tag	Name	W.	G.	Zusätze
			Johan und Arndt Oesterman, Johan Luninck, Rotger Aldthoff, Enne und Gerdrudt Oestermans, Elße Westermans, Ließke Saurs.			
368	1608	Okt. 7	Alexander Bruninck	6	12	
			Elßke Schoenenbergs [1])	12	6	
			St.: Cordt Adrian, Heinrich Holscher, Gerdt von dem Velde, Johan Bruninck von Alen, Elße Bruninckx, breudtgams mutter, Clara Adrians, Trineke Bruninckx, Heinrich Godtschalck, Hanß Mateler, Heinrich Ellinckhauß, Everdt von Kley, Heinrich Evertz, Dietherich Duenhewer, Stine von Cley.			
369	1608	Sept. 30	Dietherich Buck [2])	6	6	F.
			Greite	12	12	(sic!)
			St.: Wilhelm Veldthauß, Cordt von dem Borne, Cordt und Laurentz Buck, Johan Schulte, David Schulte, Berndt von dem Hoeffe, Trine Bucks, Trine zum Borne, Everdt vur dem Holte.			
370	1608	30	Dietherich Scheper	12	24	F.
			Marie Goltschmidtz	24	12	
			St.: Thonis Scheper, des breudtgams vatter, Godert Schubbe, Johan Boekinck, Jorgen im Siepen, Mertin Brinckman, Jacob Jansen, Johan Andreis, Heinrich Ludwichs, Heinrich Weißman, Grete Schepers, Gerdrudt Schubbe, Hestera Boekincks.			
371	1608	Okt. 14	Balthasar Prume	6	12	F.
			Margrete Hoe	12	6	
			St.: Her Reinoldt Sternenberg, predicant, Caspar Prume, burger zu Unna, Caspar Hoe, Iliana uxor, Heinrich Hoe, Margreta uxor, Heinrich Lenhoff, Margreta widtwe Prume, Catharina Westhoffs, Enneke Prume.			

[1]) Witwe Hildebrand Schoenenberg; s. Vrmb. Nr. 126.
[2]) Witwer, mit Kindern aus erster Ehe.

Laufende Nummer	Datum Jahr	Datum Tag	Name	W.	G.	Zusätze
372	1608	Okt. 14	Johan Bodde . . . . Else Abbinckhoffs . . . . St.: Adrian Lichtfanck, Johan Bodde der junge, Johan Hoenrodt, Heinrich Hagedorn, Johan Kramer, Goeßen Schmidtman, Johan Abbinckhoff der junge, Merie Hoenrodt, Trine Lichtfangks, Greite Schmidtmans, Enneke Kremers, Greite Abbinckhoffs.	3 6	6 3	
373	1608	16	Heinrich Juchoe . . . . Stine . . . . St.: Herman Stenweg, Marie sein hausfr., der braudt elteren, Jasper von Coln, Clara uxor, Dietherich Stenweg, Johann Nolle zu Horde, Johann Schade, Jorgen Dorleman, Trine Wiemers, Greite Dorlemans, Heinrich Stenweg, Anna von Coln.	3 6	6 3	F.
374	1608	21	Cordt Stradtman . . . . Anne Sundags [1]) . . . . St.: Her Amandus Otto, pastor Petri, Johan Stradtman, Else uxor, Cordt Delman, Dietherich uff der Becke, Johann Potter, Herman Sundag, Heinrich Wulff, Werner Bielman, Greite uxor.	4 8	8 4	F.
375	1608	21	Heinrich Storck . . . . Else Tolners . . . . St.: Jorgen Storck, Jasper Storck, Winoldt Storck, Mathias Muddeferingk, Jorgen Vogell, Merie Klockmans, Enne Hohestraters, Gerdrudt Storcks.	3 6	6 3	
376	1608	23	Berndt Debbeman . . . . . Merrie . . . . St.: Everdt Cordes, der braudt vatter, Jorgen Debbeman, Else uxor, Johan	4 8	8 4	

[1]) Die Mutter der Braut nimmt die jungen Eheleute zu sich ins Haus.

Laufende Nummer	Datum Jahr	Datum Tag	Name	W.	G.	Zusätze
			und Heinrich Knoep, Johan Schulte, Thonis von dem Boekeloe, Greite Darboven.			
377	1608	Okt.	Wilhelm von Hulschede	6	6	
		28	Elßge Sternenbergs	12	12	(sic!)
			St.: Her Detmarus Melman, pastor Mariae, her Reinoldt Sternenberg, pastor Leprosorum, Cordt Peters, Johannes Brandthoff, Caspar Willich, Joest Poette, Johan Lueker, Balthasar Prume, Frans Embsinckhoff, M. Caspar Goltschmidt, Anna Peters, Catharina Sternenbergs, Margreta Nieschmidtz, Margreta Prume, Ließbeth Brandthoff, Gerdrudt Melmans.			
378	1608	Nov.	Degenhardt Busch	10	20	F.
		4	Anne Schulten	20	10	
			St.: Heinrich Busch, Heinrich Altendiecker, Herman Buscher. Berndt von dem Broicke, schulte zu Brakell, Heinrich Schnetzler, Jasper Varwich, Frantz Fischer, Johan von Lunen, Peter Lenhoff, Johan Lambach, Heinrich von Steinen, Herman Muddeferinck, Anna Busches, Trine Schmidtz, Trine Schnetzlers, Greite Busches, Anna Altendieckers, Gertrudt von Lunen, Catharina widtwe Nortkirchen, Elßke Lambachs, Greiteke von Steinen.			
379	1608	Okt.	Rotger Isebroch	5	10	F.
		28	Clare	10	5	
			St.: Adolff Weißkotte, Reinoldt Scheve, Jorgen Balthesars, Herman Ellinckhauß, Heinrich Plaeß, Elße Bochbenders, Grete Scheve.			
380	1608	28	Heinrich Wulffs	3	6	
			Engele	6	3	
			St.: Conradt und Andres Kleppinck, vatter und soen, Johan Barenschmidt,			

Laufende Nummer	Datum Jahr	Datum Tag	Name	W.	G.	Zusätze
			Johan Veldthauß, Everdt Wulff, Joest Voerman, Greite Barenschmidtz, Gerdrudt Wulffs, Engell Meies.			
381	1608	Nov. 5	Heinrich Schulte . . . . Christine Beckers . . . . St.: Her Laurentz Wunnenberg, pastor zu Kirchorde, Margreta uxor, Johan Schulte zu Ruddinckhaußen, Johann Koster zu Eickell, Dietherich Storck, Joest uxor, Herman Schulte, Herman Brunnebecke.	3 6	6 3	F.
382	1608	6	Detmar vom Thie . . . . Elßke Schnieders . . . . St.: Her Bertholdt Holtebrinck, prediger zu St. Reinoldt, Claeß vom Thie, Johann vom Thie, Cordt Brakelman, Heinrich Brakelman, Heinrich vom Schiede, Dietherich Duenhewer, Johan Lambach, Trine Borstinck, Catharina Duenhewers.	3 6	6 3	F.
383	1608	11	Johan Kopeßhoff . . . . Elßke Kemmings . . . . St.: Dietherich Koepeßhoff, Johan von Lunen, Ludolff Lindeman, Johan Veldthauß, Heinrich und Herman Kemmingk, Daem Dette, Herman Becker, Elße Koepeßhoffs, Gerdrudt Beckers, Grete Kellermans, Ursell Veldthauß.	6 12	12 6	F.
384	1608	11	Caspar Furstenberg . . . . . . Clare Freimans . . . . St.: Her Johannes Fabritius, prediger zu St. Reinoldt, Anthon Nevelinck, Johan von dem Brinck, Johan Freiman, der braudt vatter, Johannes Brandthoff, Herman Roemberg, Sebastianus Hermuntius, Christoffer Freiman, Johan Emichman, Berndt Schwerdt, Catharina Furstenbergs, des breudtgams mutter, Anna widtwe Fabritii, Lißbet Brincks, Margreta Emichmans, Lißbet Furstenbergs.	10 20	20 10	F.

Laufende Nummer	Datum Jahr	Datum Tag	Name	W.	G.	Zusätze
385	1608	Nov. 11	Dietherich Appelhoff	6	12	F.
			Margrete Wegeners	12	6	
			St.: Gilliß Apelhoff, Johan Apelhoff, Jorgen Wegener, Johan Gerlichs, M. Tigges Middeldorff, Jorgen Drensche, Stine Appelhoffs, Grete Mideldorffs, Anna Loehoffs, Ließbett Gerlichs.			
386	1608	25	Joest Ruddinckhauß	4	8	F.
			Else	8	4	
			St.: Tigges Ruddinckhauß, Mathiaß Muddeferinck, Herman Heßelman, Johan Broeker zu Wandthoffen, Rottger Haselhoff zu Wellinckhoffen, Arndt Adrians, Claß Hoffman, Merie Ruddinckhaußes, Floer Hoffman, Clemt Voeßkueler.			
387	1608	25	Johan Brinckman	10	20	F.
			Elßke Schomachers	20	10	
			St.: Her Caspar Nieß, licent., Everdt Brinckman, Dreiß Ruepinck uff der Becke, Heinrich Wechman, Jorgen Harde, Wilhelm und Johan Schomacher, Gerdt Schultebecker, Heinrich Olpe, Wilhelm von der Hornenberg, Heinrich Hoe, Greite Schomachers, Elße in der Olpe.			
388	1608	26	Der erenhaffte Heinrich Quadtbeck .	25	50	
			Die thuegentsame Heinrich[1]) von Eickel	50	25	H.
			St.: Die würdig, erenfeste, hochgelehrte, achtpare und vursichtige hern Dethmarus Melman, pastor d. Mariae, Herman Quadtbecke, des breudtgams vatter, Heinrich Quadtbecke, Joest Quadtbecke, Johan Kramer. An seidten der braudt: Herman Sittardt, burgermeister zu Bochumb, her Caspar Niß, licentiat, Heinrich Melman, Johan Melman der junge, Johan Pottgießer, Caspar Dieffhanß der junge, Catharina			

[1]) Im Text Henrica genannt.

Laufende Nummer	Datum Jahr	Datum Tag	Name	W.	G.	Zusätze
			Nießes wedtwe Nießes, Anna Nießes, Ermgardt wedtwe Pinnoge, Margreta Melmans, Elßke Pottgießers, Elßke Quadtbecke, des breudtgams mutter, Ennecke Kramers.			
389	1608	Dec. 2	Der erenhaffte und wolgelehrte Johannes Zythopeus	10	20	F.
			Die thuegentsame Margrete Blanckensteins	20	10	H.
			St.: Die würdig, wolgelehrte, auch achtpare und vornehme magister Bartholomaeus Styberus, sacellanus ad d. Renoltum, M. Johannes Buno, prorector, Albertus Vitriarius, lector quintae classis, Henrich Herdinck, Anthon Brandiß, Heinrich Voegelpoet, Margreta Becke, der braudt mutter, Else Zythopees, Anna Buno, Catharina Brandiß, Enne Siepens.			
390	1608	10	Johan Scheman	3	6	F.
			Carde Nolcken	6	3	
			St.: Johan Scheman, des breudtgams vatter, Johan von Bolschwing, Johan Hecker, Johan Braße, Anna uxor, Floer Hoffman, Clas Hoffman, Goeße Schmidtman, Greite uxor.			
391	1609	Jan. 6	Her Joest Scholvinck, pastor zu Barope	6	12	F.
			Anne Westermans	12	6	
			St.: Her Amandus Otto, pastor Petri, Arndt Westerman, Jorgen Barenscheide, Herman Potgießer, Johan von Lunen, Johan Potter, Johannes Voerste, Henricus Herdinck, Wennemar Scholvinck, Caspar Forstenberg, Reinoldt Giesenstein, Anna Westermans, Margreta Giesensteins, Regina Schultes, Catharina Scholvincks.			

Laufende Nummer	Datum Jahr	Datum Tag	Name	W.	G.	Zusätze
392	1609	Jan. 6	M. Elbert Thimens, stadtzzimmermeister Anne Wulffs [1] St.: Thonis Nevelinck, Dietherich Hueck, Arndt Schubbe, Johann Wulff, Thonis Wulff, Gerdrudt Nevelingks, Margreta Nieses, Beleke Hueckos, Margreta Wulffs, Margreta Schubbe.	4 8	8 4	
393	1609	13	Tigges Lobbe Anne Seiers St.: Johann, Gerdt und Heinrich Seer, geprudere, Wennemar Leonhardtz, Heinrich Cloedt, Elßke widtwe Leve, Mechell und Catharina Sehers, Anna Otte, Catharina Liege.	4 8	8 4	
394	1609	13	Berndt Kreveter Trine Busches St.: Steven Kreveter, Dreiß Lenhoff, Jorgen zum Busche, Jorgen zum Kumpe, Jasper Busch, Dietherich Busch, Herman Lethmate, Johan Dorleman, Johan Krumme, Trine Busches, Ließbett Busches, Enneke Beckmans, Barbar Lethmate, Trine Dorlemans.	6 12	12 6	
395	1609	13	Dietherich Mertens Clare St.: Her Johann Tappe, predicant zu Lunen, Johan Mertens, des breudtgams vatter, Heinrich Kip, der braudt vatter, Heinrich Gleneman, Heinrich von Steinen, Arndt Griese, Greite Mertens, Clara Kips, Stine Glenemans, Anna Sundags, Anna Tappe.	10 20	20 10	
396	1609	27	Johan Pilenschmidt Elßge St.: Heinrich Schoeler, Johan Pilenschmidt, Cordt Hagebolle, Wilhelm Schloßschulte, Arndt Pilenschmidt,	6 12	12 6	F. H.

[1]) Witwe Jorgen Niefs gen. Wulff; s. Vrmb. Nr. 128.

Laufende Nummer	Datum		Name	W.	G.	Zusätze
	Jahr	Tag				
			Herman Garnefeldt, Heinrich von Steinen, Johan zum Berge, Dietherich Wechman, Petronella Pilenschmidtz, Joest Plaeses, Anna Kocklers, der braudt moder, Ermeke Pinnoge, Anna Hagebolle.			
397	1609	Jan. 27	Weßel Schmarkotte . . . . Merrie [1]) . . . . St.: Johan Schmarkotte, des breudtgams vatter, Cordt Melman, der braudt vatter, Johan Boeckinck, Renoldt Ellinckhauß, Johan Seier, Johannes Gerlach, Thoniß Grumer, Herman Lethmate, Geert Schmarkottes, des breudtgams mutter, Else Melmans, der braudt mutter, Barbar Lethmate, Sopfia Heidtfeldtz.	8 16	16 8	F.
398	1609	März 31	Jasper Dieckman . . . . Enne Schmidtmans . . . . St.: Melchior Dieckman, Clas Koelinck, Goeßen Schmidtman, Detmar Schmidtman, Cordt Kremer, Reinoldt Hecks, Anna Embsinckhoffs, Anna Kremers, Greite Schmidtmans, Ließe Dieckmans, Ernst Hanß, Catharina uxor.	5 10	10 5	F.
399	1609	April 7	Zerriß Lutterman . . . . Cathrine Potters . . . . St.: Die ernachtpare, wolvornehme und vursichtige Caspar Dieffhauß, rittmeister, Johan Pottgießer, Arndt Westerman, Heinrich Lutterman, des breudtgams vatter, Jorgen Zerriß, Michael Lutterman, Johan Potter, Cathrina uxor, der braudt elteren, Wilhelm Haselhoff, Heinrich Schaffman, Hanß von Olm, Anna Westermans, Ennecke Haselhoffs, Ennecke Scholvings.	10 20	20 10	F.

[1]) Witwe.

Laufende Nummer	Datum Jahr	Datum Tag	Name	W.	G.	Zusätze
400	1609	Mai 12	Heinrich Bruggeman . . . . Trine Korten . . . . St.: Johann von dem Brincke, Heinrich Godtschalck, M. Caspar Nierhauß, Johann Freiman, Johan Grevendieck, Dietherich Bawmeister, Ließbeth Brincks, Anna Nierhaußes, Lucia Freimans.	4 8	8 4	
401	1609	28	Tigges Mollers [1]) . . . . Enne . . . . St.: Jorgen zum Kumpe, Mertin Westerman, Nieß Westerman, der braudt vatter, Dirich Schnier zu Wannebell, Gerlich Eilers, Beele Westermans, Greite Eilers.	4 8	8 4	
402	1609	Juni 18	Der erenhaffte Borchardt Westerholdt Clare von Sittardt . . . . St.: Johannes Brinckman, M. Adam von Sittardt, M. Adam von Gulich, Eberhardt von Meternich, Johann Melman, Caspar Heidtfeldt, Heinrich Wulff, Caspar von Sittardt, M. Johan von Erbeßlhoe, Dietherich Ruerman, Wessell Schmarkotte, Catharina Wulffs, Anna Erbeßlhoe, Maria Schmarkotte.	10 20	20 10	 H.
403	1609	20	Dietherich Portmann . . . . . . Bele . . . . St.: Tigges Middeldorp, Dietherich Blencker, Gillіß Appelhoff, Johan Luerman, Gerlach Meister, Grete Middeldorps, Grete Luermans.	} fehlt		
404	1609	24	Albert Winters . . . . Cathrine . . . . St.: Peter Ludwig, Jacob Speinck, Johan Hunschede, Daem Dette, Tigges Middendorp, Thonіß Drensche, Herman Ellinckhauß, Melchert von der	6 12	12 6	

[1]) Witwer; s. Vrmb. Nr. 133.

Laufende Nummer	Datum Jahr	Datum Tag	Name	W.	G.	Zusätze
			Liethe, Johan van dem Hove, Anna Dette, Grete Middendorps, Stine Drensche.			
405	1609	Juli 8	Johan Suderhauß gen. Uerverker . . Anne Kramers . . . . St.: Albrecht Sudhauß gen. Uerverker, Christina Hemmers, eheleute, des breudtgams eltern, Gerritt Kramer, Anna, eheleute, der braudt eltern, her Niclas Witten, pastor zu Apelerbecke, Johan Nolle, Margreta Hemmers uxor, Herman Deginck, Johan Freidthoff der alte, Elßke Hertzberchs.	25 50	50 25	H.
406	1609	14	Heinrich zum Poll . . . . Cathrine Kuepers [1]) . . . . St.: Her Herman Embsinckhoff, pastor Nicolai, Johan zum Poll, Dietherich und Peter zum Poll, Conradt Mercker, richter zu Witten und burgermeister zu Hattneggen, Johan Lambach, Johan von Lunen, Detmar Kueper, Johann Heidtfeldt, Everdt und Detmar Ruepe, Elßke Lambachs, Gerdrudt von Lunen, Enneke Busches.	25 50	50 25	F.
407	1609	20	Detmar Broeken [2]) . . . . Else Stradtmans . . . . St.: Her Bertholdt Holtebrinck, capellaen, Arndt Tappe, Tigges Boeker, Rotger Hostie, Greite Boekers, Enne Stradtmans, Catharina Tappe.	5 10	10 5	
408	1609	Aug. 29	Wessell Steinhauß . . . . Anne . . . . St.: Her Bertholdt Holtebrinck, capellaen zu St. Reinoldt, Lubbertt Steinhauß, Johan Schorll, Joest Walboem, Albertt Brinckmans, Johan vom Rode, Greite Steinhauß, Enne vom Rode, Clara Schorl, Trine Brinckmans.	3 6	6 3	F.

[1]) Witwe Heinrich Kueper; s. Vrmb. Nr. 135.
[2]) Witwer; s. ebd. Nr. 136.

Laufende Nummer	Datum Jahr	Datum Tag	Name	W.	G.	Zusätze
409	1609	Sept. 15	Der erenhaffte Bernhardt Schöell . .	25	50	
			Sophie Nieses	50	25	F.
			St.: Die erenvest, hochgelerte, achtpare und vornehme Dietherich von der Bruggen, doctor, Otto Brechte, Heinrich Nieß, M. Bartholomeus Stieber, Caspar Nieß, licentiat, Heinrich Schoeler, Dietherich Hueck, Detmar Nieß, Thonis und Johan Nieß, Anthon Bockholdt, Margreta Nieses, Beleke Huekes, Anna Nieses, Clara Nieses, Sophie Styberi.			
410	1609	28	Heinrich Brinckman	8	16	F.
			Anne	16	8	
			St.: Johan Brinckman, des breudtgams vatter, Johan Brinckman, Wilhelm Turich, Giese Gropper, Cordt Melman, der braudt vatter, Thonis Grumer, Wessell Schmarkotte, Elße Melmans, der braudt moder, Maria Schmarkotte, Belhe Brinckmans, Enne Thurichs, Else Groppers.			
411	1609	29	Jorgen Greve	6	12	F.
			Margrete	12	6	
			St.: Reinoldt Greve, des breudtgams vatter, Heinrich Hoe, Hans Furstenberg, Johan Freidthoff, Heinrich Sieberg, Herman Fischer, Johan Strunck, Christoffer Brockerfelde, Johan Schulte, Johann Knoep, Peter Kueper, Barbar Greve, Enneke von der Hembecke, Barbar Siebergs.			
412	1609	Okt. 12	Thonis Ploeger	3	6	
			Else Potgießers	6	3	
			St.: Jorgen Krumberg, Hans Potgießer, Johan Kampman, Heinrich Becker, Arndt Oesterman, Heinrich Griep, Anna uxor, Berndt, Herman und Johan Ploeger, Agata Kampmans, Stine Potgießers, Ursel Krumbergs, Trine Potgießers.			

Laufende Nummer	Datum Jahr	Datum Tag	Name	W.	G.	Zusätze
413	1609	Okt. 13	Heinrich Schotte	6	12	F.
			Gerdrudt Wulffs	12	6	
			St.: Heinrich Schaffmann, Johan Melman, Herman Schotte, Dietherich Dieckman, Everdt Wulff, Johan Hordeman, Rotger Steinhoff, Heinrich Wulff, Gerdrudt Dieffhaußes, Greite Schotte, Clara Wulffs, Enne Schotte, Enne Stenhoffs.			
414	1609	16	Lambertt Voerste[1]	3	6	F.
			Else[2])	6	3	
			St.: Her Bertholdt Holtebrinck, capellaen, Johann Lambach, Gerdt Voerste, M. Arndt Westhoff, Jasper Willich, Johann Schulte, Greite Westhoffs, Enne Willichs, Enne Voerste.			
415	1609	21	Johan Griese[3])	6	12	F.
			Anne Bogge	12	6	H.
			St.: Her Reinoldt Sternenberg, pastor Leprosorum, Arndt Griese, Else uxor, Dietherich Nierhauß, Gerdrudt uxor, Claß Bogge, Herman Bogge, Johan Besse, Detmar Dieckhewer, Dietherich Mertens, Cordt Gerlichs, Wilhelm Schimmell, Anna Bogge, Stineke Dieckhewers.			
416	1609	20	Jacob Overbecke	6	12	F.
			Anne Omechens	12	6	
			St.: Jorgen Overbecke, Herman Nelinck, Ließbett Valcke genandt Overbecke, Rotger Schroder von Sieberg, Johan Uhrwercker, Arndt und Joest Weißkotte, Anna Omechens, Sebastianus Hermuntius.			

[1]) Witwer; er hat einen Sohn Gerhard (Gerdt).
[2]) Witwe mit einer Tochter.
[3]) Sohn von Arndt Griese.

Laufende Nummer	Datum Jahr	Datum Tag	Name	W.	G.	Zusätze
417	1609	Okt.	Johan Huge	3	6	F.
		27	Enneke Borck	6	3	
			St.: Heinrich Borck, Maria uxor, Wilhelm Huge, Dietherich Griep, Engelbert Dulman, Cordt Lennep, Wilhelm Huge, Anna Dulmans, Trine Griepes.			
418	1609	27	Johan Buchstaben	6	12	
			Elße	12	6	
			St.: Johan Coster, Dietherich Sollinck, Adolffes Gummerspach, Cordt Hagebolle, Johan Pillenschmidt, Reinoldt Heck, Anna Hagebolle, Grete Pilenschmidtz, Derte Gummerspachs.			
419	1609	27	Johan Meyhane	12	24	
			Margrete Schroders	24	12	
			St.: Jacob Berckhoff, Claß Ubbinck, Christoffer von Breckerfeldt, Dietherich Wunder, Johan von Ellern, Everdt Saur, Johan Schulte, Dietherich Buck, Engelbert Schroder, Everdt Schroder, Friederich und Rotger Schroder, Naele Schroders, Greite Schulte.			
420	1609	27	Johan Cordes	4	8	
			Else Winters	8	4	
			St.: M. Johan Krumme, Johan Nielandt, Detmar Cordes, Else Cordes, Anna Knopes, Else Krumme, Greite Cordes.			
				Thaler	Mark	
421	1609	Nov.	Johan Bruggestraßen	25	10	
		3	Gerdrudt Leven	50	5	
			St.: Gerdt und Engelbertt Bruggestraße, Godert Schlechtendaell, Johan Pilenschmidt, Reinoldt Hecke, Johan Frenckinck, Anna uxor, Reinoldt, Johan und Thonis Leve, Herman Garnefeldt, Johan Oesterman, Trine Stenwegs, Anna Leve.			

Laufende Nummer	Datum Jahr	Datum Tag	Name	W.	G.	Zusätze
422	1609	Nov. 5	Diethcrich Schroer . . . . Anne . . . . St.: Gerdt Stradtman, Everdt Bertholdtz, Jorgen Bertholdtz, Johan Ellinckhauß, Johan Schroer, Belhe uxor, Reinoldt Niggehauß, Greite Niggehaußes, Else Costers, Drude Bertholdtz.	3 6	6 3	
423	1609	10	Lambert Steinhauß . . . . Catharine . . . . St.: Johan Rugeiseren, Heinrich Vischer, Heinrich Ludtwichs, Reinoldt Koperschmidt, Cordt Hueck, Heinrich Botterman, Rotger Clemetz, Hilbrandt Scheper, Johan Oesterman zu Westrick, Hilbrandt Scheper der junge, Claeß Loeke, Greite Clemetz, Enne Locke, Trine Oestermans.	5 10	10 5	
424	1609	4	Johan von dem Himelßberg . . . . Agnes Baeks . . . . St.: Her Wilhelmus Baeck, pastor zu Lunen, her Laurentius Baeck, pastor zu Metoler, her Bernhardus Baeck, ecclesiastes in Brechten, Bernhardt Baeck, richter zu Hockerde, Johannes Ruepe, Frantz Schulte, Hanß Baeck, Frantz Baeck, Eberhardt Meternich, Goßen Overkampinck, Trine Overkampinck, Trine Mollers.	25 50	50 25	 H.
425	1609	4	Jorgen Rhebein . . . . Catharine Dieffhauß . . . . St.: Heinrich Schoeler, Jorgen Hemelreich, Tigges Middeldorff, Reinoldt Hoe, Reinoldt Lollert, Johan Emichman, Tigges Rhebein, Jorgen Varne, Dietherich Ruerman zu Bomeren, Enneke Schoelers, Catharina Middeldorffs, Enneke Lollers.	25 50	50 25	F.

Laufende Nummer	Datum Jahr	Datum Tag	Name	W.	G.	Zusätze
426	1609	Nov. 18	Herman Steinweg	10	5	F.
			Apolonie Holtei	5	10 (sic!)	
			St.: M. Gerdt Schlechtendael, Jasper Stenweg, Thoniß Rhebein, Weßel Holtei, der braudt vatter, Albertus Vitriarius, lector quintae classis, Johan Holtei, Heinrich Dreier, Cordt Rupinck, Andreiß Holtei, Trine Steinwegs, des breudtgams mutter, Trine Holtei, der braudt mutter.			
427	1609	Dec. 1	Wilhelm Schomacher [1])	10	20	F.
			Anne Dieckhewers	20	10	H.
			St.: Johan Seher, Heinrich Olpe, Wilhelm von der Hornenberg, Wilhelm Turich, Evert Bertholdtz, Johan Heck, M. Johan Schlechtendael, Heinrich Hoe, Gerdt Schultebecker, Grete Schomachers, Trine Rovers, Enne Beckers.			
428	1609	1	Ludolff Hoffman	3	6	
			Ließe	6	3	
			St.: Herman Bawmeister, Heinrich Hoffman, Adolff Varenei, Dietherich Freilinckhauß, Belhe uxor, Johan Teigeler, Enne Hoffmans.			
429	1610	Jan. 11	Johann zum Berge	3	6	
			Else Hugen	6	3	
			St.: Ludtwig Huge, Jorgen Huge, Johan Brandthoff, Tigges Suderman, Dietherich Muerman, Anna Huge, Trine Sudermans, Anna Huege, Trine Muermans.			
430	1610	Febr. 7	Hanß Roseler von Harn [2])	fehlt	fehlt	F.
			Grete Tappen			
			St.: Heinrich Sieberg, Jorgen Balthasars, M. Johan Wenneker.			

[1]) Wohnt im Hause der Mutter auf der Kampstraße.
[2]) Die jungen Eheleute haben bereits eine Tochter. Die Braut hat aus ihrer Ehe mit † Conrad Freise eine Tochter Catharine.

Laufende Nummer	Datum Jahr	Datum Tag	Name	W.	G.	Zusätze
431	1610	Febr. 7	Johan Krauefeldt . . . . Elßke van Schueren . . . . St.: Herman Garnefeldt, Heinrich Bickerman, Johan Pilenschmedt, Gerdt Voß, Mechelt Tappe, Elßke Pilenschmedtz, Anna Kockelers.	6 3	3 6 (sic!)	F.
432	1610	März 2	Der erenhaffte Johan Nieß . . . . Die thugentsame Elisabeth Pinnoge . St.: Die erenachtpare, wolvornehme und thugentsame Heinrich Nieß, Margreta, eheleute, des breudtgams elteren, Thoniß und Johan Nieß, gepruedere, Dietherich Hueck, Johan Melman am Gerichthauß, Heinrich Schoeler, Caspar Heidtfeldt, Heinrich Melman, Johannes Melman, Niclaß Pinnoge, Ermgardt wedtwe Pinnoge, der braudt mutter, Clara Nießes, Anna Schoelers, Margreta Pinnoge, Margreta Melmans.	50 25	25 50 (sic!)	H.
433	1610	29	Herman Wiemar . . . . Trine Luecken . . . . St.: Jorgen Teigeler, Jasper Werners, Thonis Ploeger, Heinrich Grumer, Thonis Moníncks, Drude Wiemars, Else Ploegers, Herman Grumer.	2 4	4 2	
434	1610	30	Dietherich Bawmeister . . . . . Trineke . . . . St.: Her Nicolaus Glasemecher, prediger zu Schwerte, Dietherich Kottinck, Heinrich Bawmeister, Mathias und Friederich Glasemacher, Berndt Schwerdt, Heinrich Brinckhoff, Heinrich Richterinck, Trine Brinckhoffs, Trine Kottincks.	5 10	10 5	
435	1610	Mai 4	Everdt Saur der junge[1] . . . . . Greite Ludtwichs . . . . St.: Everdt Saur der alte, Caspar Saur, Heinrich und Johann Ludtwichs, ge-	6 12	12 6	

[1]) Witwer; s. Vrmb. Nr. 142.

Laufende Nummer	Datum Jahr	Datum Tag	Name	W.	G.	Zusätze
			prudere, Heinrich Schaffman, Arndt Westerman, Herman Potgießer, Reinoldt Giesenstein, Heinrich Puppeßkamp, Johann Schulte, Johan Oesterman, Dietherich Puppeßkamp, Greite Puppeßkamps, Drude Oestermans, Elßke Ludtwich, Enne Ludtwichs.			
436	1610	Febr. 22	Herman Zimmerman . . . . Anne Muermanß . . . . St.: Herman Leinenweber zu Hoerde, Tigges Sundman, Martin Frigge, Kerstin Tappe, Johan Lemberg, Wilhelm Ruesche, Trine Tappe, Trine Sundmanß.	4 8	8 4	F.
437	1610	Juni 8	Steffen Lenckhoff . . . . Marie Reinoltz . . . . St.: Reinoldt Lenckhoff, Johan Gerlichs, Jasper ther Oesten, Henrich Greve, Jorgen Harde, Johan Reinoltz, Evert Brandthoff zu Megelinckhaußen, Gerdt Westerman, Anna Harde, Gerdrudt Lanckhoffs, Else Brandthoffs.	8 6	6 8	F.
438	1610	14	Dietherich Leidtman[1]. . . . . . Trine Saßen . . . . St.: Hanß Saße, Mertin Westerman, Herman Dreckman, Bilie Saße, Elßge Munstermanß, Enneke Hovelß, Cicilia Buchte.	5 10	10 5	
439	1610	15	Friederich Seier . . . . Catharine Flei . . . . St.: Herman Fley, Jorgen im Siepen, Johan und Henrich Seher, Tigges Lobbe, Reinoldt Zegebode, M. Goddert Ebbinckhoff, Claß Ruggenbecker, Catharina Sehers, Catharina Liege, Agata Frey, Grete Scheperß von Westhoven.	10 20	20 10	F.

[1]) Wohl identisch mit Diedrich Lipmann, zu dessen Kindern 1610 Juni 11 Diedrich Hovell und Martin Westermann als Vormünder angesetzt werden; s. Vrmb. Nr. 148.

12*

Laufende Nummer	Datum Jahr	Datum Tag	Name	W.	G.	Zusätze
440	1610	Juni 27	Peter Starcke . . . . Gerdrudt Schulten . . . . St.: Joest Poedt. Alberdt Brinckman, Johan Burgerhoff, Joest Walboem, Dietherich Schennekerll, Else Poetes, Trine Brinckmanß. ApoloniaWischers.	3 6	6 3	
441	1610	fehlt	Herman Bawmeister . . . . Christine Volmanß . . . . St.: Everdt Bawmeister, her Peter Rotarius, capelaen zu Mengede, Dietherich Bawmeister, Johann Berckenbusch, Henrich Meierß, Everdt Hanebecke, Dietherich Solling, Jorgen Krumme, Trine Volneß, Trineke Hanebecke, Greite Bawmeisters.	6 12	12 6	
442	1610	Juli 7	Detmar Nieß[1]) . . . . Catharine Ewinckhauß gen. Bucks . St.: An seithen deß breutigams: Henrich Nieß, der vatter, Margareta sein haußfr., die mutter, Caspar Nieß, licent., Johan Nieß der alte, Clara sein haußfr., Johan Nieß der junge, Elsa sein Haußfrawe, Dietherich Hueck, Bele sein haußfr., Henrich Scholer, Catharina sein haußfr. An seithen der braudt: Gerdrudt Bucks, die mutter, Caspar Dieffhauß, Gerdrudt sein haußfr., Gerdt Seher, Mechell sein haußfrawe, Johan Dieffhauß. Johan Dorper der alte und junge. Agnes. sein des jungen haußfr.	25 50	50 25	 H.
443	1610	13	Johan Mellinckhauß . . . . . . Elßge Sehers . . . . St.: Dietherich Rueman, Weßel Mellinckhauß, Rotger Mellinckhaus, M. Goldert Ebbinckhaus, Gerdt, Johan und Henrich Seher. Georg Hemmelreich, Adolffus Gumerßbach, Reinoldt	10 20	20 10	 H.[2])

[1]) Witwer; s. Vrmb. Nr. 149.
[2]) Die „Heilichsverschreibung“ war 1609 Dec. 15 aufgerichtet. Der Wortlaut derselben ist mit eingetragen.

Laufende Nummer	Datum Jahr	Datum Tag	Name	W.	G.	Zusätze
			Melman, Cordt Melman, Catharina Ruermans, Greite Schers, Elßke Melmans, Anna Lohoffs.			
444	1610	Juli	Herman Schwitterinck[1]	3	6	
		14	Elßge Koltes	6	3	
			St.: Zacharias Lobbeck, Frantz Krantzmacher, Philips Grave, Thonis Scheper, Reinoldt Garnefeldt, Johan Dorlman, Catharina uxor, Thoniß Grave, Greite Thomaß, Johanna Kranßmachers, Elßge Cordeß.			
445	1610	20	Everdt Bertholtz[2]	6	12	
			Greite Plaeßes	12	6	
			St.: Johan Coster, Jorgen und Gerdt Baltzers, Johan Rueßperg, Johan Plaeß, Jost vom Steine, Thoniß Drensche, Alberdt Brinckman, Anna Costers, Trine Bertholtz, Behle Bertholtz, Else vom Stein, Steincke Drensche.			
446	1610	21	Jurgen Custer	5	10	
			Anne thor Oesten	10	5	
			St.: An seidt deß brutigamß: Catharina Custer, die mutter, Johan Custer zu Barop, bruder, Steffen Custer, Catharina sein haußfr., Herman Custer und andere. An seidt der brandt: Amantus Otto, pastor St. Petri, Catharina sein haußfrawe, Jasper thor Oesten, Anna sein haußfrawe, Hermann Potgießer, Anna sein haußfrawe, Henrich Schaffman, Catharina sein haußfrawe, Werner Fleihe, Caspar thor Oesten der junge, Anna sein haußfrawe.			
447	1610	Sept.	Lambert Buckholt	12	24	F.
		21	Enneke Scheven	24	12	
			St.: Dietherich Brenscetius, Joannes Fabritius und Bertholtus Holtebrinck.			

[1]) Witwer; er hat einen Sohn Franz.
[2]) Witwer; s. Vrmb. Nr. 151.

Laufende Nummer	Datum Jahr	Tag	Name	W.	G.	Zusätze
			predicanten zu St. Peter und Renolti, Anthon Bockholdt, Henrich Nieß, Reinoldt Scheve, Johan Bockholtz, Regina Scheve, Margareta Scheve, Jasper Fürstenberg, Adrian von Haltern, Johan Otto, Jorgen Holtinck.	schlechte Thaler	Mark	
448	1600[1]	Juni 13	Thonnis zum Kley	30	8	
			Margrete Reinermans	20	8	
			St.: Dietherich zum Kley, Heinrich Haselhoff, Heinrich Schloßschulte zu Marten, Frederich Saur, Berndt Reinerman, Wilhelm Overhoff, Johan Oesterman, Anna uxor, Johan Scholvinck, Rotger Freise, Johan im Hoppen.	Mark	Mark	
449	1610	Okt. 14	Rotger Heister	6	12	F.
			Catharine Steven	12	6	
			St.: Franß Heister, Weßell Mellinckhauß, Godderdt Ebinckhauß, Johan Breve, Rotger Mellinckhauß, Johan Roddinck, Jacob Overbiecke, Ließe Mellinckhauß, Maria Lorinckhoffs.			
450	1610	19	Johan Mordtmanß	3	6	F.
			Catharine Vedtmoeß[2])	6	3	
			St.: Wennemar Hordeman, Detmar Botterlinck, Caspar Schomacher, Herman uf der Weme, Dietherich Loeges.			
451	1610	18	Peter Eincklinckhoff[3])	5	10	F.
			Anne Clusener	10	5	
			St.: Henreich Schoeler, Caspar Solling, secretarius, Cordt Hagebolle, Joest wedtwe Sollings, Anna Schoelerß, Catharina Sollings.			
452	1610	19	Henreich Stoeve	8	16	F.
			Cristine Brugmanß	16	8	
			St.: Her Johan Barop, pastor, her magister Stiberus, predicant zu St.			

[1]) Blatt 187 des Morgensprachenbuches.
[2]) Ihre Tochter heißt Catharine.
[3]) Hat einen Sohn Jasper.

Laufende Nummer	Datum Jahr	Datum Tag	Name	W.	G.	Zusätze
			Reinoldt, Jorgen Stoeve, Jorgen Barenscheide, Johannes Weidtmar, Johannes Boenen, Johann Stoevenrock, Johan Drensche, Elßge Stoeve, Sibilla Brugmanß, M. Arndt Westhoff, Anna Erlebruchs, Catharina Stoevenrochs, Catharina Weidtmarß, Philips und Joannes Brugman.			
453	1610	Aug. 10	Adrian von Halveren[1])	25	50	F.
			Catharine Tappe.	50	25	
			St.: Degenhardt Hueck, stieffvatter, Dietherich Grevell, burger zu Camen, Herman von dem Berge, Johan Melman am Gerichtzhauß, Georg Hemmelreich, Henricus Vethake, Georg Tappe, Henreich Behmer, Johan Beße, Margrete Huecks, Elße Tappe wittibe Hohesche, Margareta von dem Berge, Elßge Goltschmiedtz.			
454	1610	Okt. 21	Johan Schwartze	3	6	
			Grete Kluppelholtz	6	3	
			St.: Her Bertholdt Holtebrinck, capelaen zu St. Renold, Henreich Oesterman, Johan von Ellern, M. Joest Schoe, Joest Quadtbieck, Reinoldt Siegbode, Johan von Ellern der junge, Johan Westerman, Trine Kluppelholtz, Trine Oestermans.			
455	1610	25	Johan Maenbauch	6	12	
			Elßge Sehers	12	6	
			St.: Johan Seher, Gerdt Seher, Reinoldt Siegenboege, Johan Mellinckhauß, Weßel Schmarkotte, Elßgen Siegbode, Andreaß Junge, Christoffer Metzekramer, Margarete Seherß, Mechell Seherß, Ursula Wulnerß.			

[1]) Siehe Anmerk. zu Nr. 24.

Laufende Nummer	Datum Jahr	Datum Tag	Name	W.	G.	Zusätze
456	1610	Okt. 28	Henreich Hoffman . . . . Elßge Teigelers . . . . St.: Ludolff Hoffman, Henreich Hoffman, Anna Hoffmans, Johan Teigeler der alte und junge, Dietherich Freilinckhauß, Bele uxor, Jasper Teigler, Herman Bawmeister, Henreich von Schiede, Johan Schorll, Henreich Paßman, Arndt Scheidt, Agnete Teiglers.	5 10	10 5	
457	1610	Nov. 2	Johan Pilenschmiedt . . . . Margarete Schulten . . . . St.: Cordt Hagebolle, Johan Pilenschmidt der junge, M. Henreich Schottlendreier, Herman Garnefelt, Rotger Holtey zu Hoerde, Joest Walleboem, Anna Hagebolle, Catharina Garnefeltz.	10 20	20 10	F.
458	1610	4	Johan Koech . . . . Engell Sandtmans . . . . St.: Her Herman Vetmueß, capellain Mariae, Johann Isebruch, Everdt Thomas, Johan Isebruch der junge, Everdt Herdings, Joest Sandtmans, Gerdt Kotte, Johan Baurrichter, Joest Moerman, Wilhelm Niehoff, Arndt Tappen, M. Elbert Zimmerman, Johan Ellinckhauß, Stine Herdings, Trine Isebruchs, Greite Tomas.	4 8	8 4	F.
459	1610	16	Jasper Hoe . . . . Christine Drenschen . . . . St.: Henreich Hoe, Renoldt Greve, Everdt Bierman, Cordt Drensche, Johan Loehoff, Henreich Ellinckhauß, Henreich Hoe der junge, Thonis Biehoff, Jorgen Drensche, Behle Hoe, Margreta Biermans, Margreta Hoe, Anna Lhohoffs.	6 12	12 6	

Laufende Nummer	Datum Jahr	Datum Tag	Name	W.	G	Zusätze
460	1610	Nov. 16	Her Georg Drogehorn, predicant zu Hoerde[1])	6	12	F.
			Anne Hardtmanß	12	6	
			St.: Herr Gerhartus Drogehorn, pastor zu Volmestein[2]), her Wesselus Drogehorn, pastor zu Velbertt, Arnoldt Drogehorn, burger zu Unna, her Joannes Fabritius, prediger zu St. Reinoldt, Johan Kop, Herman Heckman, Margreta Drogehorn, Catharina Drogehorn, Elßge Sundthoffs, Anna wittib Fabritii, Cordt Sundthoff, Irmgardt Fabricii, Trine Kops.			
461	1610	24	Johan Hustebeck	6	12	
			Billie Kuelß	12	6	
			St.: Her Nicolaus Witten, pastor zu Aplerbieck, Jasper Hustebiecke zu Marten, Wilhelm Schloßschulte, Johan von Wellinckhoffen, Matthias Muddeferinck, Jacob Kuell, Wilhelm Becker von Langenscheide, Johan Schulte zu Vellinckhaußen, Trine Kuelß, Anna meiersche zu Vellinckhaußen, Bilie Beckers.			
462	1610	23	Henreich Bockholdt	12	12	F.
			Margarete Krumme	6	6 (sic!)	
			St.: Everdt Bockholdt zu Marten, Tigges Zehender zu Marten, Johan Hustebecke, Johan Krumme, Elßke uxor, Johan Schlechtendaell, Johan Krumme, Tigges Middeldorff, Margreta uxor, Henreich Knop, Anna uxor, Johann Barenscheidt, Margreta uxor, Gerdt Kobbe, burger zu Unna, Grete Zehenders, Gerdt Westerman, Johan Schulte, Johan Lenhoff.			

[1]) Sein Bruder heißt Wessel.
[2]) Starb 1611 und ist vermutlich der Vater des Bräutigams.

Laufende Nummer	Datum Jahr	Datum Tag	Name	W.	G.	Zusätze
463	1610	Nov. 25	Ludolff Brinckman . . . . Cathrine Niehauß . . . . St.: Hanß von Arnßberg, Steffen Brandt, Adam und Jasper Niehauß, M. Johan von der Heide, Wilhelm von Martenn, Thonis Knoep, Agate von Arnßberg, Marie Nierhauß, Anna Nierhauß, Anna Nierhauß, Trine Brodtz, Margareta und Anna Brinckmans.	6 12	12 6	
464	1610	30	Jorgen Erleß . . . . Barbare von Halberen [1]) . . . . . . St.: Reinoldt Hoe, Johan Neilandt, Berndt Schwerdt, her Dietherich von Halbern, Johan Melman am Gerichtzhauß, Georgen Hemmelreich, Degenhardt Hueck, Dietherich Grevell, Adrian von Halbern, Herman zum Berge, Margreta Huecks, Catharina von Halbern, Margreta zum Berge, Gerdt Schwerdt, Henrich Evertz, Clara uxor, M. Caspar Schmidt, Cordt Peters.	25 50	50 25	F.
465	1610	Dec. 1	Der ernvest und hochgelarte her Dietherich Lambach dero rechten doctore Die tugentsame Anne Schoelers . . St.: Johan Lambach, deß brutigams vatter, Elßge uxor, Johan Lambach, doctor, Dietherich Daunhewer, Christoffer Braus, Everhardt Brabender, Caspar Solling, Henreich Schoeler, Catharina wetwe Nießes, Joest wedtwe Sollings.	fehlt „	24 12	H.
466	1610	7	Laurentz von Brachem . . . . . . Liesebet Gerlinckhausen . . . . . . St.: Her Herman Embsinckhoff, pastor Nicolai, M. Rotger von Brachem, Anna sein haußfr., Laurentz von	6 12	12 6	F.

[1]) Siehe Anmerk. zu Nr. 24.

Laufende Nummer	Datum Jahr	Datum Tag	Name	W.	G.	Zusätze
			Brachem, M. Dietherich Vrelinckhauß, Margreta uxor, Cordt Muteler, Catharina uxor, Hanß von Arnßberg, Arndt Ruesche.			
467	1610	Dec. 13	Reinoldt Berndtz [1]	8	16	F.
			Anne Blanckenpoetz [2]	16	8	
			St.: Henreich von Steinen, Johan Loecke, Johan Ellinckhauß, Mertin Jorgens, Hillebrandt Berndtz, Johan Loeke, Behle uxor, Greite Loecke.			
468	1610	21	Hanß Gruerman [3]	Thaler 20	fehlt	F.
			Drude Mellinckhaus	20	„	
			St.: Henreich Scharpenberg, Herman Budde, Johan von Greienberg, Johan Mellinckhauß, Frantz von Greienberg, Mertin Westerman, Wilhelm von Berchhoffen, Johan Bandtman, Lißbeth von Greienberg, Behle Westermans, Steine Scharpenberg, Thonis Scheper, Henreich Hulßhoff.			
469	1610	16	Laurentz Dulman	fehlt	6	F.
			Anne von Enden	„	6	
			St.: Bernhartus Brockman, Engelbert und Detmar Dulman, Herman vom Berge, Henreich Middendorff, Evert Baeck, Conradt Bruße, Jorgen Froedes, Adolff Dorstelman, Henreich Vogelpoet, Hans von Gießen, Elßge Trippe.			
470	1611	Jan. 4	Caspar Willig	Mark 6	12	F.
			Margrete von der Schiede	12	6	
			St.: Anna von Scheide, der braut mutter, Henricus Kleberus, Elßke sein haußfr., Jorgen von Schiede, der braudt broder, Elßke uxor, Herman Bawmeister, Maria uxor, Cordt Peters, Anna uxor, Albertus Vitriarius, Claß Ruggenbecker, Joest Poetz.			

[1]) Sein Bruder heißt Hildebrand.
[2]) Hat einen Sohn Engelbert.
[3]) Witwer; s. Vrmb. Nr. 156, wo er Groeman heißt.

Laufende Nummer	Datum Jahr	Datum Tag	Name	W.	G.	Zusätze
				Thaler		
471	1611	Jan. 25	Peter Borstinck[1] . . . . Elßke Linningks . . . . St.: Johan Melman, Wilhelm Brinck, Johan Kumpsthoff, Johan Lambach, Reinolt Melman, Detmar von Thie, Johan Overbieck, Johan Borstinck, Johan Greve, Johan Kloet, Greite Greve, Trine Kloetz, Elßke von Thier.	20 20	8 8	F.
472	1611	Febr. 2	Herman Hackenberg . . . . Catharine Flumen . . . . St.: Der edler, ernvester Robert Staell von Holstein, Joannes Boenen, Mathias Herbertz, Georg Vaerst, Clara Boenen, Henreich Flume, Albertus Vitriarius, Henreich Vogelpoet, Enneke Vitriarii, Agnes Vogelpoets.	[2]	12 6	F.
				Mark		
473	1611	Jan. 16	Peter Graes . . . . Gerdrudt Krampe . . . . St.: An seithen des brutigams: Friederich Graes, Jasper von Netzen, M. Gordt Kopperschmiedt, Claeß von Netzen, Reinhardt Hoidtmacher, Gerdt Graes, Enne Grone, Mege von Netzen. An seiten der braut: M. Johan Kruße, Arndt Reinscheidt, Everdt Stracke, Johan Stracke, Anna Reinscheidt, Trine Kruße.	6 12	12 6	F.
474	1611	18	Reinoldt Melman im Orte[3]. . . . Gerdrudt Himpendael . . . . St.: Herman Stenweg, Everhardus Kop, Detmar Holtey, Petrus Himpendaell, vatter, Johan Melman, Weßel Holtey, Johan und Arndt Westhoff, Margreta Himpeldaelß.	6 12	12 6	F.

[1]) Witwer; s. Vrmb. Nr. 158.
[2]) An Stelle der Wederkar wird testamentliche Bestimmung über 300 Thaler vorbehalten.
[3]) Witwer; s. Vrmb. Nr. 157.

Laufende Nummer	Datum Jahr	Datum Tag	Name	W.	G.	Zusätze
475	1611	Febr. 1	Jorgen Drensche[1] . . . . Catharine Schweines von der Wande St.: Herman Potgießer, Cordt Drensche, Henreich Hoe der junge, Jasper Hoe der junge, Herman und Henreich Ellinckhauß, Reinoldt Ellinckhauß, Weßell Schwene zu Wande, Johan Isebruch, Johan Ellinckhauß zu Ellinckhaußen, Wilhelm Brabieck, Everdt Thomanß, Johan Loehoff, Henreich Hoe, Anna Ellinckhauß, Margreta Hoe, Christina Hoe, Anna Brabieck, Anna Loehoffs, Trine Drensche.	fehlt „	12 6	F.
476	1611	15	Diethereich Hagemans . . . . . . Anne . . . . St.: Diethereich Stoet, Reinoldt Sagenschneider, Gerdt Evertz, Dietherich Griep, Claß Kemper.	3 6	6 3	
477	1611	März 1	Adolff Krummerg . . . . Catharine Schellers . . . . St.: Der edler, ernvester Johan von Budberg, Renolt Quabieck, Jorgen Schell von Iserlohe, Steine uxor, Detmar Braß, Johan Melman, Jorgen Krumme, Adolff Fißkotte, Cordt Ploger, Stoffer Tappe, Wilhelm Coster.	fehlt „	3 6	F.
478	1611	1	Peter Rademacher . . . . Cathrine Seßenhoffs . . . . . . St.: Herman Bawmeister, Evert Bawmeister, Dietherich Bawmeister, Jorgen Krumme, Johan Eichman, Catharina Bawmeisters, Greite Bawmeisters, Johan Drenscheidt, Johan Hawman, Ursula Oesthoffs, Greite Drenscheidt.	3 6	6 3	F.
479	1611	April 12	Herman Sieberg . . . . Anne Nageiß . . . . St.: An seithen deß brutigamß: Robbert Syberg, Johan Lehemans, ThonIß	2 4	4 2	F.

[1]) Vergl. auch Vrmb. Nr. 153.

Laufende Nummer	Datum Jahr	Datum Tag	Name	W.	G.	Zusätze
			Rhefueßer, Johan Rhefueßer. An seithen der braut: Berndt Nagel, Caspar Nies, licent., Anthoniß Brandis, Albert zum Berge, Johan Berckenbusch.			
480	1611	April 26	Joest Weißkotte[1])	6	12	F.
			Else Kreffts[2])	12	6	H.
			St.: An seithen deß brutigams: Henreich Wießkotte, Detmer Schwer, Tigges Middeldorp, Thonis Drenschedt, Zacharias Lobbeke, Anne Wießkotte, Greite Middeldorps, Trine Drenscheidt. An seithen der braut: Steven Kreffter, Henreich Halstenberg, Berndt Kreffter, Jasper Varwiech, Johan Brunstein, Anna Brunsteins, Greite Halstenbergs.			
481	1611	Febr. 20	Arndt Uberman	2	4	
			Catharine Schmedes	4	2	
			St.: Dreiß Holtey, Johan Schotteldreier, Henreich Schotteldreier, Dirick Hagemans, Gerrit Stofferß, Anna Hagemans, Leve Ubmans, Gerdrut Bruggestraße, Greite Pilenschmedes, Catharina Wulffs wittib.			
482	1611	Mai 8	Claeß Dieckhewer	3	6	F.
			Carde Tappen[3])	6	3	
			St.: Gerdt Schnetzeler, Wilhelm Ruesche, Detmar Dieckhewer, Wilhelm Schomacher, Stoffer Tappe, Johan von dem Berge, Herman Wordtmanß und mehr andere.			
483	1611	31	Johan Heidtman der junge	6	12	
			Cathrine Delmans	12	6	
			St.: Johan Heidtman der alte, Catharina uxor, Cort Delman, Stine uxor,			

[1]) Sohn der Eheleute Arndt Weißkotte.
[2]) Tochter von Steven Kreveter.
[3]) Ihre Eltern wohnen in der Pottgasse; sie ist die älteste Tochter; ihre jüngste Schwester heißt Catharina.

Laufende Nummer	Datum Jahr	Datum Tag	Name	W.	G.	Zusätze
			Johan Westerman, Henreich von Schuren, Johann Gieße, Wilhelm Brinckman, Cordt Straetman, Wenner Delmans, Reinolt Scheve, Johan Krumme, Henreich Everdtz, Jorgen Mortmans, Johan Lenhoff.			
484	1611	Juni 21	Herman Boese	5	10	
			Catrine Lambert	10	5	
			St.: Everdt Boese, Henreich Loheman, M. Dietherich Boeker, Johan Kloetz, Rotger Kloets, Jaspar Dieckman, Evert Potgießer, Cathrina Cloetz, Liese Dieckmans.			
485	1611	21	Her Joest Scholvinck[1]	6	12	
			Clara Embsinckhoff	12	6	
			St.: Her Herman Embsinckhoff, pastor St. Nicolai, Amantus Otto, Johannes Embsinckhoff, Georg Barenscheidt, WennemarScholvinck, MichaellPotier, Jorgen Buer, Reinoldt Gisenstein, Anna Embsinckhoff, Cathrina Scholvings, Clara Embsinckhoff, Greite Gisenstein.			
486	1611	Juli 13	Der ernhaffte Wilhelm Mallinckrodt .	25	50	
			Anne Bucks	50	25	H.
			St.: Johan und Wilhelm Brinck, Dierick Hueck, Anthon Bockholt, Johan Dieffhauß, Herman Buck, Detmar Nieß, Jorgen Baltzar, Caspar Varwich, Henreich Hueck, Johan Mallinckrodt, Gerdrutgen wittib Bucks, die moder, Bele Hucks, Lisabet und Else Brincks, Marie Hoe.			
487	1611	Juni 28	Der ernhaffte Arndt Nieß	25	50	
			Margarete Quadtbiecks von Eschede	50	25	H.
			St.: Die edle, ernveste, wurdige, achtpare und vornehme Grave von Haßfelt, Friedereich von Newenhoff ge-			

[1]) Siehe Nr. 391.

Laufende Nummer	Datum Jahr	Datum Tag	Name	W.	G.	Zusätze
			nandt Lehe, Henreich Nies, Peter Quadbieck, M. Bartholomaeus Styberus, Anthon Nies, Henreich Scholer, Johan Brinck, Johan Nies, Johan Nies, Margrete Nieses, Enneke Schoelers, Lutgert von Nehem genandt Duschers, fraw zu Else, Cathrina Lobbeke, Margreta von Engsche, Enneke Kloidt.			
488	1611	Juli 26	Herman Rhöer	5	10	
			Stine Hulspergs	10	5	
			St.: Cornelies Roer, Peter Berghoff, Henreich Leinenweber, Else Pennekes, Else Berckhoff, Else Hulßberg.			
489	1611	Aug. 7	Johan Lambertinck	3	6	
			Ursule Schotlers[1])	6	3	
			St.: Detmar Mühler, Weßel Hoffman, Johan Bockman, Johan Lambertz, Henreich von Steinen, Berndt Kreveter, Henreich Liege, Elßke Mühlers, Gerdrut Hoffmans.			
490	1611	Sept. 13	Detmar Koninck	10	20	
			Elßge Althoffes	20	10	
			St.: Johan Melman im Oerde, Arndt Tappe, Hanß Tappe, Henreich Telmans, burger zu Lunen, Cordt Brakelman, Mechell Konnings, Margarete Telmans.			
491	1611	20	Engelbert Hollinck	6	12	
			Enneke Bucks	12	6	
			St.: Jorgen Hollinck, Johan Hawman, Thoniß von Lennep, Jasper Buck, Margareta uxor, Henreich Evertz, Henreich Heidtman, Johan Kramer, Schotte Dobbe, Alexander Bruninck, Trine Frontorffs, Margarete Hollings.			

[1]) Ihre Mutter heißt Ursula, die Schwester Anna.

Laufende Nummer	Datum Jahr	Datum Tag	Name	W.	G.	Zusätze
492	1611	Sept.	Bertram Hemmer	6	12	
		28	Catharine Bergfeldes	12	6	H.
			St.: Her Joannes Fabricius, predicant zu St. Renoldi, Johan von Sindern, Herman Deginck, Melchior Deginck, Else Stevens, Thoniß Scheper, Henricus Heidtman, Herman Ornbroim, Herman Steven, Henreich Everdtz und Renolt Scheve.			
493	1611	Mai	Her Johan Embsinckhoff, predicant zu			
		3	St. Nicolai	12	24	
			Clare Schulten	24	12	
			St.: Her Herman Embsinckhoff, pastor Nicolai, her Amandus Otto, pastor Petri, her Joest Scholvinck, pastor zu Barope, doctor Johannes Buno, rector, Jorgen Barenscheide, Mathiaß Nieß, Heinrich Middendorff, Arndt Tappe, Anna Embsinckhoffs, Catharina Otto, Belcke Hueckes, Margreta Berchfeldtz, Anna vom Lhoe, Degenhardt Sindern.			
494	1611	17[1])	Der erenhaffte Johann Mallinckrodt[2])	fehlt	25	F.
			Die thugentsame Margrete Berchfeldtz[3])	„	50	
			St.: Her Herman Embsinckhoff, pastor Nicolai, her Amandus Otte, pastor Petri, her Joannes Embsinckhoff, capellaen Nicolai, Dietherich Hueck, Beleke, eheleute, Heinrich Nieß, Margrete, eheleute, Arndt Tappe, Caspar Berchfeldt, Johann in der Lehese zu Schwelm, Clara Embsinckhoffs, Lambert Dieffhauß, Caspar Dieffhauß der junge, Jorgen Balthesars, Georg Himelreich, Catharina Otte und mehr gueter leute genuch.			

[1]) Gedr. Bd. 9 der Beiträge S. 70.
[2]) Seine Schwester heifst Catharine.
[3]) Margarete Schulte, Witwe Melchior Bergfeld; s. Nr. 40.

Laufende Nummer	Datum Jahr	Datum Tag	Name	W.	G.	Zusätze
495	1611	Okt. 4	Henreich Schroder . . . . Stine Brakelmans . . . . St.: Henrich Schroder, Johan German, Ernst Evertz, Weßel Hoffman, Claß Hoffman, Henreich Lanckhoff zu Brakell, Johan Leve, Anna in de Mollar, der braudt moder, Trine Lanckhoffs, Enne Schroders, Clara Schroderß, Greite Kosters.	4 8	8 4	
496	1611	11	Johan Hohehauß. . . . . Anne Melmanß[1]) . . . . St.: Henreich Hohehauß, burger zu Eßen, Johan Melman der alte, Adolff Weißkotte, Johan Sonnenschein, Henreich Sieberg, Albertus Vitriarius, Wilhelm Schulte, Hanß Reuter, Cathrina wedtwe Melmans, Barbara Melmans, Cathrina Hohehauß, Leonhardt Welckener der alte.	10 20	20 10	F.
497	1611	18	Martin Mollerßberg . . . . Anne Dieffhauß[2]) . . . . St.: Johan Dieffhauß, Johan Melman, Wilhelm Brinck, Johan Seher, Caspar Bergfelt, Caspar Dieffhaus junior, Henreich Polman, Roseer Osthoff, Henreich Siberg, Joannes Voerste, wittibe Druke Bucks, Mechel Sehers, Elßke Bergfeltz, Elßke Dieffhaußes.	6 12	12 6	F.
498	1611	19	Dirick Schulte . . . . Catharine Schnetzlers . . . . . . St.: Henreich Puppeßkamp, Henreich Bockholt, Henreich Richterinck, Herman Koppern, Jurien zum Berge, Jacob in dem Werde, Thoniß uf dem Hove, Else Kopperens, Anne dar Baven, Enneke Wortz.	6 12	12 6	F.

[1]) Witwe; s. Vrmb. Nr. 159.
[2]) Tochter von Johann D.

Laufende Nummer	Datum Jahr	Datum Tag	Name	W.	G.	Zusätze
499	1611	Okt.	Johan Niehauß	6	12	F.
		20	Engel, sel. Henreich Meyeß nachgel. wittib [1]	12	6	
			St.: Henreich Koch, Tigges Ruddinckhauß, Herman Bawmeister, Johan Niehauß zu Solling [2]), Johan Barenschmidt, Herman Brinckman, Johan Berckenbusch, Greite Barenschmidtz, Greite Berckenbusch, Oßell Niehauß.			
500	1611	25	Meves Lambach	6	12	F.
			Ennecke Schekermans	12	6	H. [3])
			St.: Peter zu Eschede, Hanß uf der Mergenheiden, Johan zu Kithaußen, Merten zur Liege, Gerdt Rohrlangbecke, Stine auf dem Unnenberg, Floer Schekerman, vatter, Anna, sein haußfrauw, Conradt Huck, Anna uxor, Sebastianus Hermuntius, Floer Schulte zu Aldendorff, Anna, sein haußfrauwe.			
501	1611	Nov.	Heinrich Honscheidt	4	8	
		2	Margrete Bruggemans	8	4	
			St.: Johan Hoenscheidt, burger zu Buchumb, Dieterich Hoenscheidt, Herman Hoenscheidt zu Wattenscheide der alte und Herman Honscheidt der junge, Caspar Berchfeldt, Caspar Degginck, Patroculus Brugman, Heinrich Hiltropff, Wilhelme uxor.			
				Thaler	Mark	
502	1611	2	Heinrich Peters	3	4	
			Gertrudt Kluppelholtz	3	2	
			St.: Melchior Morck, Johan von Ellerenn, Heinrich Osterman, Johan Potter, Jorgen Krumbergh, M. Joest Schoe, Adolff Kromberg, Detmar Braße, Trine Kluppelholtz, Johan von Ellern der junge, Trine Broekens.			

[1]) Siehe Vrmb. Nr. 162 u. Mrgspr. Nr. 33.
[2]) Wohl Salingen bei Eichlinghofen.
[3]) Die „Heuratzverschreibungh" hatte 1611 Aug. 18 stattgefunden.

13*

Laufende Nummer	Datum Jahr	Datum Tag	Name	W.	G.	Zusätze
				Thaler	Mark	
503	1611	Nov.	Johann Melman	50	10	F.
		8	Agnes Vogelpoetz	50	10	
			St.: Johan Melman der alte, Heinrich Brinckman, Jost Frantzenn, Herman Degginck, Heinrich Middendorff, Johan Vogelpott zu Datteln, her Georg Vogelpott, vicarius zu Munster, Wennemar von Aschebruch, Johan Braße zu Datteln, Elßge widtwe Melmans, Johan von Elleren, Enneke Brinckmans, Catharina Frantzen.			
				Mark	Mark	
504	1611	22	Detmar Schmidtman	6	12	
			Margrete Lehnemans	12	6	
			St.: Goßen Schmidtman, Ernst Hanß, Cordt Kremer, M. Tigges Middeldorff, Jasper Leneman, Heinrich Heckes, Margreta widtwe Melmans, Margreta Middeldorffs, Margreta Schmidtmans, Gerdt Lenehmans.			
505	1612	Jan.	Rosier Stopendaell	3	6	F.
		31	Enneke Althoff	6	3	
			St.: Claß Hoilinck, Thonis von Wetter, Johan Gronewalt, Engelbert Johan Sohn zu Teppenhauses, Rotger Stopendaell, Johan von Arnßperg, Grete Althoffs, Gert Engbergs.			
506	1612	31	Johan Brandis	10	20	
			Anne Wisches	20	10	
			St.: Her Johannes Fabritius, predicant St. Reinoldi, Thonis Brandis, Gordt Schubbe, Johan Knop, Thonis Scheper, Dirich Scheper, Berndt Nagel, Johan Wieß, Jorgen Wieß, Evert Wieß, Greite Hollings, Trine Brandis, Anne im Sipen, Trineke Brinckmans.			
507	1612	Febr.	Hillebrandt Mellinckhauß	3	6	F.
		6	Anne Beckmans	6	3	
			St.: Johan Mellinckhauß der alte, Johan Mellinckhauß der junge, Judit Mellinckhauß, Anna Kemna, Johan Bockholt,			

Laufende Nummer	Datum Jahr	Datum Tag	Name	W.	G.	Zusätze
			Trine Mellinckhauß, Stine Kemna, Wilhelm Bockman, Johan Bockman, Trine Bockmans, Bele Bockmans.			
508	1612	Febr.	Heinrich Castrop[1])	12	6	F.
		19	Margarete Welkeners	6	12	
			St.: Johan Dorper, Rosier Osthoff, her Melcher Castrop, Adolff Dorstelman, Anna Dorpers, Mechel Dorstelman, Johan Welkener, Bernhardus Baeck, pastor zu Brechten, Anthon Thoinck, Herman Wulff, Dida Welckners, Drude Baecks.		(sic!)	
509	1612	März	Der erenhaffte Mathieß Bareuscheide	12	24	F.
		13	Die thugentsame Catharine Mallinckrodtz	24	12	H.
			St.: Her Herman Embsinckhoff, pastor Nicolai, Georg Barenscheide, Dieterich Huck, Belcke uxor, Heinrich Nieß, Margreta uxor, Georg Himmelreich, M. Jorgen Balthasars, Johann und Arndt Nieß, Johan Sonnenschein, Margreta uxor, Anna Mallinckrodts, Wilhelm uxor, Elßke Nießes, Catharina Nießes.			
510	1612	27	Johan Niekirchen	6	12	
			Catharine Westermans	12	6	
			St.: Herman Sondag, Jorgen Osthoff, Cordt Sundthoff, Johan Westerman, Arndt Wisch, timmerman, Arndt von dem Beule, Johan Rump, Jasper Leneman, Enne Westermans, Catharina Niekirchen, Margreta Wisches, Anna Rumpes, Else von dem Beule, Else Sundthoffs.			
511	1612	29	Gerrit Stoffers[2])	5	10	
			Christine von Stein	10	5	
			St.: Dieterich von Graenstein, Adolff vom Stein, Albert zum Stein zu Lin-			

[1]) Witwer; s. Vrmb. Nr. 163.
[2]) Witwer; s. Vrmb. Nr. 165.

Laufende Nummer	Datum Jahr	Datum Tag	Name	W.	G.	Zusätze
			torff, Frantz Heister, M. Heinrich Schottelendreier, Goddert Schlechtendael, Elße Freundes.			
512	1612	April 10	Claß Varwich[1] Elße Hobbings St.: Clembt Hewinck, Grete uxor, Heinrich Hoe, Bele uxor, Gert Tochaußen, Lise uxor, Berndt Nagel, Stine uxor.	5 10	5 10 (sic!)	F.
513	1612	Mai 6	Peter Freise Barbare Kloppers St.: Jacob Fre, Johan Hanneman, Caspar Steinwech, Dreiß Snettler von Barop, Jacob von Hagen.	6 6	fehlt „	
514	1612	13	Peter Hagedornn Enne uffm Tigge St.: Herman Bloete, Teves von Rhe, Anna uxor, Dreiß uffm Thie, Anna uxor, Hilbrandt Scheper, Johan Haßelhof zu Corne, Anna uxor, Johan Drenckman, Anna uxor, Johan Voschepiepe, Anna Schmidtz, Jorgen uffm Thie.	3 6	6 3	F.
515	1612	15	Der erenhaffte Heinrich Middendorff Die thugendtsame Dorothee Lambs St.: Severin Middendorff, Catharina uxor, Jobst von Budberg zu Boninckhaußen, Odilia von Loen uxor, Johan von Loenn, Albert Lamb, Thomaß von Brurdinckhaußen, rentschreiber zu Soest, Dorothea Michelß uxor, Johann Hane, burger zu Deußberg, Heinrich Schaffman, Melchior Degginck, Herman Rombergh, Hanß Mateler, Heinrich Ellinckhauß, Laurentz Dulman, Anna uxor, Wennemar Nevelinck, Anna uxor, Petronella Furstenberg.	25 50	50 25	H.

[1]) Witwer; s. Vrmb. Nr. 166; ein Bruder und eine Schwester des Bräutigams leben zu Hamburg.

Laufende Nummer	Datum Jahr	Datum Tag	Name	W.	G.	Zusätze
516	1612	Mai 15	Gordt Potthoff . . . . Bele Murmans . . . . St.: Herman Zimmerman, Johan Potthoff, D. Johannes Fabritius, Herman Pottgießer, Anna Murmans, Leneke Potthoffs, Ermeke Fabritii, Kestin Tap, Merten Cordtz.	4 8	4 8 (sic!	
517	1612	16	Elberdtz Fischer . . . . Stine Wolters . . . . St.: Dirich Hegerman, Jacob von Hagen, Cordt Delman, Johan Heidtman, Albert Brinckman, Thonis und Renolt Wolter, Trine Hegermans, Lise Wolters, Oßel Krumers.	15 15	15 15 (sic!)	
518	1612	Juni 20	Der ehrenveste und hochgelarte Johannes Freiman, doctor . . . . Margarete Melmans . . . . St.: Johan Freiman der alte, licentiat Nieß, Johannes Melman zu Esell, Herman Romberch, Franß Scholer, Johan Pottgießer, Caspar von Dieffhaußen der junge, Ermet Heidtfels, Greteke Melmans, wittibe Enneke Brandthoffs.	16 30	16 30 (sic!)	F.
519	1612	Juli 11	Henrich von Unna . . . . Else Rasche . . . . St.: Berent Marten, Herman Garnefeldt, Johan Tappe, Johan Pilenschmidt, Johan Rasche, der braudt vatter, Christoffer Pier, Dieterich Scheper, Greite Rasche, der braudt mutter, Anna Wißkotte.	10 5	5 10 (sic!)	
520	1612	16	Claß Schulte . . . . Enne Luermans . . . . St.: Johan Snetler, sein bruder, Claß Garnefeldt, Dieterich Lurman, pastor, Herman Pottgießer, Herman Lurman, Else Snetlers, des breutigams mutter, Else Garnefeldts, Margareta Luermans, brauts mutter, Catarina Luermans.	5 10	10 5	F.

Laufende Nummer	Datum Jahr	Datum Tag	Name	W.	G.	Zusätze
521	1612	Juli 18	Der erenveste und hochgelerte Caspar Deginck	fehlt		
			Die ehr und vielthugendtreiche Margarete Schellen			H.
			St.: Jorgen Schelle, Anna Goßmans, Caspar Degginck, Herman von der Berßwordt, burgermeister, Caspar Bergfeldt, Orsula Schelle, Herman Degginck, Johan Bußenschmidt, Herman Pannekocke, Melchior Degginck.			
522	1612	Okt. 2	Arendt Ruepe	12	6	F.
			Christine Palms	6	6 (sic!)	
			St.: Weßel Hoff, Herman Bloete, Johan Palman, Herman Hackenberg, Lambert Dieffhauß, Johannes Fabritius, Bertholdus Holtebrinck, sacellan St. Reinoldi, Gertrudt Hoffmans, Clare Muddefering, Trine Heidtmans.			
523	1612	6	Johan Wencke	10	20	
			Anne von Aspergh	20	10	H.
			St.: Der edle und erenveste Ludtgen von Aßbergh zu Beinck, Schwera von Warenloe genandt Aßberg, Aldenbochums Haßbergs haußfrauwen, Dieterich Wencke, Johan Lambach, Laurentz Claute, Henrich Claute, Agnes Claute, Claß Wencke, Herman Wencke, Clara Wencke.			
524	1612	6	Der erenhaffte Herman Buck . . .	25	50	F.
			Die thugendtsame Elßge Bockholdtz .	50	25	
			St.: D. Detmarus Melman, pastor Mariae, Detmar Nieß, Anthon Bockholdt, Johan Dorper der alte, Johan Dorper der junge, Johan Dieffhaußen, Wilhelm Brabecke, Johan und Wilhelm von dem Brinck, Herman Ewinckhauß, Gertrudt widtwe Bucks, des breutigams mutter, Catharina Bockholdtz, der braudt mutter, Johan			

Laufende Nummer	Datum		Name	W.	G.	Zusätze
	Jahr	Tag				
			Seher, Caspar Berchfeldt, Caspar Varwich, Catharina Nieses, Mechell Sehers, Anna Brabecke.			
525	1612	Okt.	Dieterich Freiman [1])	6	12	
		11	Clare von dem Berge	12	6	
			St.: Heinrich von Steinen, Cordt uffm Berge zu Lueck, Reinolt Greve, Heinrich Fischer, Henrich Rennebaum, Clara Preins, Trina uffm Berge, Jost Storcke, Enne Holmans, Jutte Brinckmans, Trine Freimans.			
526	1612	23	Johan Stippe	6	12	
			Margrete Fockmans.	12	6	
			St.: Jasper Stippe, Herman Quadtbecke, Johan Rußpergh, her Johannes Fabritii, prediger St. Reinoldi, Sebastianus Hermuntius, Ernst Fockman, Johan Schulte, Herman Schroder, Henrich Fockman, Stine Stippe, Greite Fockmans.			
527	1612	23	Jacob Vrede	6	12	F.
			Christine	12	6	
			St.: Her Herman Embsinckhoff, pastor Nicolai, Johannes Baropius, predicant zu St. Reinoldi, Dieterich von Plettenbergh, ritmeister, Johan von der Berßwordt, Andreis Kleppinck, Herman in der Murie, Dieterich Bawmeister, Johan Meyhane, Margreta widtwe Klepplincks, Sophia widtwe Berßwordtz.			
528	1612	25	Tonnis Godtschalck	6	12	
			Elßge Schillings	12	6	
			St.: Rotger Back der alte, Enne uxor, Johan Back zu Unna, Johan Lange, Herman Haußmann, Henrich Schilling, Johan Dieckman, Nieß Rupinck, Greite Schillings, Catharina Leve, Anna Schillings.			

[1]) Witwer; s. Vrmb. Nr. 170.

Laufende Nummer	Datum Jahr	Datum Tag	Name	W.	G.	Zusätze
529	1612	Okt. 25	Jorgen Broeken . . . . Trine Schmidtz . . . . St.: Arndt Haßelhoff, Tigges Kamphewer, Godert Backhauß zu Solde, Henrich Borgerhoff, Stine Brokens, Trine Kreicke, Anter Kamphewers, Merie Schmidts.	4 8	8 4	
530	1612	30	Claeß Gerneman . . . . Liese Fruggen . . . . St.: Johan Gerneman, Mertin Westerman, Heinrich von Brackell, Johan Bendthauß, Johan Krumme, Jorgen Krumme, Mertin Frigge, Kestin Tappe, Herman Timmerman, Herman Wordtman, Henrich Bockholdt, Jost Gernemans, Bele Vogels.	3 6	6 3	
531	1612	30	Johan Freidag . . . . Elße von Nehem . . . . St.: Her Bertholdt Holtebrinck, capellan zu St. Reinolt, Herman Quadtbecke, Sebastianus Hermuntius, Dreiß Freitagh, Jorgen im Siepenn, M. Johan Schlechtendall, Heinrich Kock, Dieterich Himmelreich, Elßke Lambachs, Catharina von Nehem, Greite Greve, Elßke Himmelreichs.	6 12	12 6	
532	1612	Nov. 2	Johan Beckmann, potgieser . . . . Catharine Wulff . . . . St.: M. Johan Brune, Everdt Knippenberg, Everdt Wulff zu Nette, Andreis Holtei, Henrich Schottelendreier, Catharina uxor, Johan Osterman, Gertrudt uxor.	4 8	8 4	
533	1612	8	Henrich Heck . . . . Goede . . . . St.: Everdt Volbert, Reinolt Hecke, Hans Mateler, Wennemar Lenhardtz, Cordt Kremer, Anna Volbertz, Anna Hecke, Friederich Betzeldt.	4 8	8 4	F.

Laufende Nummer	Datum Jahr	Datum Tag	Name	W.	G.	Zusätze
534	1612	Nov. 20	Johan Schade . . . . Trine Stevens . . . . St.: Claß Schade, Jacob Steven, M. Henrich Gleneman, Wilhelm Schulte, Jorgen Kumpe, Grete Eisernkremers, Grete Schulte, Trine Schade, Dieterich Kopeßhoff, Johan Veldtman zu Kirchlinde.	3 6	6 3	
535	1612	20	Johan Beßem [1]) . . . . Clare . . . . St.: Heinrich Hagedorn, Heinrich Everdtz, Dieterich Freimann, Jorgen und Johan Lambertz, gebruder, Gertrudt Melmans, Clara Everdt, Enne Lambertz, Enne Vincke.	4 8	8 4	F.
536	1612	29	Wilhelm Balsars [2]) . . . . Gertrudt Wulffeshoffe . . . . . . St.: Balthasar Hodtmacher, Gangolff Schultes, Johan Wennemars, Johan Wulffeshoffe, Weßel Schwen zur Wande, Everdt Nevelings, Heinrich Puppeskamp, Johan Poppinck, Herman Wulffeshoffe, Gertrudt Balsars, Else Schweenß, Trine Poppincks, Rotger Grube.	} fehlt		
537	1612	Dec. 11	Rotger Schroder . . . . Elßke Brinckmans . . . . St.: Engelbert Schroder, des breutigams vatter, Nahle sein haußfrauw, Johan Schulte, Heinrich zu Ostende, Greite uxor, Johan Meihane, Margreta uxor, Gerdt Schulte, Greite, der braudt mutter, Gert Snetker, Wilhelm Schumacher in der Olpe, Anna uxor, Evert Schroder, Friederich Westerhoff, Anna uxor, Steffen Langhoff, Johan Seher, Mechel uxor.	20 10	10 20 (sic!)	F.

[1]) Er hat eine Tochter Grete.
[2]) Am Rande steht Balthasars.

Laufende Nummer	Datum Jahr	Datum Tag	Name	W.	G.	Zusätze
538	1613	Jan. 7	Jost Rieß . . . . Anne Rumpes . . . . St.: Jorgen Eilckinck, Johan Rump, Wilhelm Hageman, Heinrich Stuffer, moller, Trina Rieses, Anna Luekers.	6 12	12 6	F.
539	1613	15	Heinrich Melman . . . . Gertrude Brandthoffs . . . . . . St.: D. Johannes Fabritius, prediger St. Reinoldi, Herman Quadtbecke, Henrich Scholer, Weßel Holtei, Johan Melman, Sebastianus Hermuntius, Reinoldt Quadtbecke, Herman Steinwegh, Johan Holtei, Johann Schottelendreier, Johan Emichman, Berndt Schwerdt, Hanß Furstenberg, M. Middeldorff, Johan Pottgießer, Caspar Dieffhauß der junge, Anna Brandthoffes, Catharina Holtei, Elßke Quadtbeck, Margreta Melmans, Gertrudt Melmans, Apolonia Steinwegs.	10 20	20 10	
540	1613	22	Johan Hulßhoff . . . . Anne vom Thie . . . . St.: M. Berndt Hulßhoff, Johannes Weidtmar, Friedericus Beurhusius, Johan Hulßhoff, M. Claß vom Thie, Niclaß Pinnoge, Detmar vom Thie, Floer Scheckermann, Rotger Freise, Margreta Pinnoge, Anna Schulte, Catharina vom Thie, Elßke Hulßhoffs, Elßke Freise.	6 12	12 6	 H.
541	1613	Febr. 12	Bertram Lobke [1]) . . . . Margreta Leven . . . . St.: Johannes Vahrne [2]), pastor Iserlohnensis, Jacob Lobke, der vatter, Zacharias Lobke, Anna uxor, Degenhardt Huck, Jorgen Himmelreich, Anna uxor, Walter Bomekenn, Else Leve, der braut mutter, Reinolt Leve,	20 40	40 20	F. H.

[1]) Am Rande steht Lobbeke (Löbbecke).
[2]) Varnhagen.

Laufende Nummer	Datum Jahr	Datum Tag	Name	W.	G.	Zusätze
			Anna uxor, Johan Leve, Anthon Leve, Catrine, sein haußfrauw, Herman Garnefeldt, Herman Steinwegh, Johannes Emichman, Margreta uxor.			
542	1613	Febr. 27	Renoldt Quadtbecke	6	12	F.
			Cathrine Weißkotten	12	6	
			St.: Her Johannes Fabritius, predicant St. Reinoldi, Hermann Quadtbecke, Johan Berckhoff, M. Tigges Middeldorff, Herman Hemerde, Thonis Drensche, Adolff Weißkotte, Jost Quadtbecke, Heinrich Quadtbecke, Dam Dette, Elßke Quadtbecke, Margreita Weißkotte, Anna Dette, Heinrich Seher, Johan Schultte, Heinrich Melman.			
543	1613	März 5	Wenber Scholvinck.	12	6	F.
			Gerdrutt Pötters	6	12 (sic!)	
			St.: Johan Potter, Herman Pottgieser, Werner Fleye, Wilhelm Haßelhoff, Herman Lenhoff, Serries Lutterman, Henrich Timan von Camen, Wilhelm Meckelenbeck, Cordt Stradtman, Jost Scholvinck, Franß Fischer, Johan von Lunen, Degener Busch, Claß Ruggenbecker, Ties Otto, Cathrina Potters, Enne Haselhoffs, Clar Scholvincksche, Catrina Ruggenbeckers, Catrina Scholvincksche.			
544	1613	5	Gerrit Kaupe	10	20	F.
			Anne Emichmans	20	10	
			St.: Her Johannes Fabritius, predicant zu St. Reinolt, Mathias Johan und Jasper Kaupe, Herman vom Rombergh, Gerdt Seher, Johan Nolle, Johan Emichman, Johan Koene, Reinolt Siegebode, Georg Himmelreich, Gertrudt widtwe Nevelings, Elßke widtwe Emichmans, Catarina Kaupe, Catarina Rombergs, Margreta Kaupe, Elßke Siegebode, Margreta Sehers.			

Laufende Nummer	Datum Jahr	Datum Tag	Name	W.	G.	Zusätze
545	1613	März 25	Detmar Pieper . . . . Margrete von Scheide . . . . St.: Gerdt Seher, Johan Wennemars, Heinrich vom Scheide der alte, Heinrich vom Scheide der junge, Anna vom Scheide. Elßge Wennemars, Henrich Brinckman.	4 8	8 4	
546	1613	April 23	Henrich Plange . . . . Clara Appelhoffs. . . . . St.: Jurgen von Iserlohn, Reinolt Melman, kopperschmidt, Johan Plange, Adolff Krumbergh, Everdt vom Kley, Gilließ Appelhoff. Dirick Scheper.	Thaler 10 10	 fehlt „	
547	1613	30	Dieterich Reinerman . . . . Elßge von Hulschede . . . . St.: Her Reinolt Sternenbergh, pastor Leprosorum, Thönis vom Cley, Lutter Buck, Cordt Peters, Johan Rußperg, Jasper Willich, Wilhelm von Hulschede, Jost Pott, Johan Luecker, M. Herman Bauwmeister, Franß Embsinckhoff, Margreta vom Kley, Anna Peters. Elßge von Hulschede, Margreta Willich, Elße Poetes.	Mark 12 24	Mark 24 12	F.
548	1613	Juni 4	Henrich Weißman[1]) . . . . Cathrine vom Kley . . . . St.: Her Nicolaus Witten, pastor in Apelerbecke, her Johannes Witten, pastor zu Halbern, Johan Barenschmidt, Goddert Schubbe, Jacob Jansen, Reinhardt Weißman, Heinrich Botterman, Tigges Rupinck, Dieterich zum Cley. Anna uxor, Johan zu Cley, Greite uxor, Johan Nierman zu Lutkendortmundt, Rotger Hauwman zu Marten, Heinrich Haßelhoff zu Lutkendortmundt, Johan Kampman, Agneta uxor.	10 20	20 10	

[1]) Witwer; s. Vrmb. Nr. 176.

Laufende Nummer	Datum Jahr	Datum Tag	Name	W.	G.	Zusätze
549	1612	Okt. 17	Der erenhaffte Dieterich von Ditz .	25	50	F.
			Die tugendtsame Anne Mallinckrodtz	50	25	H.
			St.: Berndt Dubbe, wildfurste, Simeon von Dietz, dero rechten doctor, Johan Salmes, Wilhelm Mallinckrodt, Anthon Bockholdt, Johan von dem Brinck, Johan Mallinckrodt, Wilhelm von dem Brinck, Jorgen Balsers, Anna von Diest, Anna Mallinckrotz, Margreta Salmes, Belcke Hucks.			
550	1612	Nov. 13	Wilhelm Mickelenbecke	6	12	F.
			Margrete Potter	12	6	
			St.: Johan Mickelenbecke, Christoffer Sneider, Johan Potter, Wilhelm Haselhoff, Zeirriß Lutterman, Arndt Westerman, Herman Pottgieser, Herman Lenhoff, Albertus Vitriarius, Werner Fley, Weßel Holtei, Cathrina Pötters, Anna Haselhoffs, Cathrina Luttermans.			
551	1612	Juni 24	Johan Hulßberg	2	4	F.
			Belhe	4	2	
			St.: Her Bertholdt Holtebrinck, Johan Freiman, Gilliß Appelhoff, Herman Stenweg, Jorgen Eilckinck, Greite Middeldorffs, Stine Appelhoffs, Plonie Stenwegs, Lucia Freimans.			
552	1613	19	Frans Bertholtz	5	10	
			Christine Berßwortz	10	5	
			St.: Her Herman von der Berßwordt, burgermeister, Catharina von der Berßwordt sein haußfr., Christoffer von der Berßwordt, Heinrich Bertholdtz, Gerdrudt uxor, Arndt Tappe, Margrete uxor, Johan Ruesperg, Jorgen Himelreich, Arndt von Boele.			
553	1613	Aug. 13	Johan Eickman	2	4	
			Anne Nevhoffs	4	2	
			St.: M. Dietherich Gerlinckhauß, Johan Krumme, Herman Eickman, Heinrich			

Laufende Nummer	Datum Jahr	Datum Tag	Name	W.	G.	Zusätze
			Lange, Gerdt Westerman, Cordt Schulte, Steffen Langhoff, Reinoldt Teschemacher, Anna Newhoffs, Maria Langhoffs, Margrete Westermans.			
554	1613	Juni 26	Der erenveste und hochgelerte her Melchior Degginck dero rechten doctor	fehlt		
			Die ehr und thugentsame Anne Melings			H.
			St.: Caspar Degginck, Detmar Mulher, her Herman Embsinckhoff, pastor Nicolai, her Amadus Otto, pastor Petri, Herman Degginck, Ludtwich Melhinck, Barbara Sasse, widtwe Ewinckhauß, Anna Embsinckhoffs, Catharina Otto, Elßke Lambachs, Anna Kramers.			
555	1613	26	Hanß Pieper	fehlt		F.
			Gertrude			
			St.: M. Johan Schlechtendaell, Christoffer Braun, Johan Krumme, Berndt Kranefeldt, Johan und Tilman Voerste, Enneke Tilmans, Elßge Knoepes, Claß Schlotter, Catharina Krumme.			
556	1613	Juli 16	Johan Kueper	10	20	F.
			Catharine Godtschalcks [1])	20	10	
			St.: Johan Widtrock, Johan Rueßberg, Jorgen Himelreich, Heinrich Schaffman, Johan Dorper, Rotger Baeck, Heinrich Evertz, Heinrich Stoeffe, Detmar Kueper, Jorgen Balthasars, Everdt Baeck, Anna widtwe Godtschalcks, Clara Evertz, Catharina Weidtmars, Sibilla Brugmans, Catharina Rhese, Johan Godtschalcks, Adrian von Halbern, Herman zum Berge.			

[1]) Witwe; s. Vrmh. Nr. 174.

Laufende Nummer	Datum Jahr	Datum Tag	Name	W.	G.	Zusätze
557	1613	Juli 30	Heinrich Quadtbecke[1]) . . . . . . Elisabet Boenen . . . . St.: Herman Quadtbecke, Reinoldt Quadtbecke, Johan Kramer, Caspar Heidtfeldt, Johan Brieffe, Diethericlı Boenen, Hanß Mateler, Detmar Konig, Eva Heugelings, der braudt mutter, Elßgo Quadtbecke, Catharina Quadtbecke, Anna Matelers.	20 40	40 20	 H.
558	1613	Aug. 27	Arndt Schubbe . . . . Catharine Struncks . . . . St.: Her Herman Vedtmuß, capellaen Mariae, Thonis Schubbe, Jorgen im Siepen, Godert Schubbe, Johan Strunck, Berndt Nagell, Cordt Sundthoff, Berndt Schwerdt, Johan Knoep, Johan Stricker, Elßge Struncks, Anna Strickers.	6 12	12 6	F.
559	1613	Sept. 3	Dietherich Geistman . . . . . . Merrie Mollers . . . . St.: Wilhelm Mellinck, Johan Barenschmidt, Heinrich Cordtz, Jorgen Berchman, Thonis von Rhe, Dietherich Geistman, Albertt zum Berge, Henrich von Minden, Johan Cordes.	6 12	12 6	F.
560	1613	23	Wessell Gerstkamp . . . . Merrie[2]) . . . . St.: Henrich Stuffer, Johan Gerstkamp zu Hockerde, Sophia Rheces, Trine Nieses.	3 3	3 3 (sic!)	F.
561	1613	24	Hilbrandt Hemerde . . . . Margrete Schepers[3]) . . . . St.: Herman Hemer, Anna uxor, Anthon Drensche, Heinrich Hoe, Heinrich Polman, her Melchior Castroff,	6 12	12 6	F. H.[4])

[1]) Witwer; s. Vrmb. Nr. 180.
[2]) Sie hat eine Tochter Margarete.
[3]) Witwe Anton Scheper; s. Vrmb. Nr. 177.
[4]) Die „Heiligsverschreibung" war 1613 Aug. 16 aufgerichtet.

Laufende Nummer	Datum Jahr	Datum Tag	Name	W.	G.	Zusätze
			pastor zu Hockerde, Herman Lenhoff, Johan Andreis, Johan Brandis, Heinrich Stoeffe, Trine Brandis.			
562	1613	Sept. 25	Jasper Blanckenstein	3	6	F.
			Ließbeth Brandthoffs [1])	6	3	
			St.: Caspar Varwich, Jorgen Hollinck, Kerstin Tappe, Elßge Varwichs, Greite Scholvings, her Johannes Fabritius, Hanß Furstenberg, Wilhelm von der Hornenberg, Catharina Lunings, Margreta Emichmans.			
563	1613	Okt. 1	Renoldt Garnefeldt [2])	2	4	F.
			Drude Brocks	4	2	
			St.: Herman Garnefeldt, Dietherich Scheper, Hilbrandt Hemerde, Johan Schulte, Hans von Giesen, Johan Brocks.			
564	1613	15	Johan Mellinckhauß	12	24	F.
			Margrete Beckers	24	12	
			St.: Rotger Mellinckhauß, Ließe uxor, Johan von Lunen, Gertrudt uxor, Wessell Mellinckhauß, D. Amandus Otto, pastor Petri, Catharine uxor, Friederich Mellinckhauß, Heinrich von Steinen, Dietherich Rhuerman, Johan Kerßeboem, Johan Hustebecke, Heinrich Knoep.			
565	1613	16	Der erenhaffte Caspar Degginck [3]) .	25	50	F.
			Die thugentsame Catharine Melmans .	50	25	
			St.: Her Johan Freiman, dero rechten doctor, Frans Schoeler, Herman Degginck, Caspar Berchfeldt, Caspar Dieffhauß, Johan Potgießer, Lambertt Dieffhauß, Johan Nolle, Margreta uxor, Margreta widtwe Melmans,			

[1]) Elisabeth, Witwe Johann Brandhoff; aus ihrer vorigen Ehe sind Kinder vorhanden.
[2]) Er hat einen Sohn Nikolaus.
[3]) Witwer; s. Vrmb. Nr. 181.

Laufende Nummer	Datum Jahr	Datum Tag	Name	W.	G.	Zusätze
			Heinrich Nieß, Beleke Scholers, Elßke Pottgießers, Anna Dieffhauß, Caspar Heidtfeldt, Gerritt Nehauß, burger zu Coln.			
566	1613	Okt.	Herman Rupinck	6	12	F.
		22	Anne Baur	12	6	
			St.: D. Johannes Fabritius, predicant zu St. Reinoldt, Johannes Weidtmar, Albertt zum Berge, Johan Gildehauß, Dietherich Ruepinck, Jurgen Baur, Else uxor, Reinoldt Giesenstein, Margreta uxor, Anna widtwe Baur, Arndt Ruepe, her Joest Scholvinck.			
567	1613	29	Johan Goddderts	3	fehlt	
			Gertrudt Bockmans	3	"	
			St.: Hanß Heinrich Becker, M. Johan Becker, Johan Wasserman, Johan Stuckman zu Berckhoffen, Jorgen Walleboem, Berndt Bastardt.			
568	1613	29	Jorgen Stichter	6	12	
			Margrete Richters	12	6	
			St.: Her Caspar Nieß, licentiat, Heinrich Hoe, Thonis Drensche, Christoffer Tappe, Ließbett Gerlichs, Catharine Kumpsthoffs, Else Richters, Greite Stichters.			
569	1613	29	Johan Palm	12	24	
			Elßge zum Bomern	24	12	H.
			St.: D. Bartholomeus Stiberus, predicant zu St. Reinoldt, her Bertholdt Holtebrinck, capellaen daselbst, Mathias Herbertz, Dietherich Hueck, Arndt Rupe, Herman Bloete, Wessell Hoffman, Zacharias Lobbeke, Wolter Bomchen, Reinoldt Giesenstein, Johan Herbertz, Sophia Stiberi, Anna Lobeken, Christina Rupe, Margreta Hoe.			

14*

Laufende Nummer	Datum Jahr	Datum Tag	Name	W.	G.	Zusätze
570	1613	Okt. 30	Cordt Kindt . . . . Anne Nollekens . . . . St.: Herman Bolle, Reinoldt Barenschmidt, Jorgen Schilling, Schotte Nolleken, Tigges Middeldorff, Johan Dorleman, Johan Schulte, Johan Uberthaun, Trine Drensche, Else Bolle, Heinrich Nolleken.	fehlt		F.
571	1613	Nov. 5	Johan Segelinckhoff . . . . Elße Freilinckhauß . . . . St.: Johan Segelinckhoff, der vatter, Johan Bierman, Johan Hecker der junge, Dietherich Freilinckhauß, Rotger Bierman, Dietherich Leonhartz, Gerdt Voerste, Anna Siegelinckhoffs, Belhe Bermans.	5 10	10 5	
572	1613	5	Johan Nierhauß . . . . Margrete Schubbe . . . . St.: Heinrich Glenneman, Jorgen zum Kumpe, Herman Mertens, Johan Pilenschmidt, her Reinoldt Sternenberg, pastor Leprosorum, Johan Dorper, Cordt Hueck, Lambertt Nieß, Anna Dorpers, Drude Schubbe, Else Rauters.	6 12	12 6	F.
573	1613	12	Caspar Fyurken . . . . Enneke Schade . . . . St.: Wilhelm Schulte, Johan Thoinck, Johan Khuse, Johan Schade, Johan Gerneman, Johan Lambertz, Claß Schade, Enneke Hovels, Tigges Moller, Greite Mertens.	4 4	fehlt „	
574	1613	5	Herman Holscher . . . . Barbara Trapmans[1]) . . . . St.: Herman Bloete, Johan Drensche, Heinrich Holscher, Johan Palm, Daem	6 12	12 6	F.

[1]) Ihr Bruder heißt Gottfried; ihre Mutter besitzt ein Haus auf dem Ostenhellweg.

Laufende Nummer	Datum Jahr	Datum Tag	Name	W.	G.	Zusätze
			Dette, Cordt Schulte, Heinrich Sollerman, Jorgen Nagel, Gertrudt Scherer, Ursel Schoeffes.			
575	1613	Nov. 6	Otto von Essen . . . . Anne zum Hanenbergh . . . . . St.: Wennemar Lehners, Godert Schechtenthall, Herman zum Loge, Thies Lobbe, Detmar Schmidtmann, Schwenne zu Spethoffe, der braudt mutter, Trine Otto, breudtgams mutter.	10 5	5 10 (sic!)	
576	1613	Dec. 9	Thonis Thodtman . . . . Stine Lomans . . . . St.: Henrich Loman, Helmich Rhebergh, Dieterich Drensche, Dieterich Schenckerll, Greta Rhebergs, Greta Lomans.	3 6	6 3	
577	1613	18	Dieterich von Berckhoffen . . . . Clare . . . . St.: Henrich von Steinen, Jorgen Bönneken, Johan Böcker, Detmar Berckhoffen, Margreta von Steinen, Catharina Bonnekens und andere mehr guter leuthe.	4 8	8 4	
578	1614	Jan. 6	Johan Brugman . . . . Else [1]) . . . . St.: Thonis Schloßer, Henrich Lohemans, Herman Drenckman, Rotger Drenckman.	} fehlt		F.
579	1614	13	Anthoniß von der Weische . . . . Catharine Brugmans . . . . . . St.: Dominus Bertholdus Holtebrinck, sacellanus ad St. Renoldi, Hanß Henrich Becker, Johan Wenner, Thonis Moninck, Hermannus Hemmer.	3 6	6 3	

[1]) Witwe; sie hat zwei Töchter: Anna und Gertrud.

Laufende Nummer	Datum Jahr	Datum Tag	Name	W.	G.	Zusätze
580	1614	Jan. 14	Johan Ellinckhauß . . . . Clare Schulten [1]) . . . . St.: Renoldt Ellinckhauß, der vatter, Herman Widtgerber, Henrich Rausche, Reinoldt Siegenbode, Henrich Jude, Henrich Holscher, Dieterich Kopeshoff, Henrich von Steinen, Dieterich Schultte, Dieterich Widtgerber, Enneke Quadtbecke, Barbar Lethmate.	12 24	24 12	F.
581	1614	21	Peter Muller . . . . Gertraudt Raschen . . . . St.: Johan Rasche, Henrich von Unna, Reinoldt Garnefeldt, Claß Garnefeldt, Jorgen Schroder, Wilhelm Mickelenbecke, Johan Moller zur Beienbergh, Augustinus von Hoelen, Johan Glietenbergh, Peter Vechtebier, Elbert Mullers, Greite Rasche, Maria Vechtebiers, Christine Scherers.	6 12	12 6	
582	1614	28	Andreis Overbecken . . . . . . Catharine zum Berge . . . . . . St.: Albert zum Berge, Jorgen Krumme, Johan Overbecke, Johan Hecker, Hermann Rupinck, Johannes Weidtmar, Johan Mallinckrodt, Berndt Schwerdt, Johan Freidthoff, Elisabeth der braudts mutter, Gertraudt Schwerts.	20 10	10 20 (sic!)	
583	1614	Febr. 11	Johan Schnier . . . . Grete Monnickes [2]) . . . . St.: Dominus Johannes Fabritius, prediger ad St. Renoldi, Hillebrandt Hemmer, Jurgen Krumme, Johann Krumme, Jorgen Lambers, Margreta Hemmers.	fehlt	fehlt	F.

[1]) Witwe Godert Schulte; s. Vrmb. Nr. 182.
[2]) Witwe mit einer Tochter Catharine.

Laufende Nummer	Datum Jahr	Datum Tag	Name	W.	G.	Zusätze
584	1614	Febr. 13	Rotger Löcken . . . . Trine Potts . . . . St.: Henrich Seer, Thonis Plöger, Cordt Bildtstein, Jorgen Teilcken, Stine Locke, Else Plogers.	fehlt		H.
585	1614	März 2	Dieterich Stoffe . . . . Anne auffm Tigge . . . . St.: Dreiß auffm Tigge, Ludolff Schulte zu Corne, Herman Blote, Johan Haselhoff, Johan Drenckman, Johann Voschepiepe zu Corne, Johan Schmeltz zu Brechten, Thonis zu Brackel, Jorgen auffm Tigge.	6 12	12 6	
586	1614	4	Johann Geistman . . . . Anne Schulte . . . . St.: Johan Bilwinckel, Else Ringelbantz, Herman Garnefeldt, Johan Pilenschmidt, Herman Bogge, Henrich von Unna, Johan Lenhoff, Henrich Gleneman, Margreta Hovemans, Catharina Garnefeldts, Elßke Pilenschmidts, Gertrudt Lenhoff.	6 12	12 6	
587	1614	11	Herman Wennemars . . . . Margarete Graes . . . . St.: Der ehrnvest und hochgelerter her Johannes Wordtman, der rechten doctor, Dieterich im Köhr, Dieterich Hovel, Peter Graes, Dieterich Freilinghauß, Friederich Graers, Henrich Wennemars, Wilhelm von der Hornenbergh, Wilhelm von Waltropff, Barbara Sibers, Enneke Buddeke, Clara Wortmans.	24 12	12 24 (sic!)	
588	1614	13	Tigges Luges[1]) . . . . Sibille Fischers . . . . St.: Her Johannes Fabritius, predicant zu St. Renoldt, Henrich Borck, Cordt	6 12	12 6	H.

[1]) Er hat eine Tochter Else; sein Haus liegt auf der „echtersten Kampstraßen“.

Laufende Nummer	Datum Jahr	Datum Tag	Name	W.	G.	Zusätze
			Lenneper, Johan Hugen, her Weßel Kastrope, pastor zu Steel, her Melchior Kastrope, pastor zu Hockerde, Wilhelm Marten unnd Berndt Kastrop, gebrudere, Catharina uxor, Elisabeth Castrops, Alheit Kastrops, Hanß Henrich Becker.			
589	1614	März 18	Henrich Brugman . . . . Margrete Hummelbecke . . . . . . St.: Johan Barenbergh, Reinoldt Scheve, Henricus Heidtman, Albert zum Berge, Johan Siepman, Johan Grevendieck, Else Hummelbeck, der braudt mutter, Enne Gerlings zu Wannebel, Angnes Hummelbecke, Johan Kampheuwer, Johan Gerlichs.	2 4	4 2	
590	1614	18	Herman Martens . . . . Catharine Biermans . . . . St.: Her Herman Bierman, pater zu Lutkendortmundt, Berndt Martens, Jorgen Bömeken, Johan Böker, Johan Bierman, Bela uxor, Rotger Bierman, Dieterich Freilinghauß, Goddert Hemmerde, Herman in der Murie, Johan Siegelinckhoff, der alte und Johan Siegelinckhoff der junge, Herman auff der Embscher, Henrich Grevinckhoff, Anna Ludtwichs, Trine Bomekens, Anna und Else Siegelinckhoffes.	6 12	12 6	
591	1614	April 15	Claß Ruggenbecker[1]) . . . . Else Putthoffs . . . . St.: M. Dieterich Freilinghauß, Herman Putthoff, Caspar Willich, Dieterich Putthoff, Cordt Buck, Timan Graschop von Bodelschwingh, Johan Hamerschmidt, Dieterich Doseman, Bele Freilinghauß, Drude Graschop, Trine Hannemans und Anna Hamerschmids.	12 6	6 12 (sic!)	

[1]) Witwer; s. Vrmb. Nr. 183; sein Sohn Heinrich ist ebenfalls Witwer; s. ebd. Nr. 184.

Laufende Nummer	Datum Jahr	Datum Tag	Name	W.	G.	Zusätze
592	1614	Mai 6	Balthasar Deggener . . . . Catharine Bucks . . . . St.: Herman Lobach, Johann Lobach, Hanß Furstenbergh, Jorgen Hollingh, Engelbert Hollinck, Henricus Heidtman, Johan Kramer, Schotte Dobbe, Gretke Hollings, Enneke Hollings und Grete Lobachs.	6 12	12 6	
593	1614	6	Johan Vogels . . . . Catharine Neuwhoffes . . . . St.: Berndt Schwerdt, Arndt Rupe, Wiegandus Hoffman, Cordt Schulte, Henrich Lange, Johan Mutte, Gerdt Westerman, Philips in der Wage, Gertraudt Schwerdts, Christina Rupe und Greite Westermans.	6 4	4 6 (sic!)	
594	1614	Juni 17	Johann Grevendieck . . . . Anne Marckmans[1]) . . . . St.: Die ehrenhaffte und wolerfarne Henricus Heidtman, Albert zum Berge, Lubert von Munster, Henrich Brugman, Johan Knop, Johann Herberts, Goßman Grevendieck, Herman Gerdes zum Kley, Gretke Herbers und Moy Grevendiecks.	3 6	6 3	F.
595	1614	24	Laurentz Volbertz . . . . Else Wennemars . . . . St.: Eberhardt Volbert, Henrich Hecke, Reinolt Hecke, Herman Potgieser, Jorgen Krombergh, Jasper Willich, Johan von Bodelschwingh, Anna Volberts, Anna Heckers, Trine Bokels, Grete Tilmans und andere mehr gudte leudte.	6 12	12 6	F.
596	1614	24	Der ehrenhaffte Johan Weißkotte . . Die tugendtsame Margrete von Ende St.: Die ehrenhafft, achtbare und vornehme, an des breutigams seiten:	50 25 (sic!)	25 50	F. H.

[1]) Ihr Vater ist Hermann Gerdes zu Kley.

Laufende Nummer	Datum Jahr	Datum Tag	Name	W.	G.	Zusätze
			Adolff Weißkotte, Henrich Schaffman, Reinoldt Scheve, Anna Weißkotte, Catharina Schaffmans, Margarete Bullerenn. An seiten der braudt: Henrich Scholer, Anna uxor, Arndt Tappe, Catharina uxor, Thonis Nieß, Johan Nieß, Mathias Herbertz, Laurentz Dulman, Anna uxor.			
597	1614	Juli 15	Jorgen Marcks	5	10	F.
			Else Lokes[1])	10	5	
			St.: D. Bertholdus Holtebrinck, Jost Quadtbecke, Johan Loke, Johan Marcks, Detmar Muller, Meister Gerwin, Johan Droste, Jost Funcke, Trine Quadtbecke, Trine Funcke und Else Mullers.			
598	1614	29	Wilhelm Meckelenbeck	12	6	F.
			Catharine Sebers	6	12 (sic!)	
			St.: An seiten des breutigams: Margarete Meckelenbecks, Johan Pötter, Johan Meckelenbecke, Christoffer Schneider, Herman Lenhoff. An seiten der braudt: Dieterich Muller, Oßel uxor, Johan Seher, Mechel uxor, Gerdt Seher, Lambert Dieffhauß, Johannes Weidtmar, Friederich von Marten, Henrich Seher et uxor.			
599	1614	29	Jorgen Storck	12	6	
			Enne Welten	6	12 (sic!)	
			St.: Gerdt Stradtman, Jorgen Kellerman, Henrich Knop, Thonis Themisfeldt, Dieterich Buck, Gerdt Knolle, Johan Kopshoff, Theves von Settelen, Herman Schildtkötter, Jorgen Bove, Greite Stradtmans, Else Themisfeldt, Else Kopshoff und Enne von Settelen.			

[1]) Sie hat eine Tochter Elisabeth; ihre Mutter ist Anna Peters.

Laufende Nummer	Datum Jahr	Datum Tag	Name	W.	G.	Zusätze
600	1614	Aug. 12	Johan Heidtman	6	12	
			Margarete Krumme, witwe Henrich Bockholt[1])	12	6	H.
			St.: Johan Krumme, Else uxor, Henrich Heidtman et uxor, Vit und Kracht Heidtman, gebrudere, Kracht Hellinger, Kracht Messingh, Gerdt Kobbe, Thies Middeldorptf, Henrich Overbecke, Else Heidtmans, Dorothea Cordes und Anna Scheurmans.			
601	1614	17	Jorgenn Friederichs	4	8	
			Trine Hauwmans	8	4	
			St.: Johan Kockelke, Dieterich Kockelke, der braudts brudere, Henrich Hoffmans, Dieterich Kockelke, Ludolff Hoffman, Henrich Hoffman, Johan Teigeler, Henrich Paßman, Arndt Schmidt, Beatrix Friederichs, Else Paßmans und Else Kockelke, der braudt stieffmutter.			
602	1614	26	Philip Richardt	10	20	F.
			Ursule Sternenbergs	20	10	
			St.: D. Johannes Fabritius, prediger St. Renoldt, Irmgardt uxor, her Renolt Sternenbergh, Catharina uxor, Bernhardt Schwerdt, Gertraudt uxor, Sebastianus Hermuntius, Everdt Salcke, Johan von Lhoe, Wilhelm Hulschede, Elße uxor, Cordt Peters, Caspar Furstenbergh.			
603	1614	Sept. 2	Herman Koningh	3	6	
			Clare Hollermans	6	3	
			St.: Everdt Saur, Johan Lohoff, Friedrich Saur, Thonis Mellinckhauß, Johan Hove, Johan Brieffe, Jorgen von der Ost, Everdt Saur der junge, Else Saurs, Elisabeth Saurs, Gerdrut Hove, Drude Mellinckhaußes, Enneke von der Ost und Anna Lohoffs.			

[1]) Siehe Vrmb. Nr. 188.

Laufende Nummer	Datum Jahr	Datum Tag	Name	W.	G.	Zusätze
604	1614	Sept. 9	Der ehrenhaffte Wilhelm Barop . .	25	50	F.
			Die tugendtsame Catharine Melmans .	50	25	
			St.: Die würdige, wolgelerte, achtbare und vornehme her Johannes Baropius, pastor St. Reinoldi, her Bertholdt Holtebrinck, Adolff Weißkotte, Johan Drensche, D. Petrus Rotarius, Johan Hauwman, Johan Hobauß, Johan Melmann, Johan Sunnenschein, Reinoldt Scheve, Wilhelm Schloßschulte, Barbara Melmans, Anna Hauwmans, Margareta Drensche und Margareta Hovemans.			
605	1614	11	Wilhelm Sumpelman	4	8	F.
			Anne Budechers	8	4	
			St.: Herman Sumpelman, Burris Muller, Catharina Sumpelmans, Margareta Sumpelmans, Adrian Rupinck, Gerhardt Richteringh, Hanß Cabelens, Berndt Fustingh und Maria Rupings.			
606	1614	23	Der ehrenhaffte Bernhardt Schroder .	25	50	F.
			Die tugendtsame Elisabet Schulten .	50	25	
			St.: Die würdige, wolgelerte, achtbare und vornehme Hermannus Embsinghoff, pastor zu St. Nicolai, Johannes Embsinghoff, Dieterich Huck, Dieterich Schulte, Johan Mallinckrodt, Peter von Lhoe, Johan Hollebach, Herman Schurman, Degenhart Sinder, Margareta Mallinckrodts, Clara Embsinghoffs, Catharina Sinders.			
607	1614	Okt. 1	Adam Bockelmans	3	6	
			Margarete Schmidts	6	3	
			St.: Reinoldt Giesenstein, Jorgen Bockelman, Else uxor, Flor Fischer, Bertholdt Hußman, Agneß uxor, Dieterich Busch, Catharina Schmidts, Johan Ernst, Claß Dieckheuwer, Anna Ernsts und Elisabeth Busches.			

Laufende Nummer	Datum Jahr	Datum Tag	Name	W.	G.	Zusätze
608	1614	Okt. 13	Wilhelm Huege	3	6	F.
			Anne	6	3	
			St.: Johan Huege, Heinrich Borck, Johan Froene zu Kirchlinde, Johan Papenhoff, Renoldt Vogt, Herman Munsterman zu Holtehaußen, Berndt Borcken, Dietherich Huege.			
609	1614	14	Berndt Sanders	6	12	F.
			Elßge Hawmans	12	6	
			St.: Johan Wenner, Margretha uxor, Renoldt Giesenstein, Margretha uxor, Else Sanders, Heinrich Rausche, Gert Scher, Herman Bawmeister und Anthoniß von der Wiesche.			
610	1614	22	Tigges Sieberhauß	4	8	
			Trine	8	4	
			St.: Johan Ennichman, Renoldt Lollers, Johan Hueck, Johan Palm, Johan Andreß, Heinrich Sundthoff, der braudt vatter, Heinrich Sieberhauß, Herman Schoeff, Johan Sundthoff, Catharina wittib Middendorps, Christina Ruepe, Ursula Schoeffs.			
611	1614	23	Dethmar Wießkotte	6	12	F.
			Else Spenhoffs	12	6	
			St.: Tigges Middeldorff, Thoniß Drensche, Heinrich Wießkotte, Johan Kaupe, Joest Wießkotte, Dethmar Schroder, Hanß von Coblentz, Johan von Wellinckhoven, Trine Spenhoffs, der braudt mutter, Grete Middeldorffs, Gilliß Appelhoff.			
612	1614	26	Jasper Keßberg	4	8	F.
			Elßke Windtgantz	8	4	
			St.: Johan Boeckinck, Dietherich Groene, Adam Steinhauß, Hestera Boeckings, Greite Groene.			

Laufende Nummer	Datum Jahr	Datum Tag	Name	W.	G.	Zusätze
613	1614	Okt. 28	Arndt Kramer . . . . Marie Barenschmidtz . . . . St.: Johan Kramer, Caspar Hoe, her Heinrich Waßman, pastor zu Ende, Johannes Voerste, Albert zum Berge, Caspar Furstenberg, Berndt Schwerdt, Johan Luecker, Johan Westhoff, Grete Barenschmidtz, der braudt mutter, Grete wedwe Barenbergs, Clara Muddeferings, Anna Kramers.	12 24	24 12	
614	1614	28	Laurentz Lubbertz . . . . Clare Frielinckhauses . . . . St.: Peter Lubbertz, Cathrina uxor, des breudtgams elteren, Johan Nolle, Evert Baeck, Frantz Schulte, Heinrich von Castrope, Anna Dorpers, Ursula Baecks.	6 12	12 6	
615	1614	30	Arndt Wilhelms[1]) . . . . Trine Konigs . . . . St.: Johan Kumpsthoff, Heinrich Ellinckhauß, Renoldt Ziegenboge, Johan Trapman zu Aßeln, Johan Koninck zu Wannebel, Gerdt Overdorps, Anna Wilhelms, des breutigams mutter, Elßke Kumpsthoffs, Else Konigs, Enne Trapmans.	4 8	8 4	F.
616	1614	Nov. 5	Wilhelm Veldtman . . . . Ursule zur Mollen . . . . St.: Her Herman Vedtmuß, cappellaen Marie, Philip Kramer, Hanß von Arnsperg, Engelbert Dulman, Georg Himmelreich, Johan Kampman, Johan Schade, Heinrich Francke, Enneke Detmars gnandt Quadtbecken, Johan Ellinckhauß, Clara uxor, Else Veldtmans, Anna Dulmans.	10 20	20 10	 H.

[1]) Im Vrmb. heißt er Wilms; s. Nr. 189.

Laufende Nummer	Datum Jahr	Datum Tag	Name	W.	G.	Zusätze
617	1614	Nov. 11	Goddert Overdorps . . . . Barbara . . . . St.: Arndt Wilhelms, Jorgen Schillinck, der braut vatter, D. Johannes Schilling, sacellanus in Lutkendortmundt, Frantz Fischer, Joest Quadtbecke, Renoldt Barenschmidt, Caspar von Sittert, Clemmet Overdorps, Wilhelm Schomacher, Elßke Schillings, der braudt mutter, Trine Quadtbecke.	6 12	12 6	
618	1614	11	Goddert Knolle . . . . Elßke Schulte . . . . St.: Goddert Knolle, schulte uffm cloester zu St. Cathrinen, Johan Knolle, des breutigams vatter, Dethmar Knolle, Dietherich Knolle, Heinrich Weißman, Dietherich Schulte, Teves up dem Hoffe, Teves Buese zu Ree, Gerwin dar Baven, Else Knolle, des breutigams und Else Schulten, der braudt mutter, Johan Schulte, Trine Schulte, Johan Meihane.	3 6	6 3	
619	1614	12	Der ehrenhaffte Johan Herbertz . . Die thuegentsame Elßge Mallinckrodtz St.: Herr Bartholomeus Styberus, prediger zu St. Renoldt, Mathias Herbertz, Anthonis Heinrich und Johan Nieß, gepruedere, Wilhelm Mallinckrodt, Dietherich von Diest, Wilhelm von dem Brinck, Johan Mallinckrodt, Johan Palm, Jorgen Balthasars, Anna Mallinckrodtz, Anna von Dietz, Margretha Nieses, Belecke Huecks, Ließbet wedwe Brincks, Elßke Palms, Clara Nieses, Sophia Stiberi, Anna Schoelers, Gertrudt wedwe Bucks, Margreta Mallinckrodtz.	25 50	50 25	 H.
620	1614	13	Renoldt Hoppen . . . . Grete . . . . St.: Herman Potgießer, M. Frantz Schulte, Johan im Hoppen, des breu-	5 10	10 5	F.

Laufende Nummer	Datum Jahr	Datum Tag	Name	W.	G.	Zusätze
			tigams vatter, Tonіß von Klei, Luther Buck, Jorgen Daroben, Johan Oesterman, Johan Hulßhoff, Jasper Harrebrinck, Enne Harrenbrincks, Greteke Reinermans, Drue Oestermans.			
621	1614	Nov. 18	Der ersame Herman Scheve . . . Die thugentsame Elßge Barops . .	25 50	50 25	F.
			St.: Die würdige, wolgelehrte, auch achtpare und vornehme herr Johan Barop, pastor Renolti, herr Bertholdt Holtebrinck, sacellanus ibitem, Renoldt Scheve, des breudtgams vatter, Adolff Wießkotte, Heinrich von dem Broche, richter zu Hoerde, M. Jorgen Balthasar, Johan Drensche, Johan Hawman, Wilhelm Barop, M. Johan Schlechtendael, Zacharias Lobbecke, Margretha Scheve, des breudtmans mutter, Ennecke Hawmans, Anna Wießkotte, Cathrina Baropii.			
622	1614	25	Anthoniß von der Wiesche . . . . Alheit	5 10	10 5	
			St.: Hermann Hemmerde, Hanß Heinrich Becker, M. Caspar Schulte, goltschmidt, Hilbrandt Hemmerde, Thoniß von Marten, Johannes Freitag, Ennecke Hemmerde, Margreta Hemmerde, Elßke Schulte, Elßke Freitags.			
623	1614	Dec. 1	Henrich Reinhardtz [1]) . . . . . . Elßke Lhomans [2])	3 6	6 3	F.
			St.: Peter Berckhoff, Jasper Borcherdinck, Heinrich Holscher, Wilhelm Erlbroech, Heinrich Lhoman, Johan Lhoman, Agete Lhomans, Grete Lhomans.			

[1]) Witwer; s. Vrmb. Nr. 191.
[2]) Witwe; s. ebd. Nr. 190.

Laufende Nummer	Datum Jahr	Datum Tag	Name	W.	G.	Zusätze
624	1614	Dec. 2	Johan Thoniß . . . . Else Everdtz[1]) . . . . St.: Johan Thoniß zu Wannebell, Johan Dorlman, Jorgen Eilkinck, Jost Walboem, Renoldt Zegenboge, Dietherich Griep, Johan Tigges, Enne Tigges, Trine Thoniß.	4 8	8 4	F.
625	1614	4	Dietherich Hunsche . . . . Naele Cordes[2]) . . . . St.: Hermann uffm Brincke, Heinrich Hunschet, Jorgen Harde, Johan Greve, Johan Schade, Renoldt Rademecher, Johan Hagedorn, Enne Greve, Grete Hunschedt.	3 6	6 3	F.
626	1614	9	Johan Westhoff . . . . Margrete Barenbergs[3]) . . . . . St.: M. Arndt Westhoff, Johannes Weidtmar, Johannes Voerste, Herman Lenhoff, Arndt Kramer, Jasper Hoe, Heinrich von Minden, Margreta Barenschmidtz, Albert zum Berge, Iliana Hoe, Maria Kramers, Margreta Westhoffs.	10 20	20 10	
627	1614	16	Caspar Nathrodt . . . . Cathrine Schulten . . . . St.: Cordt Muteler, Joest Frantzens, goldtschmidt, Gangloff Schulte, der braudt vatter, Arnoldt Westerman, Bernhardt Baeck, Dietherich Schulte, Herman Grevinckhoff, Heinrich Seher, Regina Schulte, Margreta Grevinckhoff.	5 10	10 5	
628	1615	Jan. 8	Gert Munsterman . . . . Stine Wortmans[4]) . . . . St.: Heinrich von Schueren, der braudt vatter, Christian Tappe, Wilhelm	2 4	4 2	F.

[1]) Sie hat eine Tochter Catharina.
[2]) Witwe; sie hat aus voriger Ehe vier unmündige Kinder, darunter einen Sohn Hermann.
[3]) Witwe; s. Vrmb. Nr. 193.
[4]) Witwe; s. ebd. Nr. 196.

Laufende Nummer	Datum Jahr	Datum Tag	Name	W.	G	Zusätze
			Rusche, Herman Vogel, Berndt Solderbecke, Gerdrudt Nevelings, Elßke von Schueren.			
629	1615	Jan. 20	Johan Mellinckhauß [1] . . . . Gerdrudt Melmans . . . . St.: Gerrit Kramer, Dietherich Rhuerman, Wessel Mellinckhauß, Rotger Mellinckhauß, Johan Melman vor der borchportzen, Johan Melman der alte, Joest Frantzis von Unna, Wessel Schmarkotte, Cathrina Rhuermans, Elßke wedwe Melmans, Burriß Muller, Claeß Dieffhauß.	6 12	12 6	F.
630	1615	21	Johan Borchardtz . . . . Cathrine Groenenbergs . . . . . St.: Herr Georg Kramer, dero rechten doctor, Herman Ewinckhauß, Melchior Kramer, Heinrich Middendorff, Everdtz Borchardtz, Grete uxor, des breudtgams elteren, Wilhelm und Mertin Borchardtz, Johan Kaldthoff, Elßke wedtwe Groenebergs, der braudt mutter.	10 20	20 10	F. H.
631	1615	Febr. 8	Rotger Drenckman . . . . Anne Siegelinckhoves . . . . . . St.: Johan Siegelinckhoff, Enne sein haußfraw, der braudt elteren, Johan Bierman, Heinrich von Steinen, Herman Martens, Johan Bruggeman, Johan Siegelinckhoff, Dreiß Overbecke, Herman und Renoldt Drenckman, Beele Biermans, Cathrina Overbecke.	5 10	10 5	
632	1615	10	Caspar Ellinghauß . . . . Catharine Weißmans . . . . . . St.: Herman Potgießer, Herman Ewinckhauß, des breudtigams vatter, Georgh Himmelreich, Albertus Vitriarius, lec-	10 20	20 10	F.

[1]) Ob Witwer? Siehe Vrmb. Nr. 194.

Laufende Nummer	Datum		Name	W.	G.	Zusätze
	Jahr	Tag				
			tor quintae classis, Henrich Hoe, Niclaß Weißman, Henrich Jude, Johan Ellinghauß, Caspar Hoe, schumacher, Jorgen Drensche, Anna Ellinghaußes, Margareta Becke, Anna Vitriarii, Henrich Ellinckhauß, Henrich Vogelpoth.			
633	1615	Febr. 24	Rotger Heimesoth[1]) . . . . . . Grete . . . . St.: Tigges Donhoff, Herman uxor, Cordt Buck, Trine uxor, Steffen Koppers, Henrich auff dem Weische, Berndt Selter, Dieterich Buck, Johann Schulte, David Schulte und Jorgen Eilkinck.	4 8	8 4	F.
634	1615	26	Reinoldt Wolters gnant Bomhoeder[2]) Catharine Loemans . . . . St.: Johann Zeigeler, Detmar Zeigeler, Jasper Lehneman, Henrich Lohemans, Patroculus Brugman, Stine Wolters, Trine Wolters, Greite Loemans, Anna Brüggemans.	4 8	8 4	F.
635	1615	März 10	Hillebrandt Leonhardts . . . . . Anne Brandes . . . . St.: Wennemar Leonhardts, Grete uxor, des breutigams eltern, Dieterich Leonhardts, Dieterich Kottinck, Johann Brandis, Jorgen im Siepen, Arndt Schübbe, Hillebrandt Hemmerde, Dieterich Scheper, Johann Andreiß, Trine wittib Brandis, der braut mutter, Enne im Siepen, Margareta Hemmerde, Trine Kottings, M. Jorgen Riese.	6 12	12 6	

[1]) Die Brautleute haben einen unehlichen Sohn, Rotger, der „nunmehr vor ehelich gehalten“ werden soll.
[2]) Die uneheliche Tochter der beiden Eheleute, Else, soll fortan „als ein ehelich Kindt“ gelten.

Laufende Nummer	Datum Jahr	Datum Tag	Name	W.	G.	Zusätze
686	1615	März 11	Bernhardt Füstingh	4	8	
			Clare Anckerotz	8	4	
			St.: M. Berndt Füstingh, Liese uxor, des breutigams eltern, Henrich Puppeskamp, M. Johan Eberslohe, Dieterich Wische, Renolt Hoener, Dieterich Naust, Jost Poets, Herman Schulte von Anckrodt, Lucas Veltman, Henrich Veltman, Herman Wever, Johan Holtendorp und Henrich zu Westhaußen.			
687	1615	31	Johan Franzis [1])	4	8	
			Trine	8	4	
			St.: Detmar Schroer, der braut vatter, Tigges Middeldorff, Johan Schulte, M. Jost Frantzis, Dieterich Schroer, Jost Weißkotte, Detmar Wießkotte, Berndt von Berchhoffen, Elße Schroers, Anna Frantzis.			
688	1615	18	Der würdige und wolgelerte herr Johan Barop, pastor zu St. Renoldi . .	12	24	F.
			Die tugentsame Adelheit von Lünen .	24	12	
			St.: Her Amandus Otto, pastor Petri, Bertholdus Holtebrinck, Hermannus Wittenius, pastor in Apelerbecken, Wilhelmus Baropius, Johann Hauwman, Herman Scheve, Johan von Lünen, Gertraudt uxor, der braudt eltern.			
689	1615	24	Hadewig Holthauß	4	8	
			Mechelt Kluthen	8	4	
			St.: Tigges Middeldorff, M. Johan Krumme, Henrich Overbecke, Johan Heitman, Adrian von Halveren, Johan Krumme, Jorgen Krumme, M. Claß Schnetker, Enneke Krumme, Catharina von Halveren, Greiteke Heitmans.			

[1]) Am Rande steht Frantz.

Laufende Nummer	Datum Jahr	Datum Tag	Name	W.	G.	Zusätze
640	1615	Mai 5	Johann Mortman[1]) . . . . Grete . . . . St: M. Tigges Middeldorff, Johan Emichman, Cordt Krämer, Tigges Bodeker, Goßwin Pütman, Greite uxor, Dieterich Lücke, Herman Prein, Margreta Middendorffs wittibe Melmans.	3 6	6 3	
641	1615	12	Niclas Wenneker . . . . Elßge Schepers . . . . St.: M. Johan Wenneker, Gertrudt, eheleuthe, des breutigams vatter und mutter, Lambert Dieffhauß, Johannes Vörste, M. Balthasar Hudtmacher, Henrich Wilhelm und Dieterich Hutmacher, Hillebrandt Hemmerde, Margreta uxor, Thonis Scheper, Herman Hemmerde, Henrich Stöffe, Johan Andreiß, Dieterich Weneker, Henrich von Unna, Johan Pötter, Henrich Siebergh, Marie Schepers, Anna Hemmerden.	12 24	24 12	F.
642	1615	Juni 15	Melchior Dickmans . . . . Trine . . . . St.: Arndt Rinsche, Johan Bockman, Cordt Cortenacke, Herman Strunck von Sonderen, Dieterich Schulte zu Sonderen, Claß Kölinck von Brackel, Thoniß Rhebein, Johann Stöter, Trine Kolincks, Anna Rinsche.	3 6	6 3	F.
643	1615	16	Cordt Plaßes . . . . Anne . . . . St.: Henrich Plaßes, Dieterich Isebroech von Waltrope, Jorgen Balthasars, Henrich Schafman, Caspar Varwich, Johann Bockinck, Renoldt Zegenboge, M. Goddert Schlechtendall, Herman Botterlinck, Lißke Flaßke, Elßke Varwich, Elßge Zegenboge.	12 24	24 12	F. H.

[1]) Witwer; s. Vrmb. Nr. 197.

Laufende Nummer	Datum Jahr	Datum Tag	Name	W.	G.	Zusätze
644	1615	Juni 23	Henrich Boker . . . . Elßge Tappe . . . . St.: Herr Johann Fabritius, Henrich zum Poll, Adrian von Halveren, Trine sein haußfrauwe, Jorgen Tappe, Berndt Tappe, Drude sein haußfrauwe, Johan Besse, Caspar Furstenbergh, Stineke haußfrauw Hanß von Giessens, Catharina von Nehem und andere mehr.	6 12	12 6	F.
645	1615	23	Der ehrenhaffte Detmar Pinnoge . . Christine Dieffhaußes . . . . St.: Niclaß Pinnoge, des breutigams vatter und Margareta, sein haußfrauw, Caspar Dieffhauß, Anna sein haußfrauw, Lambert Dieffhauß, Anna uxor, Caspar Degginck, Catharina uxor, Johann Seher, Mechel uxor, her Amandus Otto, pastor, Ermgardt Pinnoge, Enneke Schulte und andere mehr.	25 50	50 25	F. H.
646	1615	Juli 14	Johann Schumacher . . . . Greite Drensche . . . . St.: Herr Johann Schillingius, sacellanus ad d. Petri, Cordt Drensche, Johann Rüspergh, Johan Drensche, Jorgen Drensche, Henrich Hoe, Wilhelm Schumacher, Rotger Schröder, Henrich Olpe, Gerdt Schultebecker, Jorgen Schillingh, Jasper Hoe, Jorgen Rocherlinck, Claß Varwick, Daem Dette, Trine Drensche, der braudt mutter, Trine Drensche, Stine Hoe.	6 12	12 6	F.
647	1615	28	Friederich Thoniß . . . . Anne [1]) . . . . St.: Herr Johannes Fabritius, sacellanus Renoldi, Johann Melman der alte, Johan Thoniß, Wilhelm von Waltrope, Evert Volbergh und Laurentz Volbergh, Tigges Luges, Trine Thoniß, Elßke Volberts.	4 8	8 4	F.

[1]) Witwe, mit Kindern aus voriger Ehe.

Laufende Nummer	Datum Jahr	Datum Tag	Name	W.	G.	Zusätze
648	1615	Juli 29	Johann Krumme auff der Kampstrasse	6	12	F.
			Mechele von Marten[1])	12	6	
			St.: Jorgen Krumme, Claß Krumme, Thoniß von Marten, Detmar Kuper, Martin Frigge, Johan Schulte, Renoldt Langhoff, Elßge Krumme, Anna Krumme, Greiteke Westermans, Anna von Marten, Trine Krumme.			
649	1615	Aug. 13	Johann Schade	6	12	F.
			Catharine Höllings[2])	12	6	
			St.: Henrich zur Möllen, Henrich Schade, Jorgen Höllinck, Johann Frenckinck, Cordt Hagebolle, Dieterich Schulte, Dieterich Scheper, Herman Suntagh, Greite zur Mollen, Greite Schade, Barbara zur Möllen.			
650	1615	Sept. 15	Goddert Knolle, schulte auffm closter zu St. Catharinen	4	8	F.
			Anne[3])	8	4	
			St.: Herman Potgießer, Adolff Weißkotte, Andreiß Holtei, Herman Bötterlinck, Johann Osterman, Liesebeth Holtei.			
651	1615	Okt. 6	Dieterich Knolle	4	8	
			Agnes Timmermans	8	4	
			St.: Johan Schotte, Jorgen Potthoff, Godert und Detmar Knolle, Rotger Althoff, Detmar Kuper, Dieterich Ruhrman, Henrich Weißman, Jasper Katenbergh von Wetter, Henrich Timmerman, Everdt Ovelacker, Jorgen Timmerman von Wetter, Enne Schotte von Apelerbecke.			
652	1615	12	Henrich Reinhardts	3	6	F.
			Anne	6	3	
			St.: Herr Bertholdt Holtebrinck, capellan zu St. Reinoldi, M. Johann			

[1]) Witwe, mit Kindern aus erster Ehe.
[2]) Witwe Hermann Hölling; s. Vrmb. Nr. 201.
[3]) Witwe, vermutlich von Johann Spieckerhoff; s. ebd. Nr. 199.

Laufende Nummer	Datum Jahr	Datum Tag	Name	W.	G.	Zusätze
			Krumme, Henricus Heitman, Johan Heitman, Caspar Borcharts, Dieterich von Berchhoffen, Dieterich Schennekerll, Elßke Krumme, Greteke Heitmans, Greteke Nielandts.			
653	1615	Okt.	Cordt Moninch	3	6	F.
		25	Agnes Wilmes[1])	6	3	
			St.: Jacob Vrede, Johann Kopff, Johann Ewalts, Herman Strunck, Stineke Vrede.			
654	1615	27	Goddert Schübbe[2])	12	24	F.
			Anne von dem Brinck	24	12	H.
			St.: Johannes Freiman, dero rechten doctor, Wilhelm von dem Brinck, kemmer, Dieterich Huck, Dieterich Scheper, Johann Drensche, Johann Freiman der alte, Dieterich Freiman, Jorgen im Siepen, Johan von dem Brinck, Ließbeth wittibe Brincks, Gertrudt wittibe Schübbe, Catharina Brinckmans, Margareta Freimans.			
655	1615	29	Henrich Lobbeke	12	6	
			Catharina Bonnemans	6	12 (sic!)	
			St.: An seithen des breutigams: Johann Schröder, Johann Henrich Becker, Tonnis Graffe, Berndt Sander, Anthonius von der Wische, Berndt Rademacher. An seithen der braudt: M. Bartholomeus Stiberus, sacellanus der kirche Renoldi, Matthias Herbertz, Johann Herbertz, Johan Liege und Elsche Herbertz.			
656	1615	Nov.	Der ehrenhaffte Johan Schöler . . .	25	50	F.
		3	Die tugentsame Elßge Melmans . .	50	25	H.
			St.: Herr Bartholomeus Stiberus, predicant zu St. Renoldt, Henrich Schöler,			

[1]) Sie ist Witwe und hat Kinder aus voriger Ehe.
[2]) Die Mutter des Bräutigams ist Gertrud, Witwe Schübbe, deren Vortochter die Ehefrau Dieterich Scheper ist.

Laufende Nummer	Datum Jahr	Datum Tag	Name	W.	G.	Zusätze
			Henrich und Johann Nieß, Wilhelm von dem Brinck, Anthonius Bockholdt, Casper Degginck, richter, Caspar Bergfeldt, Wilhelm Brabecke, Elßke wittib Melmans, der brauts mutter, Ursula von Brabecke wittib Melmans, Elßke von dem Brinck, Anna Brabecke, Elßke Bucks.			
657	1615	Nov. 3	Johann Mellinckhauß	6	12	
			Gertraude Barenbergs	12	6	
			St.: Herr Johann Barop, pastor Renoldi, Johannes Schillingius, capellan Petri, Johann von Lunen, Arndt und Johan Mellinckhauß, Catharina Mellinckhauß, Rotger Barenbergh, Hillebrandt Mellinckhauß, Hillebrandt Beckhoff, Gertrudt von Lünen, Jasper Nierhauß, Jasper Stricker.			
658	1615	10	Dreiß Rose	6	12	
			Margarete Schlüters	12	6	
			St.: Johan Köne zu Renninckhaußen, Everdt Rose, Johann Schlüter, Jorgen Schlüter, Jasper Barlohe, Johann Knop, Cecilia Schlüters, Enneke Barlohe, Elßge Schlüters, Margareta Knopes.			
659	1615	12	Everdt Niggehauß	4	8	
			Enne von Scheide	8	4	
			St.: Jorgen Niggehauß, Detmar Scheideman, Wilhelm von Scheide, Dieterich Wülner, Ernst Hanß, Herman Kaffsack, Enne Niggehauß, Greite Scheidemans, Elßke Starcke, Greite Wennemars.			
660	1615	17	Der ehrenhaffte Herman Melmann . .	12	24	F.
			Die tugentsame Anne Rombergs . .	24	12	H.
			St.: D. Johannes Fabritius, predicant, Johann Melman der alte, Johan Melman, des breutigams bruder, Johan Melman an der borchpfortzen, Lam-			

Laufende Nummer	Datum Jahr	Datum Tag	Name	W.	G.	Zusätze
			bert Dieffhauß, Caspar Degginck, Herman Romberg, Johan Freiman, doctor, Johann Freiman der alte, Jasper Kaupe, Gerdt Seher, Detmar Pinnoge, Catharina Rombergs, Margareta Kaupe, Margareta Sehers, Reinoldt Seher, Elßke uxor, Johan Kaupe, Margareta uxor.			
661	1615	Nov. 17	Johann Wiemars	5	10	F.
			Elßke	10	5	
			St.: Herman Wiemars, Lambert Steinhauß, Henrich Wiemar, Wilhelm Wiemar, Johann Meihane, Henrich Ludwigs, Renoldt Kopperschmidt, Johann Hellinck, Henrich Schröder, Thrine Steinhaußes, Trine Wiemers, Greite Meyhane, Elße Kupferschmidts.			
662	1615	23	Arndt Lerse [1])	3	6	F.
			Enne Wibbeken	6	3	
			St.: Franß Wibbeke, Johann Wibbeke, Johann Mellinckhauß, M. Johann Michels, Cordt Cortenacke.			
663	1615	24	Lambert von Castrope	6	12	F.
			Enneke Kotmans	12	6	
			St.: Henrich von Castrope, des breutigams vatter, Johann Dörper der junge, Johann Welckener, Adolff Dorstelman, Thoniß Drensche, Thoniß von Marten, Dieterich im Konige, Caspar Kaupe, Johann Mellinckhauß, Luther Buck, Enneke von Marten, Johann von Hagen, Thrine seine haußfrauw.			
664	1615	26	Johann Hippert [2])	5	10	
			Trine Kordtmans	10	5	
			St.: Henrich Hotte, Gangolff Schultes, Claß Dieckheuwer, Johann Osterman, Henrich Dreier, Johann Beckman,			

[1]) Witwer mit Kindern aus erster Ehe.
[2]) Witwer.

Laufende Nummer	Datum Jahr	Datum Tag	Name	W.	G.	Zusätze
			Henrich Wechman, Enne Hotte, Regina Schulte, Trine Dreiers, Gerdt Stratmann.			
665	1615	Dec. 1	Der ehrenhaffte Johann Stilckingh . Die tugentsame Margareta zum Berge [1]) St.: Arnoldt Strickingh, Daniel Strickingh, Goddert von Werne, bürgermeister zu Unna, Jost Vinckenbergh, Caspar zum Berge, Johann Huck, Balthasar von dem Berge, Dieterich Wencke, Jorgen Rocherdinck, Detmar Müller, Caspar Nierhauß, Henrich Hiddinck, Anna Sumings, Margareta Stilckings.	12 24	24 12	H.
666	1615	1	Everdt Brinckman . . . . Beleke Westermans . . . . St.: Mertin Brinckman, des breutigams vatter, Johan Dieckman, Johan Rump, M. Adolphus Gummerßbach, Gerdt Vörste, Hartleff Schleuter, Arndt Wisch, Johann Schumacher, Catharina Brinckmans, Anna Westermans, der braut mutter, Catharina Niekirche, Derthe Dieckmans.	6 12	12 6	
667	1615	1	Gerdt Hauwman . . . . Greiteke ther Osten . . . . . . St.: Reinoldt Giesenstein, Jasper ther Osten, Henrich Schaffman, Gerdt Westerman, Jorgen Köster, Steffen Lanckhoff, Anna ther Osten, Anna Kosters, Greiteke Westermans.	3 6	6 3	
668	1615	6	Robbert Heitman . . . . Gertraudt Cordes . . . . St.: Henrich Heitman, Thoniß Leve, Philips Stalsprenger, Johann Stalsprenger, rector zu Camen, Herman von Santen, Crafft Heitman, Dorothea Cordes, der brautt mutter, Elße Heidtmans, des breutigams mutter.	6 12	12 6	

[1]) Witwe Herman von dem Berge; s. Vrmb. Nr. 202.

Laufende Nummer	Datum		Name	W.	G.	Zusätze
	Jahr	Tag				
669	1615	Dec. 8	Jorgen Schröder . . . . Margarete . . . . St.: M. Jost von Schrue, Johann Berckenbusch, M. Johan Botesack, der braudt vatter, Caspar Willigh, Thoniß Drensche, Caspar von Sittardt, Catharina wittib Kreienbergs, Neise Schröder.	6 12	12 6	F.
670	1615	9	Johann Beerman . . . . Enneke Wortmans . . . . St.: An seiten des breutigams: Johann Beerman, des breutigams vatter, Herman Marten, Rotger Drenckman, Johan Siegelinckhoff der alte, Johan Siegelinckhoff der junge, Katrina Martens. An seiten der braudt: Rotger Wortman, schulte zu Barop, Herman Storck, Herman in der Murey, Renoldt und Andreas Wortmans, gebrüdere, Bernt Menteler, Margareta Wortmans, als der braudt mutter, Catharina Wortmans, der braudt schwester.	6 12	12 6	F.
671	1616	Jan. 5	Arndt Schmidt . . . . Anne Buschmans . . . . St.: Jost Schmidt, Jorgen Schram, Reinoldt Schmidt, Johann Teigeler, Ludolff Hoffman, Christian Buschman, Johann Schmelßger, Dieterich Stöffe, Anna Buschmans, Catharina Schrams, Lise Hoffmans, Anna Schmidts.	4 8	8 4	
672	1616	10	Johann Hülßhoff. . . . . Greite Kerckhoffs . . . . St.: Reinoldt Hoppe, Greite sein haußfrauw, Wolter Schulte, schnitzler, Tigges Donhoff, Herman sein haußfrauw, Elßke Schulte.	3 6	6 3	F.
673	1616	12	Peter Heiligenbecke . . . . Trine Wolters . . . . St.: Jorgen in der Hieligenbecke, des breutigams vatter, Johann Teigeler,	2 4	4 2	

Laufende Nummer	Datum Jahr	Datum Tag	Name	W.	G.	Zusätze
			Johan Borcharts, Jasper Lehneman, Detmar Teigeler, Renolt Bernheuwer, Trine Hieligenbecke.			
674	1616	Jan. 15	Berndt Kampffers[1]) . . . . Stineke Kirchhoffs[2]) . . . . St.: Everdt Kirchhoff, Johann Kampmann, Steffen zu Bließinck, Peter Möller, Agata Kampmans, Anna Bließincks, Catharina Möllers.	4 6	6 4	F.
675	1616	15	Appion von Deuren[3]) . . . . Catharine Kottings[4]) . . . . . . St.: Johann Nierman zu Lütgendortmundt, Jacob Hiebeler, Rembert Theile zu Lütgendortmundt, Tigges Kamphewer zu Wullen, Johan Deueren, Rotger zu Deuren, Henrich Wechman, Johann Osterman zu Töspel, Wennemar, Dieterich und Hillebrandt Leonhartz, Adolff Weißkotte, Anna Dürens, Margareta Leonhartz, Trine Leonhardts.	10 20	20 10	F.
676	1616	19	Johann Schwartze . . . . Nigge Loemans . . . . St.: Herr Renoldt Sternbergh, M. Berndt Nagell, Johann Schlechtenthall, Tigges Schwerte, Jorgen Poetman, Jorgen Storck, Berndt Bardtscherer, Catharina Sternbergh, Ursula Richardts.	5 10	10 5	F.
677	1616	25	Johann Schotte . . . . Christine Juchoes[5]) . . . . St.: Goddert Knolle, schulte zu St. Catharinen, Dieterich Knolle, Goddert Knolle, Jorgen Dorleman, Jasper von Collen, Gerdt Everts, Dreiß Holtei,	3 6	6 3	F.

[1]) Er hat zwei Söhne: Dieterich und Johann.
[2]) Sie hat eine Tochter Margarete.
[3]) Im Kirchenbuch heißt er: Abian von Düren; Düren-Bauernhof zu Düren im Kirchspiel Lütgendortmund
[4]) Ihr Vater ist Wennemar Leonhardt.
[5]) Witwe Heinrich Jucho; s. Vrmb. Nr. 204.

Laufende Nummer	Datum Jahr	Datum Tag	Name	W.	G.	Zusätze
			Jasper Weimars, Greite Dorlemans, Clara von Cöllen, Greite Everts, Agnes Knolle.			
678	1616	Jan. 26	Hillebrandt Leonhardts . . . . . . Elßge Schulten . . . . St.: Herr Bertholdt Holtebrinck, capellan zu St. Reinoldt, Wennemar Leonhardt, M. Jasper Schulte, Elßge uxor, Johann Hagebolle, Henrich Hagedorn, Cordt Peters, Johann Helmich, Joachim Torck, Hermannus Kramer, Catharina Dürens, Catharina Lenhardts, Margareta Lenhardts.	6 12	12 6	 H.
679	1616	26	Herman Bomeken [1] . . . . Elßge Pilenschmidts [2] . . . . . . St.: Jorgen Bömeken, Trine uxor, Claß Hoffmann, Anna wittibe Kockelers, Johann Bömeken, Anna uxor, Georgh Vast, Henrich von Unna, Arndt Pilenschmidt.	6 12	12 6	F.
680	1616	Febr. 2	Dieterich Balthasars . . . . Elßge Melmans . . . . St.: Henrich und Wilhelm gebrüder Balthasars, M. Johann Wenneker, Wessel Holte, Renoldt unnd Johann Melmann, Cordt Pütman, Drüke Balthasars, Margarete Melmans, Ließke Holtey.	6 12	12 6	F.
681	1616	2	Arndt Schröder . . . . Gertrudt Wulffs . . . . St.: Tonniß Temmeßfeldt, Herman Schröder, Johann Schroder zu Waltrop, des breutigams vatter, Herman Wiemer, Johan Herman, Johann Kleine, Henrich Wulff zu Nette, Henrich Wulff, Wilhelm Heitfeldt, Jost Schröder, des breutigams mutter, Johan Isebrock zu Mengede.	3 6	6 3	F.

[1]) Am Rande steht Bömecken.
[2]) Witwe Johann Pilenschmidt; s. Vrmb. Nr. 205; ihr Bruder heißt Nikolaus.

Laufende Nummer	Datum Jahr	Datum Tag	Name	W.	G.	Zusätze
682	1616	Febr. 16	Henrich Paschen . . . . Catharine Bonnenbecken . . . . . . St.: Johann Hauwman, Johan Eickman, Claeß Grieper, Cordt Schöler, Gertraudt Sümings, Anna Hauwmans, Herman Schoeff.	4 8	8 4	
683	1616	22	Theves Gerneman . . . . Enne Meurmans . . . . St.: Johann Gerneman, Johann Voß, Bate Meurmans, Elße Berckhoffs, Trine Gernemans.	3 6	6 3	
684	1616	25	M. Adam Nierhauß[1]) . . . . Clare . . . . St.: M. Johann Nierhauß, Ludolff Brinckman, Jorgen Rocherdinck, Johan Boeckingh, Jost Quadtbecke, Elßke Rocherdincks, Hestera Bökings, Trine Quadtbecke, Trineke Brinckmans.	6 12	12 6	
685	1616	28	Dieterich von Berghoffen . . . . Elßke Benhoffs[2]) . . . . St.: An seithen des breutigams: Detmar von Berchhoffen, als der bruder, Arndt Westhoff und Elßke Berghoffs; an seithen der brauth: Herman Koer, Tonnis Germans und Christina Roers, als der braudt schwester.	12 6	6 12 (sic!)	F.
686	1616	März 2	Dieterich Himmelreich . . . . . Anne Kramers . . . . St.: Herr Bertholdt Holtebrinck, capellan, Dieterich Himmelreich der alte, Elßke uxor, Georgh Himmelreich, Anna uxor, Claß Weißman, Philipß Kramer, Johan Lambach, Elßke uxor, Johann Scheffers, Rotger Althoff, Catharina von Nehem, Jorgen Vrechenhorst, Elßke Krämers.	12 24	24 12	F.

[1]) Am Rande steht Neuhaus; er ist Witwer; s. Vrmb. Nr. 208.
[2]) Ihre Tochter heißt Margarete.

Laufende Nummer	Datum Jahr	Datum Tag	Name	W.	G.	Zusätze
687	1616	März 2	Johann Siepman[1]) . . . . Anne Welten . . . . St.: Herman und Henrich Siepman, Johan Knoep, Johann Wilhelms, Hanß Welten, Rotger Welten, Wilhelm Schütte, Greite Siepmans, Greite Welten, Enne Pütmans, Greite Junge.	6 12	12 6	
688	1616	8	M. Dieterich Hesseler . . . . . . Anne Schepers . . . . St.: Henrich Hesseler zu Brackel, des breutigams vatter, Johann Drensche, M. Gerwin Bodcker, Jorgen Kellerman, Gerdt Haußman, Gretike Drensche, Beatrix Hesselers, des breutigams mutter, Enneke Kellermans, des braudts mutter, Johanna Sehers, Elßke Hußmans.	6 12	12 6	
689	1616	8	Jacob Speman . . . . Catharine Budden . . . . St.: Berndt Speeman zu Geseke[2]), Herman in der Murie, Everdt Speman, Jorgen Vester zu Schwerte, Albert Schulte zu Geiseke, Dieterich, Johann und Clara Wencke, Catharina Wencke, Jacob Janßen, Catharina Spemans, Grete Vesters, Sophie in der Murie.	6 12	12 6	F.
690	1616	8	Dieterich Lutke Meinckhauß . . . Ursule Möllers . . . . St.: Balthasar von dem Berge, Johan Siegenföter zu Brackel, Johann Rump, Johann Dorper der junge, Johann Möller zu Kley.	4 8	8 4	
691	1616	14	Steffen Lenhoff . . . . Greite Olffman . . . . St.: Dreiß Holtei, Dreiß Lenhoff, Arndt Olffman, Herman Olffman, Helmich	5 10	10 5	

[1]) Witwer; s. Vrmb. Nr. 210.
[2]) Geisecke bei Schwerte.

Laufende Nummer	Datum Jahr	Datum Tag	Name	W.	G.	Zusätze
			Olffman, Henrich Schötelendreier, Barbara Olffmans, Engel Olffmans, Trine Schötlendreier.			
692	1616	März 21	Gerhardt Melman	8	16	F.
			Enneke Gottschalcks	16	8	
			St.: Johan Melman der alte, des breutigams vatter, Renoldt Melman, Detmarus Kuper, Rotger Baeck, Henrich Heidtman, Johan Mellinckhauß, Jorgen von Iserlohn, Johann Gottschalck, Christina Stöve, Trine Melmans, Catharina Rhese.			
693	1616	24	Johan Schmidt	5	10	
			Elße Giesenbergs	10	5	
			St.: Johann Kolman, Trine sein haußfraw, Clembt Hoebinck zu Brackel, M. Claß Varwich, Elßke uxor, Johann auff der Breidenstrasse, Elße uxor.			
694	1616	24	Jorgen Schöler von Iserlohn . . .	4	8	F.
			Grete Frese [1])	8	4	
			St.: Herr Herman Embsinghoff, pastor Nicolai, Jorgen Barenscheide, Adolff Krumbergh, Johan Melman der alte, Henrich Plange, Christoffer Tappe, Goddert Hemmerde, Sophia Hemmerde, Trine Krumbergs.			
695	1616	April 13	Thoniß Vinckenhoff [2])	4	8	
			Trine Lamberts	8	4	
			St.: Cordt Putman, Jorgen Lamberts, Enne uxor, Arndt Schübbe, Herman Rombergh, Johan Lamberts, Arndt Wisch, Johann Schulte, Elßke Putmans.			
696	1616	19	Dreiß Lenhoff [3])	4	8	
			Enneke Wisch	8	4	
			St.: Steffen Lenhoff, Johann Lenhoff, Dreiß Holtei, Jorgen Wisch, Jorgen			

[1]) Sie hat einen Sohn, der „baußen landes ist".
[2]) Witwer; s. Vrmb. Nr. 212.
[3]) Vermutlich Witwer; s. ebd. Nr. 211.

Laufende Nummer	Datum Jahr	Datum Tag	Name	W.	G.	Zusätze
			Hollinck, Berndt Schwerdt, Philips Richardts, Dieterich Lücker, Gordt Knolle, Catharina Lückers, Ließbeth Holtei, Ursula Richardts, Greite Lenhoffs.			
697	1616	April 25	Weinoldt Langhoff	3	4	
			Gertrudt Möllers	4	3	
			St.: Everdt Bertholdts, Jorgen Bertholdts, Bertholdt Bertholdts, Jasper Brüchte, Johan Köster zu Dorstfelde, Johann Hüstebecke, Agnes Storck, Enneke Büchte, Bele Hüstebecke, Godeke Möllers, Anna Kösters.			
698	1616	26	Lüdolff Berckenbusch	4	8	
			Enne Knoeps	8	4	
			St.: Goddert Berckenbusch, Thoniß Knop, Johan Knop, Herman Botterlinck, Adam Nierhauß, Johan Schoff, Ludolff Brinckman, Jorgen Kellerman, Wilhelm Sumpelman, Magdalena Berckenbusch, des breutigams mutter, Clara Nierhauß, Trineke Brinckman, Greta Schoffs, Grete Botterlings.			
699	1616	Mai 3	Daem Dette[1])	6	12	F.
			Stine Scholers	12	6	
			St.: Herr Bertholdt Holtebrinck, Matthiaß Middeldorff, Jorgen Drensche, Johann von der Hove, Johan Schumacher, Henrich Plange, Jorgen Schöler von Iserlohn, der braudt vatter, Adolff Krombergh, Schotte Koller, Trine Krombergh, Grete Schollers, Trine Melmans.			
700	1616	4	Der würdige und wolgelerte herr Johann Schillingh, capellan zu St. Peter .	8	16	F.
			Elßge Küpers	16	8	
			St.: Jorgen Schillingh, Reinoldt Barenschmidt, herr Johan von Wullen,			

[1]) Witwer; s. Vrmb. Nr. 209.

Laufende Nummer	Datum Jahr	Datum Tag	Name	W.	G.	Zusätze
			pastor zu Lutgendortmundt, Godert Overdorff, Detmar und Hanß Kuper, Henrich Weißman, Jacob Janßen, Catharina wittibe Küpers, Elßge Schillings, Catharina zum Poll, Barbara Hoffmans, Enneke Melmans, Barbara Overdorffs.			
701	1616	Mai 10	Albert Kerstins	4	8	F.
			Anne Weißkotten	8	4	
			St.: Johann Kerstins, Elßke Hopmans, Detmar Weißkotte, Thonis Drensche, Jost Weißkotte, Detmar Schröder, Christine Drensche, Elße Weißkotte, Elße Schröders.			
702	1616	11	Johan Hagebolle [1])	6	12	
			Anne Heimsoths	12	6	
			St.: Cordt Hagebolle, des breutigams vatter, M. Caspar Schulte, goltschmidt, Elßge uxor, Johan Thoinck, Henrich Hagedorn, Johan Hagebolle der junge, Hillebrandt Lenhardts, Elßge uxor, Enneke Hagebolle, Enneke Thoings, Thrina Böckers, Thrine Leinewebers, Trine Hagebolle.			
703	1616	25	Arndt Brinckman	3	6	
			Stine Schlössers	6	3	
			St.: Johan Brinckman, Thonis Schlöter, Henrich von Steinen, Herman Garnefeldt, Jost Quadbecke, Henrich Gleneman, Johan Schlötter, Anna Brinckmans, Greite Schlöters.			
704	1616	31	Der ehrenhaffte Frantz Fischer . .	10	20	
			Die tugentsame Elisabeth von dem Brinck	20	10	H.
			St.: Herr Johann Barop, pastor Renoldi, herr Amandus Otto, pastor Petri, Johannes Niederhoff, haußprediger zu Lombeck, herr Johann			

[1]) Witwer; s. Vrmb. Nr. 215.

16*

Laufende Nummer	Datum Jahr	Datum Tag	Name	W.	G.	Zusätze
			Schillingh, capellan Petri, Adolff Weißkotte, Caspar Varwick, Peter Lenhoff, Johann von Lünen, Johann Freiman der alte, herr Johann Freiman, doctor, Christopffer und Dieterich Freiman, Caspar Fürstenbergh, Henrich Schaffman, Johann Dorper, Johann Herbertz, Catharina Quadtbecke, Anna Weißkotte, Anna Dorpers, Jost Quadtbecke, Goddert Schübbe, Johan von dem Brinck, Herman Romberg.			
705	1616	Juni	Herman Martens	4	8	
		6	Anne auffm Dicke	8	4	
			St.: Herr Herman Vedtmuß, capellan Mariae, Wilhelm Mertens, Herman auffm Diecke, Matthiaß Muddeferinck, Gieße auffm Diecke, Dietherich auffm Diecke, Ließe auffm Diecke, der braudt mutter, Greite Mertens, Isabella Heimen, Enneke Schulte, Catharina Vedtmuß, Enneke Böckers.			
706	1616	13	Jorgen Osthoff[1])	12	6	F.
			Catharine Voß	6	12	
			St.: An seithen des breutigams: Herr Bertholdt Holtebrinck, sacellanus Renoldi, Johan Osthoff zu Herdicke, Gerrit Kaupe, Berendt Nagell, Idea Osthoff, Ennicke Kaupe und Stine Nagels. Ahn seithen der braudt: Thoniß Niesinck, Grete Noppelers von Brackel, Catharina Nisinck.		(sic!)	
707	1616	21	Johann Schulte	6	12	F.
			Greite Hötters	12	6	
			St.: Herr Bertholdt Holtebrinck, capellan zu St. Reinolt, Zacharias und Bertram Lobbeke, Dieterich Buck, Rotger Schröder, Detmar Weißkotte, Johann Meihane, Johan Hötter, Her-			

[1]) Witwer; s. Vrmb. Nr. 214.

Laufende Nummer	Datum Jahr	Datum Tag	Name	W.	G.	Zusätze
			man Gosekule, Johann Scheper, Wilhelm Haselhoff, Jost Quadbecke, Dieterich Melchiors, Johann Melman, Trine Quadbecke, Enneke Haselhoffs, Enneke Löbbeke, Margareta Lobbeke.			
				Reichsthaler	Mark	
708	1616	Juni 29	Der würdige und wolgelerte herr magister Peter Borbergh . . .	50	12	
			Anne Scheven	50	6	H.
			St.: Herr Johann Wullen, pastor zu Lütgendortmundt, herr Johann Schmidt, pastor zu Wenneger, magister Johannes Schmidt, pastor zu Lennepe, herr Johannes Fabricius, Thoniß und Hanß Borbergh, vatter und sohn, Catharina Borbergs, des breutigams mutter, Renoldt Scheve, Margareta uxor, der braudt eltern, Hermann Scheve, Elßge uxor, Adolff Weißkotte, Jorgen Balthasars, Herman Botterlinck, Anna Weißkotte, Catharina Lobbelings, Anna Balthasars.			
				Mark	Mark	
709	1616	Juli 13	Adolff Meinbergh	6	12	
			Gertraude	12	6	
			St.: Herr Herman Embßinghoff, pastor zu St. Nicolai, herr Laurentius Wunnenbergh, pastor zu Kirchhörde, Renoldt Scheve, Margareta uxor, Cordt Kortenacke, Anna Thoniß genant Wunnenbergh, Christoffer Meienbergh.			
710	1616	27	Der ehrenhaffte Anthoniß Steinhauß .	6	12	F.
			Margarete Holdermans	12	6	
			St.: Detmar und Dieterich gebrüdere Steinhaußen, Georgh Himmelreich, M. Albertus Vitriarius, lector quintae classis, Henrich Vogelpoth, Caspar Ellinghauß, Niclaß Weißman, Johan Weißman.			

Laufende Nummer	Datum Jahr	Datum Tag	Name	W.	G.	Zusätze
711	1616	Aug. 3	Johan Stilckingh . . . . Barbare Erlei [1]) . . . . St.: D. Johannes Fabritius, sacellanus ad. d. Renoldi, D. Renoltus Sternenbergh, Arnoldt Stilckingh, Johan Degenhart Stilckingh, Adrian von Halveren, Johan Huck, Lambert Bockholt, Jost Steinfurth, Wilhelm Uterman, Gortt Netman, Belecke Hucks, GreteHucks, Margareta Stilckings, Catharina Halveren, Herman Stilckingh, Johan Holdendael.	12 24	24 12	F. H.
712	1616	4	Henrich Ellinckhauß [2]) . . . . . . Anne Hermuntii [3]) . . . . St.: Herr Henrich Rumpe, pastor zum Grimbergh, herr Bertholdt Holtebrinck, capellan zu St. Reinoldi, Dieterich Lambach, der rechten doctor, Herman Potgießer, Thoniß von dem Bockeloe, Johan Lambach, Jorgen Drensche, Jorgen Freckenhorst, Anna eheleute, der braut eltern, Hanß Furstenbergh, M. Adam Kupferschmidt, Trine Rumpes.	8 16	16 8	F.
713	1616	8	Johann Schulte . . . . Elße Knopes . . . . St.: Jorgen Höllinck zu Dorstfelde, Johan Rüßbergh, Jorgen Höllinck der junge, Johan Knop, Frantz Bertholdts, Johan Schwartze.	6 12	12 6	
714	1616	23	Johan Eilkinck . . . . Catharine Rhebein . . . . St.: Jorgen Eilckinck, des breutigams vatter, Ludolff Schulte zu Corne, Georgh Himmelreich, Gerdt Seher, Johann von Lünen, Margareta Sehers, Ursula Meiersche zu Corne.	10 20	20 10	F.

[1]) Barbara von Halveren, Witwe Georg Erlei; s. Nr. 464 u. Vrmb. Nr. 219.
[2]) Witwer; s. ebd. Nr. 218.
[3]) Witwe Sebastianus Hermuntius; s. ebd. Nr. 217.

Laufende Nummer	Datum Jahr	Datum Tag	Name	W.	G.	Zusätze
715	1616	Sept. 20	Der ehrenhaffte Johann Heitfeldt . .	6	12	
			Die tugentsame Marie Barenscheidts .	12	6	H.
			St.: Herr Herman Embßinghoff, pastor zu St. Nicolai, herr Johann Embsinghoff, capellan, herr Jost Scholvinck, pastor zu Barope, Caspar Heitfeldt, Georgh Barenscheide, Elßge uxor, Lambert Dieffhauß, Enneke uxor, Matthias Barenscheide, Catharina uxor, Johann Sonnenschein, Margareta uxor, Johann Nieß der junge, Siegebode Vogelbanck von Bremen, Catharina Weidtmans, Catharina zum Poll.			
716	1616	27	Johannes Benthauß	6	12	F.
			Anne Busches	12	6	
			St.: Herr Herman Vetmuß, capellan Mariae, herr Renoldt Sternenbergh, pastor Leprosorum, Adolphus Gummerßbach, Henrich Olpe, Jorgen vom Scheide, Wessel Kolman, Jasper Busch, Dieterich Busch, Jorgen zum Kumpe, Johan Dorleman, Hanß Henrich Becker, Henrich Weißman, Catharina Busches, Catharina Nortkirche, Agnes Biermans, Ließbeth Busches.			
717	1616	27	Reinolt Bierman	6	12	
			Jasper Hovels	12	6	
			St.: M. Ebert Bierman, Henrich Hoe, Henrich Glenneman, M. Dieterich Hovel, Jasper Willich, Johan Richters, Peter Grimerdes, Greite Biermans, Enneke Hovels, Greitike Willich, Jorgen Bockelman, Gertrudt Richters.			
718	1616	Okt. 11	Claß Hoffman [1])	6	12	
			Trine Botterlings	12	6	
			St.: Herr Christoffer von dem Berge, pastor zu Brackel, Jorgen Bomeken, Dieterich Meierinck und sein sohn			

[1]) Witwer; s. Vrmb. Nr. 220.

Laufende Nummer	Datum Jahr	Datum Tag	Name	W.	G.	Zusätze
			Dieterich, Johan Botterlings, Johan Knop, Herman Bomeken, Berndt Schulte zu Brackel, Berndt Schomacher, Caspar Varwich, Leneke Meierincks, Trine Botterlings, Trine Bomekens, Elßke Bomekens.			
719	1616	Okt. 17	Thoniß Wegener	3	6	
			Greite Blomen	6	3	
			St.: Flor Wegener, Catharina uxor, des breutigams elteren, Johann Wegener zu Hörde, Henrich Bendthauß, Gerdt Blome, Jacob Berchman, Wilhelm von dem Brinck, kemmer, Ursula Brabecke wittibe Melmans, Ließbeth Blome.			
720	1616	18	Rosier Stopendall	fehlt		
			Sophie Reimendes			
			St.: Juncker Claß Hane am Sonnenscheine und Juncker Albert Hane zu Wannebel, Johan Andreiß, Claß Heilinck, Johann Gronewalt.			
721	1616	18	Claß Kockeler	6	12	F.
			Margarete Griepes [1])	12	6	
			St.: Dieterich Griep, Reinolt Giesenstein, Henrich Borck, Matthiaß Barenscheide, Henrich von Steinen, Herman Bomeken, Herman Garnefeldt, Dieterich Wechman, burger zu Camen, Trine Griepes, Maria Borcks, Catharina Barenscheides, Mechel Tappe, Margareta Giesensteins.			
722	1616	20	Peter Schulte	2	4	
			Catharine Kösters	4	2	
			St.: Wolter Schulte, Hillebrandt Lehner, Wennemar Scholvinck, Greite Goltschmidts, Catharina Schulte.			

[1]) Die jungen Eheleute wohnen im Hause der Witwe Kockeler, Mutter des Bräutigams.

Laufende Nummer	Datum Jahr	Datum Tag	Name	W.	G.	Zusätze
723	1616	Okt. 20	Ernst Wießman . . . . Anne Schulte . . . . St.: Johann Lademacher, Dieterich Schulte, Jasper Wießman, Gerdt Schnetzeler, Dieterich Koneman, Anna Schulte, der brauts mutter, Schwenne Wießmans, Anna Lademachers.	2 4	4 2	F.
724	1616	25	Johann Tubbe . . . . Marie Vinnigen . . . . St.: M. Johann Krumme, Herman Busse von Camen, Johann Heidtman, Detmar Pinnoge, Herman Potgießer, Johann Krumme der junge, Anna Potgießers, Elßge Krumme, Christina Pinnoge, Greitke Heitmans.	4 8	8 4	
725	1616	25	Ulrich Schonbergs . . . . Catharine Weißkotten . . . . . . St.: Herman Botterlingh, Adolff Weißkotte, Jorgen Balthasars, Henrich Schaffman, Margareta Botterlings, der braut mutter, Anna Weißkotte, Goddert Hemmerde, Sophia uxor. An seithen des breutigams: Arnt Schonebergh, des breutigams vatter, Anthon Leve, Henrich Heitman, Robbert Heitman, Dorothea Cordtes, Catharina Leve.	6 12	12 6	F.
726	1616	27	Arndt vom Schiede . . . . Ließge Voßes . . . . St.: Henrich von Scheide, Detmar Pieper, Johann Kranefeldt, Johann Borcherdts, Trine Dreckmans, Maria Everdts, Greite Piepers, Trine vom Scheide.	} fehlt		
727	1616	Nov. 1	Berndt Martens . . . . Catharine Boddekers . . . . . . St.: Herman Martens, Henrich Koch, Johan im Siepen, Johann Bodeker, Griese im Siepen, Catharina Martens, Anna Ludewichs.	3 6	6 3	

Laufende Nummer	Datum Jahr	Datum Tag	Name	W.	G.	Zusätze
728	1616	Nov. 1	Adolff Dorstman[1]) . . . . Catharine Bruningh . . . . St.: An seiten des breutigams: Ebert Baeck, Franß Schulte, Henrich von Castrope, Peter Lübberts. An seithen der braut: Alexander Brüningh, Cordt Andrian, Dieterich Kolle, Johann Nielant, Johan Kramer.	6 12	12 6	F.
729	1616	3	Rötger Pötter . . . . Catharine Hackenbergs . . . . . . St.: D. Johannes Fabritius, predicant zu St. Renoldt, Herman Steinwegh, Johan Hülßbergh, Reinoldt Weißman, Jost Poet, Johan Dorleman, Jorgen Eilckinck, Elßke Blömincks, Apolonia Steinwegs, Catharina Dorlemans, Behle Hülßbergh.	3 6	6 3	
730	1616	3	Henrich Niggehauß . . . . Maria Hagedorns . . . . St.: Arent Krämer, Conradt Dellman, Henrich Eberts, Dreiß Overbecke, wittib Margareta Borenschmidts, Maria Borenschmidts, Anna Dieckmans, der braudt schwester.	6 12	12 6	
731	1616	8	Thonіß Schübbe[2]) . . . . Anne Könen . . . . St.: Arndt Schübbe, Johan Borchardts, Adolff Weißkotte, Cordt Plaß, Dieterich Isebruch, Henrich Plaß, Anna Plaßes, Ließke Sauwemans, M. Jorgen Balthasars.	12 6	12 6 (sic!)	F.
732	1616	9	Conradt Huck . . . . Elisabeth Münstermans . . . . . . St.: Dieterich Huck, Caspar Berchfeldt, Johann Dörper der alte, Detmar Pinnoge, Johan Andreiß, Johan Lambach, dero rechten doctor, syndi-	fehlt „	50 25	H.

[1]) Witwer; s. Vrmb. Nr. 223, woselbst er Dorstelman heißt.
[2]) Witwer, s. ebd. Nr. 222.

Laufende Nummer	Datum: Jahr	Datum: Tag	Name	W.	G.	Zusätze
			cus, Dieterich Lambach, dero rechten doctor, herr Jost Brinckmann, pastor zu Müllem, herr Henrich Brinckman, herr Bertholdt Holtebrinck, Elisabeth vidua Münstermans, Ursula wittibe Melmans, Barbara wittibe Hoffmans, Anna Dorpers, Clara Worttmans, Henrich Siebergh, Barbara uxor.			
733	1616	Nov. 22	Johan Loehoff . . . . Gertraudt Bunnenbecke . . . . . St.: Johan Loehoff, des breutigams vatter, Herman Potgießer, Henrich Ellinghauß, Johan Hauwman, Caspar Hohe, schuhemacher, Jorgen Drensche, Johan Westerman, der braudt stieffvatter, Anna Hauwmans, Anna Westermans, des braudts schwester, Greta Hoe, Christina Hoe.	12 6	6 12 (sic!)	
734	1616	Juli 6	Meister Tigges Middeldorff . . . . Anne Quadtbecken . . . . St.: Thoniß Drensche, Reinoldt Quadbecke, Johann Schulte, M. Johann Schlechtendall, Rotger ther Möllen, Wilhelm Veldtman, Georgh Himmelreich, Hanß von Arnßbergh, Philips Kramer, Agata von Arnßbergh, Christina Drensche, Elßke Krämers, Catharina Quadbecke.	} fehlt		F. H.
735	1616	Aug. 24	Herman Sasse . . . . Enneke Wortmans . . . . St.: Wessel Oeckei zu Stypell, Detmar Harde, Arndt von Bochumb, Renoldt Hoppe, Tigges Syberhauß, Teves Sandtmann, Adrian Harde, Grete Hoppe, Trine Syberhauß, Trine Sandtmans, Adelheit Schonhauß.	3 6	6 3	
736	1616	Okt. 15	Johann Mürman . . . . Trine Kellermans . . . . St.: Herr Johann Schillingh, capellan zu St. Petri, Bernhart Back, richter	3 6	6 3	

Laufende Nummer	Datum Jahr	Datum Tag	Name	W.	G.	Zusätze
			zu Hockarde, Herman Timmerman, Wilhelm Rusche, Christian Tappe, Elsabein von Hovel genandt Backs.			
737	1616	Nov. 22	Der würdige und wolgelerte herr Hermannus Wittenius [1])	12	24	F.
			Die tugentsame Barbare wittib Melmans [2])	24	12	H.
			St.: Herr Johann Barop, pastor Renoldi, herr Johann Witten, pastor in Halveren, herr Berthold Holtebrinck, Georgh Himmelreich, Herman Lenhoff, Wilhelm Barop, Henrich Wießman, Johan Kanman, Enneke Hohauß, Catharina Barop, Barbara wittib Witten, Margareta Hoveman und andere mehr.			
738	1616	23	Der ehrenhaffte Dieterich Freiman .	25	50	F.
			Anne Leonardi, wittibe weilandt Johann Schulte [3])	50	25	H.
			St.: An seiten des breutigams: Johan Freiman, der vatter, und Lucia uxor, Johan Freiman, dero rechten doctor, Margareta uxor, Franß Fischer, Elisabeth uxor, Christoffer Freiman, Elisabeth uxor, Caspar Fürstenbergh, Clara uxor. An seithen der braudt: Niclaß Pinnoge, der vatter, Margareta uxor, die mutter, Amandus Otto, Johann Leonhardi, Detmar Pinnoge, Christine uxor, Adolff Weißkotte, Anna uxor, Dieterich Schulte, Catharina uxor.			
739	1616	29	Herman Barenscheidt	4	8	
			Anne Kolmans	8	4	
			St.: Henrich Back, Dieterich Griep, Claß Kockeler, Johann Sollinck, Herman Kolman, Wessel Kolman, Herman Vereggede, Hermannus Corvini,			

[1]) Am Rande ist hinzugefügt: Pastor zu Apelerbeck.
[2]) Sie hat eine Tochter Sibylla.
[3]) Siehe Vrmb. Nr. 224.

Laufende Nummer	Datum Jahr	Datum Tag	Name	W.	G.	Zusätze
			medicinae doctor, Henrich Heitman, Anna Barenschmidts, Maria Borcks, Anna Kolman, Agnes Sollings, Trine Griepes, Margareta Kolmans.			
740	1616	Dec. 1	Conradt Kramer	6	3	
			Ossel Schulte	3	6 (sic!)	
			St.: Amandus Otto, pastor St. Petri, Henrich Hecke, Hanß Nortmeier, Reinolt Heck, Conradt Stratman, Henrich Schulte zu Göckingh, Arndt Potthoff, Trine meiersche zu Göckingh, Trine Grevinckhoff, Stine Nortmeiers.			
741	1616	6	Johann Schulte	12	24	F.
			Catharine	24	12	
			St.: Herr Herman Embsinghoff, pastor Nicolai, Adolff Weißkotte, Wilhelm Mallinckrodt, Jorgen im Siepen, Anna eheleuthe, der braudt eltern, Wolter und Peter Schulte, gebrüdere, Jorgen Balthasars, M. Johan Schlechtendall, Dieterich Scheper, Hillebrandt Hemmerde, Gört Schübbe, Thoniß Schübbe.			
742	1616	9	Arndt Potthoff	6	3	
			Agnes Back	3	6 (sic!)	
			St.: Conradt Kramer und Conradt Stratman.			
743	1616	27	Lübbert Richters	3	6	
			Weinoldt Fischers	6	3	
			St.: Franß Richters, Johann Wilhelms, Herman Schotte.			
744	1617	Jan. 12	Henrich Hoffman	3	6	F.
			Judit Brauns	6	3	
			St.: Weinolt Hoffman zu Hörde, M. Johann Schlechtendall, Johannes Freitagh, Johann Reuter zu Hörde, Wessel Gerwins, Friederich Gerwins, Johann Schulte, Friederich Hoffmann, Mechel uxor, Elßge Schulte.			

Laufende Nummer	Datum Jahr	Datum Tag	Name	W.	G.	Zusätze
745	1617	Jan. 15	Caspar Daraven	5	10	
			Catharine Isenbergs	10	5	
			St.: Johan German, Dieterich Hovel, Johan Lürman, Greta Germans, Enneke Hovels, Greta Lürmans.			
746	1617	19	Jurgen Neringh von Hörde	6	3	
			Anna tho Wineke	3	6 (sic!)	
			St.: Johann Neringh, noch sein bruder Johan Neringh, Adam Nerings, Johan Schoff, Friederich Kodemanß, Clemet Dupingh, Cordt Kindt, Henrich Lange.			
747	1617	24	Renolt Cordes	2	4	
			Elße Hoffmans	4	2	
			St.: Reinoldt Cordts, breutigams vatter, Henrich Cordes, Johann Tegeler, Jasper Leneman, Johan Borgman, Greite Cordes, Trine Schrammes, Reinoldt Baumheuwer, Trine Baumheuwers, Detmar Tegeler, Stine Tegelers, Jurgen Schram, Gerdt Lenemans, Anna Bruggemans.			
748	1617	Febr. 2	Herman Kulman [1])	fehlt		
			Margarete Wulffs [2])			
			St.: An seithen des breutigams: Elbert Timen, stadtzimmerman und Wilhelm Barop, und derselben frauwen als Enne und Catharine. An seithen der braudt: Adolphus Gummerßbach und desselben haußfrauwen Derte.			
749	1617	5	Henrich Wegeners	1	$1^1/_2$	F.
			Elße Lücken	$1^1/_2$	1	
			St.: Johan Wegener, des breutigams vatter, Arndt Uberman, der braudt vatter, Johan Hecker, Enne Wegeners, Trine Wegeners.			

[1]) Witwer mit einer Tochter.
[2]) Ihr Sohn ist Heinrich Boing, Bürger zu Groningen.

Laufende Nummer	Datum Jahr	Datum Tag	Name	W.	G.	Zusätze
750	1617	Febr. 10	Arnt Furstatt . . . . Elße Zerrieß . . . . St.: Herr Bertholdt Holtebrinck, M. Peter Lubberdes, Jurgen Kellerman, Laurentz Lübberts, Herman Schroders, Henrich Vorstatt, Gördt Kramer, Johan Dudder, Catharina Lubbeders, Clara Lübbeders, Margareta Piels, Grete Kellermans, Enne Wessels.	3 6	6 3	
751	1617	21	Johann Hunschede von Marten . . Elße Muses [1]) . . . . St.: Johan Schlechtendall, Franß Schulte, Henrich Everdts, Dieterich Wencke, Henrich Muß, Wessel Buchbänder, Clara Wencke, Catharina Schlechtendall.	6 12	12 6	F.
752	1617	23	Cordt Gerlings [2]) . . . . Margareta Meiners . . . . St.: Johann Drensche, Jorgen Rocherdinck, Jurgen Drensche, Herman Scheve, Dieterich Meimergh von Schüren jetzundt auffm keller vor Schüren, Adam Nierhauß, Elße Meimergs, Enneke Meimergs, Trine Kolmans von Apelerbecke.	6 12	12 6	F.
753	1617	März 2	Claß Bödeker gen. Schlotman [3]) . . Marie Wintermans . . . . St.: Herr Herman Embsinckhoff, Jorgen von Iserlohn, Johan Henrich Becker, Hanß Westiken, Henrich Siebergh, Effert zu Buddinck, Grete von Iserlohn, Sibilla Ohrbrans, Bele Stallmeisters.	5 10	10 5	F.
754	1617	7	Nieß Winterkamps . . . . Gerdt Ellings . . . . St.: Teves von Rhe, Herman Winterkamp, Johann Drenckman zu Cörne,	4 8	8 4	F.

[1]) Ihre Mutter ist die Witwe Ringelband.
[2]) Witwer; s. Vrmb. Nr. 225.
[3]) Am Rande steht Boeker.

Laufende Nummer	Datum Jahr	Tag	Name	W.	G.	Zusätze
			Herman Haselhoff, Ludolff Hollinde, Herman Winterkamp, Johan Winterkamp, Enneke Teves, Imme Haselhoffs, Enne Hollinde.			
755	1617	März 7	Jorgen Freiman	6	12	
			Elßke Martens	12	6	
			St.: Magister Hermannus Hülshovius, Johann Rump, Eberdt Brinckman, Enneke Rumps, Elßge von dem Bole, Beleke Brinckmans, Elßke Melmans, Grete Wischers.			
756	1617	April 8	Johan Mülen [1])	6	3	F.
			Catharina Stocks	3	6 (sic!)	
			St.: Herman Vetmuß, Johan Schulte, Renolt Rupingh, Niclaß Rasche, Jacob Schliepstein, burger zu Unna, Catharina Jacobs, Gertrudt Cordes.			
757	1617	18	Everdt Saur der junge	6	12	
			Gertrudt Bornemans	12	6	
			St.: Friederich Saur, Caspar Saur, Rotger Althoff, Johan Heitman, Johan Borneman zu Harpen, Elße Saurs, Gertrudt Althoffs.			
758	1617	18	Johann Kaupe	6	12	
			Gertraude Kockelke	12	6	H.
			St.: Herr Johannes Fabritius, predicant zu St. Renolt, Johann Kaupe der alte, Gerrit Kaupe, Henrich Polman, Herman Rombergh, Melchior Müddeferingh, Reinolt Siegenbodde, Johann Kockelke, wirth im Brabandt, Dieterich Rurman, Johan Kockelke zu Asselen, Johan Rurman, Herman Rurman, Margareta Kaupe, Catharina Rombergs, Elße Siegenbode, Margareta Sehers, Gerdrut Polmans, Enneke Kockelke, Catharina Ruhrmans.			

[1]) Witwer mit einem Sohn.

Laufende Nummer	Datum Jahr	Datum Tag	Name	W.	G.	Zusätze
759	1617	April 20	Peter Huxels . . . . Anne Beckers . . . . St.: Herman Huxel, Johan Schröder, Henrich Hagedorn, Henrich Wennemars, Johan Veltman, Cecilia Bracke gnant Huxel, Greite Bransteils.	4 8	8 4	F.
760	1617	Mai 2	Berndt Luges . . . . Catharine Nierhauß . . . . St.: Herr Johannes Fabritius, herr Johannes Schillingius, capellane zu St. Renoldi und Petri respective, Anthon Bockholdt, M. Jasper und M. Adam Nierhauß, Johan Degenhart Stilckingh, M. Henrich Schulte, Wilhelm von Marten, Goddert Schubbe, Ludolff Brinckman, Dieterich Spehekamp, Anna Nierhauß, der braudt mutter.	6 12	12 6	F.
761	1617	3	Jost Tappe . . . . Margarete Piels [1]) . . . . St.: Herr Bertholdt Holtebrinck, capellan zu St. Renoldi, Johann Tappe, Anna eheleuthe, des breutigams elteren, Peter Lübberts, Catharina eheleuthe, der braut eltern, Laurents Lübberts, Evert Back, Jost Quadbecke, Franß Schulte, Claß Wenneker, Bernt Vorstatt.	6 12	12 6	F.
762	1617	3	Bertram von der Lennep . . . . Geude Nollekens . . . . St.: Herr Herman Vetmuß, capellan Mariae, Jorgen zum Kumpe, Cordt von Lennep, Dieterich Schumetgen, Johann Kellerman, Adrian Lichtfanck, Johan und Jorgen von Lennep.	3 6	6 3	F.

[1]) Witwe; s. Vrmb. Nr. 228.

Laufende Nummer	Datum Jahr	Datum Tag	Name	W.	G.	Zusätze
763	1617	Mai 23	Der ehrenhaffte Johann Emichman[1]). Die tugentsame Anne Leven . . . St.: Bertram Lobbeke, Margareta uxor, Elßke Leve, der braut mutter, Thonis Leve, Catharina uxor, Renoldt Leve, Anna uxor, Johannes Frenckinck, Anna uxor, Johan Furstenberg, M. Johannes Fabritius, Caspar Furstenbergh, Philips Richardts, Berndt Schwertt, Gerdrut uxor, Johann Leve, Zacharias Lobbeke, Anna Köne, Gerdrut wittib Nevelings, des breutigams mutter, Margareta Kinckelbachs, Gerdrut Köne und Johan Köne.	20 10 (sic!)	10 20	H.
764	1617	30	Laurentz Buck . . . . Isabella Heinen . . . . St.: Herr Herman Vetmuß, capellan Mariae, Dieterich Buck, des breutigams vatter, Cordt Buck, Cordt Borneman, Giese Heine, der braudt vatter, Franß Bertholdts, Johann Kellerhoff, Hanß Feister, Claß Schlotman, Trine Bucks, Trine Heine.	6 12	12 6	F.
765	1617	Juni 21	Johann Lenneper . . . . Elße Lohoffs . . . . St.: Herr Herman Vetmuß, capellan Mariae, Bertram von der Lennep, des breutigams vatter, Jorgen zum Kumpe, Dieterich Schmetgen, Johan Mellinckhauß, Cordt von der Lennep, Johann Lohoff der junge, Johann Lohoff der alte, der braudt vatter, Johann Plaß zu Holthaußen, Johan Ostendorff zu Brechten, Adrian Liechtfanck, Gretike von der Lennep.	3 6	6 3	F.
766	1617	Juli 4	Claß Steinwegh . . . . Elßge Dieffhauß . . . . St.: Georgh Himmelreich, Johan Eilkinck, Herman Steinwegh, Johann	12 6	6 12 (sic!)	

[1]) Witwer; s. Vrmb. Nr. 226.

Laufende Nummer	Datum		Name	W.	G.	Zusätze
	Jahr	Tag				
			Brüggestraße, Catharina Steinwegs, des breutigams mutter, Catharina Rilkings und Anna Dieffhaußes.			
767	1617	Juli 18	Henrich von Lünen . . . . . . Ursule von Brabecken . . . . . St.: Herr Johann Barop, pastor, herr Bertholdt Holtebrinck, capellan zu St. Reinolt, Anthon Bockholt, Wilhelm von Brinck, camerarii, Johan Schöler, Johan von Lünen, Peter Lenhoff, Herman Buck, Degenhart Busch, Henrich von Steinen, Johann Buschman, Anna Brabecken, Gerdrut von Lünen, Adelheit Baropii, Catharina Westhaußen, Catharina Bockholts, Anna Schölers, Elßge wittib Melmans, Margareta von Steinen, Elßge Bucks.	fehlt „	20 20	F.
768	1617	Aug. 22	Johann Wolters, teigeler . . . . . Enne Niggehoffs	4		

V.

Des Rades Vormünder Boeck

auffgerichtet in A² 1600.

Von

Fritz Barich.

Die elteren, so ihren kinderen vormunder zu bestettigen bitten, sollen nachfolgenden maßen einen aidt schweren.

Ihr werden globen und schweren, daß ihr ewer kinder jetz gebettenen vormunderen alle ewere haab und guther, beweglich oder ohnbeweglich, sie sein in gereiden oder ungereiden, in brieff und registeren, klein und groeß, zuvertheilen vorbringen, und davon zum nachtheill und schaden nichts hinderhalten, noch verschweigen wollen.

Der vormunder aidt.

Ihr werdet globen und schweren, das ihr bemelten eueren pflegkinderen und deren guetteren getrewlich und erbarlich vorstehen, ihre personen und guther versehen und bewahren, die guiter nicht in eweren eigenen nutzen keren und wenden, noch dieselben ohne vorwissen, erkendtniß und decret der obrigkeitt vereusseren, verpfenden oder beschweren, auch auff erfurderen derselben geburliche rechenschafft thuen, unnd umb ewere verwaltung rede unnd antwurt gieben unnd alles anders handlen das getrewen vormunderen eignet und zustehet.

Nach geleistetem aidt soll ihnen daneben angezeigt werden:

Es woll euch über dem ein erbar rhat bevohlen und aufferlegt haben, das ihr einwendig dreißig thagen von heutt anzurechnen, von ewer pflegkinder guetteren, ligendt unnd fahrendt, schulden brieff und registeren, ein inventarium auffrichten unnd davon ein gleichlautendt copey nach euerem gefallen verschlossen oder offen, jedoch von euch unterschrieben uff die cemmerey zu der vormunder kaßen lieberen, unnd solches bey straff fünff golden gulden die irste monath, die folgende aber dubiliert, alß lang solch nit geliebert wirt. Es wehre dan sache, das die außstreckung solcher zeitt, auß erheblichen ursachen bey einem erbaren rhate gesucht und erhalten wurde, doch vorangedeutte straff nach gestaldt sachen zu minderen unnd zu mehren ein erbar rhat sich vorbehalten.

Anno 1606, den 17. Julii. Ein wollachtb. rhat beschloßen, wen die pupillen zu ihren mündigen jharen kommen unnd mit rhat ihrer vormunder sich verheyrahtet, daß die hern camerarii bemechtigt sein sollen, jhegen ihrer selbst oder derer vormunder schrifftlich gegebenen, oder hierzu geschrebenen reverß der empfengniß, die inventaria wider folgen zu lassen unnd ihnen wederumb einzuleberen.

Abkürzungen:

Mrgspr. = Morgensprache.
K. = Kinder.
V. = Vormünder.
* = Bei den mit * bezeichneten Personen steht besonders vermerkt, daß sie zu einer neuen Ehe schreiten wollen.
† = tot.

Laufende Nummer	Datum		Eltern, Kinder und Vormünder
	Jahr	Tag	
1	1600	Juni 15	Wittib Merten Dockelß. K.: (fehlen). V.: Herman Quadtbecken, Renoldt Carnap, Georg Saurlender.
2	1600	15	Wittib Egidius von Halveren [1]). K.: Dietrich, Adrian, Wilhelm und Barbara. V.: Johan Melman am gerichtshauß, Niclaß Pinnoge der junge, Wilhelm von der Leitten.
3	1600	15	Wittib Paull von Gederen. K.: Henrich, Jacob und Enneke. V.: Niclaß Steinweg, Hanß Wittenn, Adolff von Gederen.
4	1600	15	Wittib Johan Vogelpoet. K.: Johannes. V.: Renoldt Sternberg, Claß Sporenmechers, Conradt Peters.
5	1600	15	Wittib Herman Althauß. K.: Johan und Meriken. V.: Detmarus Kuper, Godertt Schubbe, Herman Hubert.

[1]) S. Mrgspr. Nr. 24.

Laufende Nummer	Datum Jahr	Datum Tag	Eltern, Kinder und Vormünder
6	1600	Juni 22	† Herr Andreas Schaffinan. K.: Gerdraut. V.[1]): Anthonius Bockholdt, Johannes Boenen.
7	1600	22	† Renoldt Gottschalck. K.: Tohniß. V.: Henrich Gottschalck, Peter Cordes.
8	1600	22	Jacob Jansen, spigilienmecher. K.: Christine. V.: Dietrich Krumme, Frantz Cranßemecher[2]), Jurgen Schröder.
9	1600	22	† Johan von Asselen. K.: Johan. V.: Dietrich Harhoff; Herman Bloete, Mattheyß Herbertz.
10	1600	22	† Johan Hagebolle. K.: Johan. V.: Henrich Syberg, Jurgen Baltzers, Gortt Hagebolle.
11	1600	22	† Bernhardt Plange. K.: (fehlen). V.: Renoldt Oesterman, Jobst Ennichman, Jorgen von Iserloenn.
12	1600	Aug. 24	Henrich von Ennede, der rechten licentiat. K.: Arndt. V.: Caspar Dieffhanß, Rutger Schulte[3]), Henrich Schöler, Anthon Nieß.
13	1600	Sept. 14	Jobst Henßen. K.: (fehlen). K.: Georg Hemelreich, Albertus Vitriarius.
14	1600	14	† Dietrich Westhoff. K.[4]): Stineke und Gretke. V.: Eberhardt Saur, Johan Westhoff, Johannes Wethmars.

[1]) Vorgeschlagen durch D. Rector Friedr. Beurhusius und Heinrich Schaffmann.
[2]) S. Nr. 165.
[3]) An Stelle von † Rutger Schulte tritt 1613 Jan. 17 Arnold Tappe.
[4]) Aus zweiter Ehe.

Laufende Nummer	Datum Jahr	Datum Tag	Eltern, Kinder und Vormünder
15	1600	Sept. 14	†Dietrich Dickerhoff. K.: Johan. V.: Herman Potgeisser, Herman Strunck, Reinhardt Dickerhoff.
16	1600	15	Herman Peters. K.: Peter. V.: Peter Cordes, Arnoldt Mallinckrodt.
17	1600	15	Heinrich von Schuren. K.: Elßke. V.: Niclaß Pinnoge, Henrich Baur.
18	1600	Okt. 5	†Everhardt Klockengießer. K.: Enneke. V.: Rutger Back, Hanß von Horne, Anthoniß Hecker.
19	1600	27	†Johan Becker. K.: Johan und Grethke. V.: Claß vonn Wipperfurde, Henrich vonn Steynen, Henrich Knoep.
20	1600	Nov. 2	†Detmar Neveling. K.: Anthoniß Neveling. V.: Caspar Nieß, licent., Anthon Neveling, Johan Dorper.
21	1600	9	†Hanß Henßen. K.: Catrina und Elßke. V.: Albertus Vitriarius, Johan Dorper, Johan Lambach.
22	1600	23	Caspar Heidtfeldt. K.: Johan und Elßke. V.: Johan Bokinck, Johan Lambach, Johan Kumpsthoff.
23	1600	Dec. 14	†Johan Westerman. K.: Merten. V.: Georg Saurlender gen. Vohrman, Johan Berchoff gen. Kopfferschmidt.
24	1600	14	†Henrich Wulff. K.: Hillebrandt und Gerdraut. V.: Johan Berchoff gen. Kopfferschmidt, Everhardt Wulff.

Laufende Nummer	Datum Jahr	Datum Tag	Eltern, Kinder und Vormünder
25	1600	Dec. 16	†Thoniß Schmeing. K.: Catharina. V.: Henrich von Steinen, Herman Garnenfeldt, Johan Knop.
26	1600	19	†Johan Siegenbode. K.: Jasper und Enneke. V.[1]): Anthon Nevelinck, Caspar Varwick, Johan Böckinck.
27	1601	Jan. 18	Wittib Renoldt Seiers. K.: Gerdraut und Elßke. V.: Caspar Heidtfeldt, Gerhardt Seyer, Jasper Leve.
28	1601	26	Wenemar Neveling. K.: Thoniß, Gretgen und Enneke. V.: Anthon Neveling, Georg zum Kumpe, Herman Letmate.
29	1601	8	†Johan Mellinckhauß. K.: Johan. V.: Renoldt Melman, Adolff Gummerßbach, Godfridus Ebinckhauß.
30	1601	Febr. 27	†Henrich Schlauch[2]). K.: Gretgen. V.: Gertt Seier, Berndt Darieß, Johan Barenberg.
31	1601	März 7	†Renoldt Wißkotte. K.: Gretke und Catrine. V.: Anthon Nevelinck, Herman Hermerde, Anthon Drensche.
32	1601	Mai 4	Merten Brinckman. K.: Deertke und Berndtke. V.: Arndt Westhoff, Dietrich Rhurman, Adolff Gummerßbach.
33	1601	9	†Herman Holterman[3]). K.: Elßge. V.: Gerhardt Boetesack, Johan Potter, Cordt Peters.

[1]) Vorgeschlagen von Witwe Johann Siegenboge, Großmutter der Kinder.
[2]) S. Mrgspr. Nr. 39. [3]) S. Mrgspr. Nr. 45.

Laufende Nummer	Datum Jahr	Datum Tag	Eltern, Kinder und Vormünder
34	1601	Mai 24	Peter Ridderhoves. K.: Anne nnd Catarine. V.: Renoldt Gysenstein, Henrich Knop, Johan Knop.
35	1601	29	† Clementz Brinckhoves. K.: Georg, Catrin und Enneke. V.: Cordt Putman, Henrich Brinckhoff.
36	1601	Juni 20	† Arndt Herbertz. K.: Johan. V.: Renoldt Carnap, Mattheyß Herbertz, Johann Andreeß.
37	1601	Juli 13	Renoldt Carnap [1]). K.: Catrin und Margrethe. V.: Henrich Nieß, Mattheyß Herbertz, Godtfridt Brugman.
38	1601	Aug. 14	† Herman Peters von Wannebell [2]). K.: Peter. V.: Niclaß Schulte (an stelle von † Peter Cordes).
39	1601	14	Renoldt von Nehm [3]). K.: 3; (namen fehlen). V.: Herman Quadtbecke, Johan Lambach.
40	1601	16	Wittib Johan Steinhorst. K.: Johan Steinhorst. V.: Henrich Melman zum esell, Georg Hemelreich, Caspar Heidtfeldt.
41	1601	18	† Georg Boemken [4]). K.: Stineke und Elßke. V.: Wolter Boemken, Jacob Janßen, Dietrich Nortkirch.
42	1601	31	† Johan Freyßen. K.: Johan und Trineke. V.: Rosier Oesthoff, Reinhardt Bergley, schwerdtfeger und Johan Barenberg.

[1]) S. Mrgspr. Nr. 52. [2]) Vgl. Nr. 16. [3]) S. Mrgspr. Nr. 62.
[4]) S. Mrgspr. Nr. 59.

Laufende Nummer	Datum Jahr	Datum Tag	Eltern, Kinder und Vormünder
43	1601	Sept. 7	†Berndt Janßen. K.: Jacob Janßen. V.: Johan Welver, Peter Lubbertz.
44	1601	Nov. 2	†Henrich Hoenen. K.: Johan und Caspar. V.[1]): Johan Kumpsthoff, Robert Heidtman, Johan Kromberg, schloßmächer.
45	1601	14	Henrich von Steinen[2]). K.: Mechelt und Anne. V.: Johan Wethmar, Renoldt von Nehem gen. Abts.
46	1601	Dec. 20	†Niclaß Koning[3]). K.: Detmar Koning. V.: Georg Barenschey, Georg zum Kumpe, Johan Melman im ortte.
47	1602	Jan. 4	Johan Vrilinckhaußes. K.: Elßke und Enneke. V.: Dietrich Vrilinckhauß, Johan Loehoff.
48	1602	4	Renoldt Siepman[4]). K.: Herman Siepman. V.: Herman Botterling, Herman Wegman, Dahm Loemans.
49	1602	31	Wittib Herman Leven[5]). K.: Gerdrut und Fiken. V.: Renoldt Leven, Dirich Portman, Johan Oesterman.
50	1602	Febr. 15	†Rutger Schlauch. K.: Johan Schlauch. V.: Johan Kumpsthoff, Johan von Heiden, Johan Kreyenberg.
51	1602	26	Balthasar Hoedtmacher. K.: Henrich, Wilhelm, Dietrich und Margrethe. V.: Anthoniß Koch, Anthoniß Leven, Johan Wenniger.

[1]) Angesetzt an Stelle von † Niclaß Rupe und Niclaß Rupe.
[2]) S. Mrgspr. Nr. 75. [3]) S. Mrgspr. Nr. 84.
[4]) S. Mrgspr. Nr. 83. [5]) S. Mrgspr. Nr. 89.

Laufende Nummer	Datum Jahr	Datum Tag	Eltern, Kinder und Vormünder
52	1602	März 22	Wilhelm Brußes. K.: Gerdt, Trineken, Orselken, Wilhelm und Clarken. V.: Johan Nieß, Jobst Lethmate und Jacob Berckhoff.
53	1602	29	† Everhardt Boekers. K.: 2; (namen fehlen). V.: Evert Wegman, Herman in der Murerey, Johan Schlechtenthall.
54	1602	Mai 3	Herman Hoffman. K.: Herman Hoffman. V.: Dietrich Huck, Dethmarus Kuper (an stelle von Henrich Hoe und Lambert Bockholdt).
55	1602	6	† Johan Koenen. K.: Enneke, Trineke, Johan und Renoldt. V.: Henrich Melman zum esell, Adolff Weißkotte, Egidius Appelhoff.
56	1602	Juni 8	† Georg Nieß. K.: Elßge. V.: Johan Middeldorp, Mattheyß Nieß, Niclaß Pinnoge.
57	1602	Juli 6	† Winoldt Furschloßers. K.: ein sohn (name fehlt). V.: Her Bertholdt Holtebrinck, Johan Melman der junge, Henrich Middendorp.
58	1602	Sept. 27	† Thonißzum Berge gen. Luicken. K.: Albert, Catrin, Ursell, Anne und Thonißken. V.: Renoldt Greve, Johan Hecker.
59	1602	Nov. 5	† Arndt Rupe [1]). K.: Arndt, Johannes und Elßge. V.: Arnoldt Flumme, Arnoldt Tappe, Mattheiß Muddefehrinck.
60	1602	14	Detmar Müller [2]). K. (aus 1. ehe): Catrine, Johan, Caspar und Herman. V.: Ludtwich Sachssen, richter [3]), Johannes Boene, Caspar Berckfeldt.

[1]) Seine Witwe, Gertrud Kops, wiederverheiratet mit Wessel Hoffman.
[2]) S. Mrgspr. Nr. 132.
[3]) An Stelle des † Ludwig Sachsse tritt am ? Febr. 1612 Caspar Deging.

Laufende Nummer	Datum Jahr	Datum Tag	Eltern, Kinder und Vormünder
61	1602	Nov. 28	†Gerrit zum Diecke. K.: (fehlen). V.: Gerhardt Kramer und Johan Nolle (treten an stelle von Goddert Schulte und Johan Kaupe.
62	1602	Dec. 3	†Niclaß Dieffhauß. K.: Niclaß, Catrine, Frantz, Elßke, Enneke und Gerdrauth. V.: Henrich Melman zum esell, Georg Hemelreich, Gerhardt Seyer.
63	1602	fehlt	†Henrich Wulff. K.: Hilbrandt und Gertraudt Wulff. V.: Johan Groenewaldt und Dietrich Hessebroeker (an stelle von Eberhardt Wulff und Johan Kopfferschmidt.
64	1603	April 18	Johan Dorper [1]). K.: Johan Dorper (einziger sohn). V.: Hanß Ehwinckhauß, Anthon Bockholdt, Dietrich Huck.
65	1603	April ?	†Johan von Gelderen [2]). K.: Gerrit und Anna. V.: Johan Welver, Johan Nolle.
66	1603	Aug. 7	Niclaß Schwartz. K.: Hillebrandt, Anne, Margrethe, Caspar, Gereon und Elisabeth Schwartz. V.: (fehlen).
67	1603	21	†Johan Recherdes [3]), gewesener wegmeister. K.: Philip. V.: Anthonieß Nieveling, Sebastianus Hermuntius.
68	1603	Sept. 2	Mertin Westerman [4]). K.: Catrintge. V.: Johan Lenhoff, Henrich Gleneman, Caspar Kaupe.
69	1603	Nov. 6	†Jorgen Bromseels. K.: Anthoniß. V.: Caspar Goldtschmidt, Henrich Hagedorn, Renoldt Hecke.

[1]) S. Mrgspr. Nr. 154. [2]) S. Mrgspr. Nr. 154. [3]) S. Mrgspr. Nr. 146.
[4]) S. Mrgspr. Nr. 158.

Laufende Nummer	Datum Jahr	Datum Tag	Eltern, Kinder und Vormünder
70	1603	Dec. 4	† Johan Keutenbrever. K.: Clarke und Trineke. V.: Henrich von Steinen, Dietrich Jode, Dietrich Hammecker.
71	1604	Jan. 15	Johan Melman. K.: Henrich, Renoldt, Schotte, Girrit, Claß, Elßke, Gerthraudt und Johan. V.: Renoldt Melman, Cordt Melman, Johan Schlechtenthall.
72	1604	22	† Herman Lueg. K.: Johan Lueg. V.: Johan Veldthauß, Rutger Lueg, Johan Ellinckhauß.
73	1604	Febr. 5	Jonhan Donhoff[1]). K.: Catrin und Enneke. V.: Henrich Coster, Herman Wordtman, Mattheyß Donhoff.
74	1604	15	† Herman von Hulschede. K.: Wilhelm und Elßge. V.: Johan Lucker, Caspar Willich, Conradt Sundthoff (angesetzt an stelle von Johan Vogelpoetz, Laurentz Laackman und Jorgen Wegman).
75	1604	Mai 4	† Johan Everdts. K.: Berndt, Johan und Anne. V.: Herman Strunck, Johan Pottgießer, Johan Kampman.
76	1604	Juli 9	Bernhardt Back, richter zu Huckerde. K.: Laurentz und Agneß. V.: Johannes Rupe, Frantz Schulte.
77	1604	Aug. 25	† Niclaß Pinnoge. K.: Caspar, Elßge und Margretge. V.: Johan Melman, gegen dem weddepoet, Niclaß Pinnoge, Peter Lenhoff.

[1]) S. Mrgspr. Nr. 177.

Laufende Nummer	Datum Jahr	Datum Tag	Eltern, Kinder und Vormünder
78	1604	Okt. 14	Renoldt Gisenstein gen. Perdestall[1]). K.: Johan. V.: Matthiaß Herbertz, Georg zum Cumpe, Zacharias Lobbecke.
79	1604	29	† Her Johannis Mannbauch, pastoris ad divinam Mariam. K.: Johan Mannbauch. V.: Johan Middeldorp, Johan Seyer, Christoffer von Breckerfeldt.
80	1604	Nov. 9	† Johan Harden. K.: Johan Harden. V.: Herman Quadtbeck, Herman Winterkamp, Jost Poet.
81	1604	Dec. 9	† Caspar Heiling, conrector. K.: Johan, Caspar, Margrethe und Catrine. V.: Johan Kleppinck, ritmeister, Albertus Vitriarius, Georg Himmelreich.
82	1605	Jan. 29	† Henrich Pilgrim. K.: Dietrich. V.: Dietrich Lucker, Johan Spickerhoff.
83	1605	Febr. 8	Dietrich Oldendorp. K.: Cordt und Elßke. V.: Cortt Puttman, Balthasar Hutmacher, Henrich Lenneman.
84	1605	28	† Henrich Veldtman. K.: Wilhelm. V.: Johan Schlechtenthall, Johan Schade, Johan Kampman.
85	1605	Juni 30	† Berndt Kattenstertts. K.: Gertraudt. V.: Johan von Luinen, Godertt Kopfferschmit oder Schlechtenthall, Johan Beckman.
86	1605	Juli 1	† Berndt Johanßen. K.: Jacob. V.: Caspar Hoe, Henrich von Steinen (an stelle von † Johan Welveren).

[1]) S. Mrgspr. Nr. 195.

Laufende Nummer	Datum Jahr	Tag	Eltern, Kinder und Vormünder
87	1605	Juli 7	†Hanß Bercks[1]). K.: Johan, Goddert und Gerdrutge. V.: Hanß von Ulm, Rutger Schulte, Matthieß Nieß.
88	1605	19	†Henrich von Ennede, licentiat. K.: Henrich und Johan von Ennede. V.: Henrich Schaaffman, Arnoldt Flumme, Johannes Rupe, Henrich Middendorff.
89	1605	23	Thiges Doenhoves[2]). K.: Caspar. V.: Johan Donhoff, Dietrich Schnuetken, Renoldt Nierhoff.
90	1605	23	†Jacob Recklinghauß[3]). K.: Gerdraut. V.: Tiges Suderman, Renoldt Weißkotte, Johan Brockman.
91	1605	Aug. 29	†Hanß Lorinckhoves. K.: Henrich und Greitge. V.: Caspar Dieffhauß, cemmerer, Geurtt Schubbe, Johan Borenschmidt.
92	1605	Okt. 19	Johan Hanneman[4]). K.: Johan und Trineke. V.: Arndt Schubbe, Johan Wennemar, Henrich Pubßkamp.
93	1605	Nov. 11	†Johan Schulte. K.: Henrich und Margrethe. V.: Melchior Muddefehring, Henrich Pollman.
94	1605	15	Renoldt Ellinckhauß[5]). K.: Bertholdt, Henrich und Johan. V.: Herman von Hemmerde, Henrich Ellinckhauß.
95	1605	17	Johan Cumpers[6]). K.: Clare und Enneke. V.: Niclaß Pinnoge, Herman Mutte.
96	1605	29	†Niclaß Steinweg. K.: (fehlen). V.: Jorgen zum Cumpe, Johan Frencking.

[1]) S. Mrgspr. Nr. 220. [2]) S. Mrgspr. Nr. 222. [3]) S. Mrgspr. Nr. 222. [4]) S. Mrgspr. Nr. 235. [5]) S. Mrgspr. Nr. 238. [6]) S. Mrgspr. Nr. 241.

Laufende Nummer	Datum Jahr	Datum Tag	Eltern, Kinder und Vormünder
97	1606	Jan. 31	†Johan Deging. K.: Johan und Ennecke. V.: Johan Melman am wetpot, Herman Deging.
98	1606	Febr. 1	†Johan Dunhoff[1]). Catharina . . . . . . K.: Johan. V.: Herman Wortman, Dieterich Wulner, Rotger Hemesod.
99	1606	25	Anthonieß Beihoff, satler[2]). K.: Dieterich. V.: Henrich Ellinghauß, Wienoldt Vieffhauß.
100	1606	März 17	Goessen Smidtman[3]). K.: Johann. V.: Reinholdt Hecke, Conradt Kremer, Johann Schoelffinck.
101	1606	April 6	[4])
102	1606	13	Renoldt Hoener[5]). K.: Hinderich, Johan und Gerdruth. V.: Berndt Fuestinck, Dirich Tomaß, Hinderich Becker.
103	1606	13	†Renoldt Sagensnider. K.: Johan und Renoldt. V.: Johan Kumpman, Johan Pothgeisser.
104	1606	24	Johan Luerman. †Anna Schulte. K.: Enneke und Thonis. V.: Herman Pottgießer und meister Joest vom Stein.
105	1606	24	†Johan Siepman, gewesener moller uff der siepen mollen[6]). K.: Adolff. V.: Johan Beckhoff und Johan Frenckingk.

[1]) S. Mrgspr. Nr. 254. [2]) S. Mrgspr. Nr. 260. [3]) S. Mrgspr. Nr. 262. [4]) Lücke. [5]) S. Mrgspr. Nr. 299. [6]) S. Mrgspr. Nr. 268.

Laufende Nummer	Datum Jahr	Datum Tag	Eltern, Kinder und Vormünder
106	1606	Mai 19	† Johan Dickerhoves. K.: Henrich, Johan, Dietrich und Ermge. V.: Johan Berchhoff, Werner Fley, Wennemar Nevelinck.
107	1606	Juni 15	† Johan Welvers[1]). K.: Johan und Girrith. V.: Conradt Huck, Lambert Dieffhaus, Henrich von Steinen.
108	1606	20	Roseir Oesthoff[2]). K.: Stineke, Margarethe, Gerdruth und Lambert. V.: Anthon Buckholz, Wilhelm von dem Brinck, Johan Deiffhuß.
109	1606	27	† Rutger Schulte. K.: (fehlen). V.: Matthiaß Nieß (an stelle von † hern licentiaten Enneden).
110	1606	Juli 11	Dietrich Buck[3]). K.: Laurentz Buck. V.: Wilhelm Schwirman von Waltropff, Henrich Kopff, Hanß Westkamp, stallmeister.
111	1606	15	Hillebrandt Mellinckhauß[4]). K. (aus erster ehe): Mattheus. V.: Johan Mellinghauß, Arnoldt Kemmenade.
112	1606	Aug. 18	Johan Brauckman. K.: Wilhelm und Thoniß. V.: Wilhelm von der Hornburg, Evertt Bertholdts.
113	1606	Nov. 9	† Vitz von Herbede[5]). K.: ein Sohn und eine Tochter (namen fehlen). V.: Wilhelm Dornberg[6]), Georg Elckinck.
114	1607	Febr. 16	Niclaß Greve[7]). K.: Trine und Enneke. V.: Hillebrandt Blöminck, Tonniß Mellinckhauß.

[1]) S. Mrgspr. Nr. 273. [2]) S. Mrgspr. Nr. 273. [3]) S. Mrgspr. Nr. 279. [4]) S. Mrgspr. Nr. 277. [5]) S. Mrgspr. Nr. 296. [6]) Auf der Nebenseite steht Dorneburch. [7]) S. Mrgspr. Nr. 307.

Laufende Nummer	Datum Jahr	Datum Tag	Eltern, Kinder und Vormünder
115	1607	Febr. 27	†Dietrich Knopß gen. Buddekens. K.: Tonißs, Enneke, Caspar, Johan, Trineke und Grete. V.: Johan Quadtbecke, Cordt Drensche, Herman Botterlinck.
116	1607	März 6	†Dietrich Harhoff, K.: 2 (namen fehlen). V.: (nicht bestellt, sondern curatores ad litem = für einen rechtsstreit).
117	1607	Juni 7	†Michell Palm. K.: Johan, Michell, Tonneß, Stineke, Enneke und Grete. V.: Anthon Neveling, Herman Bloete, Wessel Hoffman.
118	1607	März 6	Herman Garnefeldt [1]). K.: Hinderich. V.: Johan von Luenen, Hinderich von Steinen, Renoldt Garnefeldt.
119	1607	Nov. 27	†Johan von Gelderen [2]). K.: Girret und Enneke. V.: Henrich von Steinen (an stelle von † Johan Welveren).
120	1608	Mai 9	†Meister Johan Wortberg, pottgießer [3]). Stine . . . . K.: Greiteke. V.: M. Adam von Gulich, kopperschleger, Hanß Breve, Johan Kampman.
121	1608	13	†Herman Geßeler. Elske . . . . . . K.: Johan. V.: Renoldt Melman, Wilhelm von Waltrop, Johan Borgman.
122	1608	Juni 5	†Nieß Overdorp. K.: Johan Overdorp. V.: Godert Bruggeman, gerichtschreiber, Johan Melman.

[1]) S. Mrgspr. Nr. 348; wird also 1608 sein. [2]) S. Nr. 65.
[3]) S. Mrgspr. Nr. 357.

Laufende Nummer	Datum Jahr	Datum Tag	Eltern, Kinder und Vormünder
123	1608	Juni 13	†[1]) Dieterich Schulte. K. (aus erster ehe): Enneke, Hilbrandt, Greteke und Trineke. V.: Johan Schulte, Henrich Jude.
124	1608	Juli 31	† Joest Henße[2]). K.: Dettmar Henße. V.: Matthias Herbert, Cort Drensche, Renoldt Gisenstein.
125	1608	Sept. 4	Dietrich Buck. K.: Elske. V.: Johan Drensche, Zacharias Lobbecke, Arndt Schubbe.
126	1608	16	† Hillebrandt Schonenberg[3]). K.: Enneke. V.: Hanß Matteler, lademacher, Henrich Everdts.
127	1608	Okt. 30	† Herman Rost. K.: Renoldt. V.: Dettmar Kuper, Herman Rameker, Henrich Wischman in Lorinckhoves hauß wonendt.
128	1608	Dec. 9	† Jorgen Nieß gen. Wulff[4]). K.: Anthoniß und Greitke. V.: Arndt Schubbe, Johan Nieß, Wenemar Nevelinck.
129	1609	Febr. 1	† Renoldt Ellinckhauß. K.: Renoldt und Grethke. V.: Johan Boeking, Johan Gerlichs, Herman Lettmate.
130	1609	März 5	Matthiaß Nieß. K.: Peter und Enneke. V.: Niclaß Pinnoge, Johan Kumpsthoff, Arnoldt Tappe[5]).

[1]) Wohl Irrtum; s. Mrgspr. Nr. 360.
[2]) Hentze; s. Mrgspr. Nr. 61 und 143, sowie Vrmb. Nr. 13.
[3]) S. Mrgspr. Nr. 368.
[4]) S. Mrgspr. Nr. 392.
[5]) Arnold Tappe ist Schwager des Matthias Nieß.

18*

Laufende Nummer	Datum Jahr	Datum Tag	Eltern, Kinder und Vormünder
131	1609	März 30	† Claß von Werdringen. Cunne Zieseken vom Redtberg. K.: Cordt. V.: Reinoldt Kopperschmidt, Heinrich Ludtwichs uff dem Oestenhelwege.
132	1609	April 9	† Dietrich von Wilich. Trine . . . . K.: Enneke. V.: Wilhelm von der Hornburg, Jacob Vrede.
133	1609	Mai 13	Tigges Mollers [1]). K.: Tiges und Jasper Muller. V.: Jorgen thom Cumpe, Jorgen Boeneken, Caspar Vincke.
134	1609	Juni 20	† Renoldt Ellinckhauß. K.: Herman Ellinckhauß. V.: Mattieß Middelsdorff, Thonißvon Boeckloe.
135	1609	30	† Henrich Kupers [2]). K.: Elßge, Trintge und Ermgardt. V.: Johan Lambach, Georg Varst, Detmarus Kuper, Hanß Kuper.
136	1609	Juli 13	Detmar Broeken [3]). K.: Renoldt. V.: Johan Spickerhoff, Berndt Nagell.
137	1609	fehlt	† Jurgen Drensche. K.: Johan, Hinderich, Elßke und Enneke. V.: Herman Potgeiter, Cort Drensche, Hinderich Ellinckhuß.
138	1609	Aug. 28	† Jurgen Huickes [4]). K.: tochter (name fehlt). V.: Arnoldt Tappe (an stelle von † Arnold Flume).
139	1609	Okt. 6	† Thoniß Tuseloer. K.: einzige tochter (name fehlt). V.: Franz Fischer, Gertt Schulte, timmerman, Gertt Westerman.

[1]) S. Mrgspr. Nr. 401. [2]) S. Mrgspr. Nr. 406. [3]) S. Mrgspr. Nr. 407. [4]) S. Nr. 145.

Laufende Nummer	Datum Jahr	Datum Tag	Eltern, Kinder und Vormünder
140	1609	Nov. 17	† Berendt Budde. K.: Enneke, Elske und Berendt. V.: Tigges Middeldorp, Johan Krumme, Johan Schulte.
141	1609	Dec. 1	† Johan Frerichs. K.: Tonieß. V.: Herman Bawmeister, Johan Tegeler.
142	1610	April 22	Eberhardt Saur [1]). K.: Johan Saur. V.: Eberhardt Saur der alte, Jorgen Hollinck, Johan Oesterman.
143	1610	Mai 6	† Detmar Neveling. K.: sohn (name fehlt). V.: Caspar Nieß, licentiat, Henrich Nieß, Johan Dorper [2]).
144	1610	Juni 12	† Detmar Neveling. K.: sohn (name fehlt). V.: Heinrich Nyeß der alte (an stelle von † Anthoniß Neveling).
145	1610	fehlt	† Jurgen Hucks [3]). K.: Stineke. V.: Johan Lambach, dero rechten doctor (an stelle von † Conradt Klepping).
146	1610	Juni 17	Johan Lipman gen. Muhlers. K.: Renoldt, Trineke und Henrich. V.: Jacob Vreden, Arndt Reinschen.
147	1610	17	† Arnoldt Mallinckrodts. K.: Wilhelm, Anne, Elßke, Catrintge, Henrich und Marie. V.: [4])

[1]) S. Mrgspr. Nr. 435.

[2]) Als vierter Vrmd. tritt hinzu 1610 Nov. 15 Lambrecht Nieß; s. Blatt 42 d. Vrmb., woselbst Detmar Neveling „Dettmar ihm Koeßberg" genannt wird.

[3]) S. Nr. 138.

[4]) Die Verhandlung hat anscheinend zu keiner Vormundschaft geführt, da Syndicus D. Lambach sich weigerlich hielt; s. Nr. 150.

Laufende Nummer	Datum		Eltern, Kinder und Vormünder
	Jahr	Tag	
148	1610	Juni 11	Dietrich Lipmans[1]). K.: Dietrich, Cordt, Berndt und Enneke. V.: Dietrich Hovell, Merten Westerman.
149	1610	22	Dettmar Nieß[2]). K.: Henrich. V.: Henrich Schoeler, Dietrich Huck, Wilhelm vom Brinck, Renoldt Melman.
150	1610	28	†Arnoldt Mallinckrodt[3]). K.: Henrich, Catrintge und Marie. V.: Johan von Brinck, Anthon Bockholdt, Johannes Beurhusius, Georg Balthasar.
151	1610	Juli 17	Eberhardt Bertholtz[4]). K.: Greitke und Enneke. V.: Jurgen Boeckelman, Jurgen Bertholdt.
152	1610	Okt. 11	†Herman Drenckmans. K.: Rutger, Renoldt, Anne und Gretge. V.: Everhardt Bussenschmidt, Dietrich Leidtman.
153	1610	15	†Georg Drensche. Margrethe . . . . K.: Johan, Henrich, Elßge und Enneke. V.: Herman Pottgießer, Cordt Drensche, Henrich Ellinckhauß.
154	1610	Nov. 4	†Everhardt Boekers. K.: Georg. V.: Johan Schlechtenthall, Renoldt Hoe (an stelle von Arndt Flumme und Helmich Boekers, „beide zu gott verstorben“)[5]).
155	1610	29	Caspar Zachariaßen. K.: Elßke, Enneke, Sophie, Stineke und Trincke. V.: Claß Ruggenbecker, Jobst Poett, Frantz vom Grimberg.
156	1610	Dec. 16	Hanß Groemans[6]). K.: Henrich. V.: Tonniß Scheper, Henrich Spielman.

[1]) S. Mrgspr. Nr. 438. [2]) S. Mrgspr. Nr. 442. [3]) S. Nr. 147.
[4]) S. Mrgspr. Nr. 445. [5]) S. Nr. 53. [6]) S. Mrgspr. Nr. 468.

Laufende Nummer	Datum Jahr	Datum Tag	Eltern, Kinder und Vormünder
157	1611	Jan. 4	Renoldt Melmans ihm ortte[1]). K.: Henrich und Trineke. V.: Wessel Holtey, Johan Melman ihm ortte, Henrich Schulte.
158	1611	12	Peter Borstingks[2]). Catrine . . . . . K.: Peter und Johan. V.: Johan Kumbsthoff, Johan Lambach, Dettmar von Thiell.
159	1611	März 21	† Johan von Melman[3]). K.: Enneke, Trineke und Johan Melman. V.: Adolff Weißkott, Johan Melman der alte, Johan Sunnenschein, Wilhelm Schulte.
160	1611	Mai 6	† Wilhelm Brußes[4]). K.: (fehlen; s. Nr. 52). V.: Dietrich Wulner (an stelle von Johan Nieß, „so mit seiner wohnung nach Recklinckhaußen verzogen").
161	1611	9	† Caspar Berckfeldts. Anne Sollings. K.: Jobst, Peter, Frantz und Enneke. V.: Caspar Berckfeldt, Johan Sollingk, Niclaß Pinnoge.
162	1611	Sept. 12	† Henrich Meißen[5]). K.: Ursel, Aleff und Greiteke. V.: Henrich Koch, Tigges Ruddinghaus.
163	1612	Febr. 10	Henrich von Castroff[6]). K. (aus erster ehe): Lambrecht, Engelbert und Elske. V.: Rosier Osthoff, Adolff Dorstelman, Georg Rochering.
164	1612	April 5	† Everdt Wulffs. K.: Herman, Clarecke und Ennecke. V.: Gerdt Schlechtendahl, Johan Osterman, Johan Hippert.

[1]) S. Mrgspr. Nr. 474. [2]) S. Mrgspr. Nr. 471.
[3]) Seine noch lebende Mutter ist die Witwe Melmann auf der Wördt (Mönchenwordt); s. auch Mrgspr. Nr. 496.
[4]) S. Nr. 52. [5]) S. Mrgspr. Nr. 499. [6]) S. Mrgspr. Nr. 508.

Laufende Nummer	Datum Jahr	Datum Tag	Eltern, Kinder und Vormünder
165	1612	April 5	Girrith Stoffers, bomseidenweber [1]). K. (aus erster ehe): Henrich. V.: Johan Rusche, Gerdt Slechtenthal, Frantz Heister, krantzmacher [2]).
166	1612	5	Niclaß Varweich [2]). K. (aus erster ehe): Ennecke, Trinecke, Henrich, Gerdt und Frantz. V.: Henrich Hoe, Berendt Nagel.
167	1612	Juli 11	† Thonieß Grumers. K.: Gerdrutke, Johan, Dieterich. V.: Johan Wennemahr, Henrich Brinckman, Wessel Schmarkotte.
168	1612	Sept. 14	† Hanß Bercks [4]). K.: Johan, Goddert und Trintge. V.: Johan Kumbsthoff, Georg zum Kumpe (an stelle von † Rutger Schulte und Hanß von Ulm).
169	1612	Okt. 1	† Henrich Frilinckhauß. K.: Enneke, Johan und Trineke. V.: Herman Lenhoff, Renoldt Gysenstein, Dietrich Frilinckhauß.
170	1612	1	Dietrich Freymans [5]). K.: Johan, Elßge, Grethge und Gertgen. V.: Adolff Weißkotte, Johan Kropff, Henrich Fischer.
171	1612	Nov. 15	† Rutger Schlauchs. K.: Johan. V.: Johan Torck, Johan Kumbsthoff, Henrich Vogelpoet.
172	1612	15	† Hans Groemans [6]). K.: (name fehlt; s. Nr. 156). V.: Johan Mellinckhauß (an stelle von † Thoniß Scheper).
173	1612	15	Hillebrandt Mellinckhauß. K. (erster ehe): Johanneken. V.: Johan Bockholdt, Dreeß Schnetker von Barop.

[1]) S. Mrgspr. Nr. 511. [2]) S. Nr. 8. [3]) S. Mrgspr. Nr. 512.
[4]) S. Nr. 87, woselbst die Tochter Gertrud genannt wird.
[5]) S. Mrgspr. Nr. 525. [6]) S. Nr. 156.

Laufende Nummer	Datum Jahr	Datum Tag	Eltern, Kinder und Vormünder
174	1613	März 7	†Henrich Gottschalcks[1]). K.: Johan, Catrin und Enneke. V.: Henrich Stoeven, Henrich Back, Everhardt Back, Ruttger Back.
175	1613	April 15	†Tonniß Baumhoeders. K.: Albertt Johan und Johan Catrin (sic!) und Enneke. V.: Albert Brinckman, Johan Schorll, Jasper Leeneman.
176	1613	Mai 20	Henrich Weißmans[2]). K.: Dietrich und Caspar. V.: Johan Borenschmidt, Johan Kampman, Jacob Janßen.
177	1613	Aug. 28	†Thoniß Schepers[3]). K.: Elßge und Thonis. V.: Johan Gerlachs, Johan Andres und Heinrich Stoeff.
178	1613	Juni 1	†Johan Melmans zum esell. K.: Beelke, Elßke, Henrich und Enneke. V.: Johan Freyman D., Caspar Nieß, licent., Johan Pottgießer, Caspar Dieffhauß, Herman Roemberg.
179	1613	3	†Rutger Isenbroichs. K.: Henrich und Hillebrandt. V.: Adolff Weißkotte, Renoldt Scheve, Hillebrandt Holtey zu Bommeren im ambt Wetter.
180	1613	Aug. 20	Henrich Quadtbecken[4]). K.: Elßge. V.: Frederich Beurhauß, Johan Kramer.
181	1613	Okt. 8	Caspar Deggincks[5]). †Gertrude Dieffhauß. K.: Gertrudt und Caspar. V.: Herman Degginck, Lambertt Dieffhauß.
182	1614	Jan. 12	†Godert Schulten[6]). K.: Dietrich und Enneke. V.: Dietrich Schulte, Georg Kellerman.

[1]) S. Mrgspr. Nr. 556. [2]) S. Mrgspr. Nr. 548. [3]) S. Mrgspr. Nr. 561.
[4]) S. Mrgspr. Nr. 557. [5]) S. Mrgspr. Nr. 565. [6]) S. Mrgspr. Nr. 580.

Laufende Nummer	Datum Jahr	Datum Tag	Eltern, Kinder und Vormünder
183	1614	März 18	Claß Ruggenbeckers[1]). K.: Gertge und Trineke. V.: Caspar von Wilich, Wennemar Scholvingk.
184	1614	18	Henrich Ruggenbeckers[2]). K.: Mericke. V.: Caspar von Wilich, Wennemar Scholvingk.
185	1614	April 10	† Matthiaß Kaupen. K.: Elßge, Johan, Enneke, Thigeß und Trineke. V.: Caspar Kaupe, Herman Römberg, Georg zum Kumpe.
186	1614	März 6	† Her Caspar Vischers. K.: Caspar. V.: Henrich von Castropff, Henrich Becker.
187	1614	Juni 19	Jacob Reckartz. K.: Enneke und Gerdraut. V.: Johan Embckman, Johan Kampman.
188	1614	Juli 26	† Henrich Bockholdts[3]). K.: Elisabeth und Gerhardt. V.: Johan von Leunen, Johan Kramer, Johan Schulte.
189	1614	Okt. 27	Arnoldt Wilms[4]). K.: Enneke Wilms. V.: Henrich von Steinen, Johan von Elleren der alte.
190	1614	Nov. 21	† Dahm Loemans[5]). K.: Trineke, Gretge und Henrich Loemans. V.: Helmich Reiberg, Henrich Loeman.
191	1614	21	Henrich Reinardts von Brakell[6]). K.: Johan, Joest und Enneke. V.: Peter Berckhoff, Jasper Borcherdingk.
192	1614	Dec. 4	† Reckardt Isenbroichs. K.: Henrich Isenbroich. V.: Jasper Willich, Cordt Sundthoff, Frantz Embsinckhoff.

[1]) S. Mrgspr. Nr. 591. [2]) Sohn des vorgenannten Nikolaus R. [3]) S. Mrgspr. Nr. 600. [4]) S. Mrgspr. Nr. 615. [5]) S. Mrgspr. Nr. 623. [6]) S. Mrgspr. Nr. 623.

Laufende Nummer	Datum Jahr	Datum Tag	Eltern, Kinder und Vormünder
193	1614	Dec. 4	† Johan Barenberge [1]). K.: Catrintge, Henrich, Caspar und Johan Barenberg. V.: Albert zum Berge, Henrich Vogt.
194	1615	Jan. fehlt	Johan Mellinckhauß [2]). K.: Catrineke. V.: Renoldt Hoe, Rutger Mellinckhauß.
195	1615	20	Hillebrandt Ellinckhauß. K.: Johan, Catrin, Enneke, Hillebrandt und Gretke. V.: Hillebrandt Hemmer, Henrich Wießman [3]).
196	1615	April 30	† Herman Wordtmans [4]). K.: Henrich, Herman und Lißke. V.: Herman Vogell, Henrich Rusche.
197	1615	Mai 3	† Johan Mordtmans [5]). K.: Catrintge. V.: Caspar von Hardenrodt, Claß Ruggenbecker.
198	1615	Juli 7	† Philip Graven. K. (aus zweiter ehe): Herman, Elßke und Johan. V.: Tonniß Grave, Arndt Schubbe.
199	1615	9	† Johan Spickerhoves [6]). K.: Georg, Rutger, Johan, Dietrich und Henrich. V.: Andreeß Holtey, Herman Botterling, Johan Oesterman.
200	1615	30	† Clembt Wegeners. K.: Catharine, Margrete unc Tigges. V.: Her Herman Ludtwichs, pastor zu Eicklinckhoffen, Tigges Lueges.
201	1615	Aug. 6	† Herman Hollings [7]). K.: Johan. V.: Jorgen Hollinck, Dietrich Scheper.

[1]) S. Mrgspr. Nr. 626. [2]) S. auch Mrgspr. Nr. 629.
[3]) Diese wurden angesetzt speciell zur Verwaltung eines Legats, welches den Kindern Ellinckhaus von † Jobst Bloeming vermacht war.
[4]) S. Mrgspr. Nr. 628. [5]) S. Mrgspr. Nr. 640.
[6]) S. Mrgspr. Nr. 650. [7]) S. Mrgspr. Nr. 649.

Laufende Nummer	Datum		Eltern, Kinder und Vormünder
	Jahr	Tag	
202	1615	Okt. 24	†Herman von dem Berge[1]). K.: Henrich. V.: Jorgen Rochelingk, Caspar Nierhauß, Henrich Hiddingk.
203	1615	Nov. 9	Dahm Dette[2]). K.: Johan und Elßke. V.: Cordt Drensche, Thonieß Drensche.
204	1615	Dec. 31	†Heinrich Juchoe[3]). K.: Enneke und Herman. V.: Jorgen Dorleman, Andreiß Holtey, Gerdt Efferdes.
205	1616	Jan. 14	†Johan Pilenschmidtz[4]). K.: Johan und Elßge. V.: Johan Pilenschmidt, ferber, M. Heinrich Gleneman, scherer, Arndt Pilenschmidt.
206	1616	19	†Heinrich Knoepes. K.: Enneke und Johan. V.: Johan Rueßberg, Johan und Heinrich Knoep.
207	1616	20	†Herman Bloete. K.: (fehlen). V.: Johan Boekinck, Johan Drensche, Jorgen Rocherdinck.
208	1616	Febr. 20	Adam Nierhauß[5]). K.: Caspar, Joist, Christoff und Johan. V.: Johan Boeking, Caspar Nierhauß.
209	1616	24	Dahm Dette[6]). K.: (s. Nr. 203). V.: Jorgen Drensche, Dietrich Lenardts (an stelle von † Cordt Drensche).
210	1616	27	Johan Sipmans[7]). K.: Herman. V.: Herman Wegman, Dietrich Püttman.

[1]) S. Mrgspr. Nr. 665. [2]) S. Nr. 209 u. Mrgspr. Nr. 699. [3]) S. Mrgspr. Nr. 677. [4]) S. Mrgspr. Nr. 679. [5]) S. Mrgspr. Nr. 684. [6]) S. Nr. 203 u. Mrgspr. Nr. 699. [7]) S. Mrgspr. Nr. 687.

Laufende Nummer	Datum Jahr	Datum Tag	Eltern, Kinder und Vormünder
211	1616	April 11	Andreiß Lenhoffs[1]). K.: Andreiß, Elske und Greitke. V.: Berendt Kreveter, Dieterich Putman.
212	1616	März 29	Anthoniß Vinckenhoffs[2]). K.: Cortt und Arndt. V.: Jobst Poett, Cordt Püttman.
213	1616	April 14	†Eberhardt Bawmeisters. K.: Johan. V.: Johan Wettmar, M. Gerrwin Bodeker.
214	1616	Juni 9	Jorgen Oesthoff[3]). K.: Johan, Renoldt, Gretge, Enneke und Elßke. V.: Gerhardt Kaupe, Bernhardt Nagell.
215	1616	Mai 2	Johan Hagebollens[4]). †Else Karentreibers. K.: Enneke, Johan, Herman und Caspar. V.: Jorgen Cromberg, Johan Schlotschulte, Hillebrandt Leenardts.
216	1616	Juli 1	†Tohniß Brandis. K.: Grethe, Trine, Joest, Ermke, Gertraudt und Styneke. V.: Georg ihm Sypen, Hillebrandt Hemmer, Geudert Schubbe.
217	1616	14	†Sebastianus Hermuntius[5]). K.: Henrich, Sebastian, Johan und Enneke. V.: Bernhardt Schwertt, Hanß Furstenberg, Johan Freydag.
218	1616	14	Henrich Ellinckhauß[6]). K.: Renoldt und Margretge. V.: Tohniß vom Boeckloe, Alexander Bruininck.
219	1616	27	†Jorgen Erleys[7]). K.: Degenhardt, Jorgen und Greiteke. V.: Johan Hueck, Johan Degenhardt Stilkinck, Adrian von Halberen.

[1]) S. Mrgspr. Nr. 696. [2]) S. Mrgspr. Nr. 695. [3]) S. Mrgspr. Nr. 706.
[4]) S. Mrgspr. Nr. 702. [5]) S. Mrgspr. Nr. 712. [6]) S. Mrgspr. Nr. 712.
[7]) S. Mrgspr. Nr. 711.

Laufende Nummer	Datum Jahr	Datum Tag	Eltern, Kinder und Vormünder
220	1616	Okt. 4	Claß Hoffmans [1]). K. (aus erster ehe): Johan. V.: Jorgen Bomecken, Joest Schoe.
221	1616	8	† Michaell Palms [2]). K.: Enneke, Greiteke, Michaell und Thonis. V.: Zacharias Lobbeke, Johannes Brugman (an stelle von † Anthonis Nevelings und † Herman Bloete).
222	1616	12	† [3]) Thoniß Schubbe. K.: Arndt, Gerdt, Wilhelm und Henrich. V.: Arndt Schubbe, Christoffer Tappe, Johan Borchardtz.
223	1616	20	Adolff Dorstelman [4]). K.: Georg, Henrich und Greteke. V.: Everdt Back, Franz Schulte.
224	1616	Nov. 7	† Johan Schulten [5]). K.: Johan, Niclaß, Margrete, Ließbeth, Enneke, Heinrich und Elßge. V.: Adolff Wießkotte, Detmar Pinnoge, Dietherich Schulte.
225	1617	Febr. 8	Cortt Gerlichs [6]). K.: Elßke und Enneke. V.: Jorgen Drensche, Herman Scheeve.
226	1617	April 19	Johan Emichman [7]). K.: Gertrude, Johan, Enneke, Joest, Catharine, Heinrich und Thonis. V.: Reinoldt Lollert, Johan Bockinck, Berndt Schwerdt.
227	1617	19	Thonis von Marten gen. Grave. K.: Catharineke, Zacharias und Jorgen. V.: Caspar von Sittardt, Jacob Spenhoff.
228	1617	27	Margreta Piels [8]). K.: Margreteke. V.: Frans Schulte, Laurentz Lubbertz.

[1]) S. Mrgspr. Nr. 718. [2]) S. Nr. 117. [3]) Irrtum; Thonis Schübbe ist Witwer und hält 1616 Nov. 8 Morgensprache; s. Mrgspr. Nr. 731. [4]) S. Mrgspr. Nr. 728. [5]) S. Mrgspr. Nr. 738. [6]) S. Mrgspr. Nr. 752. [7]) S. Mrgspr. Nr. 763. [8]) S. Mrgspr. Nr. 761.

Laufende Nummer	Datum Jahr	Datum Tag	Eltern, Kinder und Vormünder
229	1617	Juni 8	Lambert Nieß. K.: Johan, Anne und Clare. V.: Johan Nieß der alte, großvatter, Johannes Beurhausius, prorector, Anthon Nieß.
230	1617	Sept. 13	† Johan Hupertz, doctor. K.: Johan und Conradt. V.: Bertholdus Huperti, Lambertus Nieß.
231	1617	15	† Balthazar Houdtmachers. K.: Adolff. V.: Johan Borchardts, Johan Dorllman.
232	1617	20	† Johan Welveren [1]). K.: (fehlen; s. Nr. 107). V.: Johannes Brugman (an stelle von Lambert Dieffhauß).
233	1617	Okt. 4	† Conradt Drenschen. K.: Henrich Drenschen. V.: Johan Reuschberg, Henrich Ludtweich.
234	1617	Nov. 13	† Henrich Brinckmans. K.: Elßke. V.: Johannes Brugman, Johan Mellinckhauß.
235	1618	März 6	Wilhelm Schomachers. † Anne . . . . . . K.: Johan. V.: Meister Johan Schlechtendaell, Johan Schomacher in der Olpe.
236	1618	April 11	Johan Winterkamps. K.: Johan Winterkamp. V.: Godert Schlechtenthall, Joest Poets.
237	1618	Juni 21	† Berthold Ellinckhauß. K.: Renoldt. V.: Wessell Schmarkotte, Henrich Schlechtenthall.
238	1618	Juli 26	Lambert Fischers. † Fike Lutzenrodts. K.: Enneke Fischers. V.: Ruttger Bussenschmidt, Caspar Degingk, gewesener richter, Johannes Messing.

[1]) S. Nr. 107.

Laufende Nummer	Datum Jahr	Datum Tag	Eltern, Kinder und Vormünder
239	1618	Juli 30	Lambert Fischer. K.: Johan Fischer[1]). V.: Herman Hackenberg, Johan Schulte.
240	1618	Aug. 10	† Dietrich Daunhewers. K.: Catrin und Enneke Daunhewers. V.: Matthias Muddefehringk, Arnoldt Rupe.
241	1619	Febr. 19	† Herman Vedtmauß. K.: Herman und Johan. V.: Henrich Borcks, Cordt Lenneper.
242	1619	April 12	† Ahnthon Nevelings. K.: Catrine Nevelinghs. V.: Dieterich Weinck D., Wilhelm Mallinckrodt.
243	1619	26	Johan Huck. † Gerdrut Middeldorffs. K.: Hinrich, Enneke, Hans und Jost. V.: Johan Degenhart Stilkingh, Reinolt Lolerth, Georgh Rochelingh.
244	1619	Sept. 12	† Reinolt Melmans. K.: Johan und Herman. V.: Hinrich Melman, Johan Holtei.
245	1619	Okt. 9	† Berendt Mulhers. K.: Adolff. V.: Adolff Krumbergh, Herman Botterlingh.
246	1619	14	Meister Baltzar Prumen. K.: Greitke und Trineke. V.: Jost vom Steine, Hinrich Hoe.
247	1619	Dec. 5	Johan Dorper; † Johan von Gelderen[2]), K.: Johan Dorper; Gerdt und Enneke Gelders. V.: Caspar Deigginck, secretarius.
248	1620	Jan. 30	† Michel Amptmans, glasemacher. K.: Michel, Enneke, Trineke und Peter. V.: Claß Farwich, Cordt Sundthoff.

[1]) Außer der Ehe geboren.
[2]) S. Nr. 64, 65 u. 119 u. Mrgspr. Nr. 154.

Laufende Nummer	Datum Jahr	Datum Tag	Eltern, Kinder und Vormünder
249	1620	Mai 1	†Gordt Knollen. K.: Philip. V.: Hinrich Weißman, Johan Hinrich Becker, Herman Bierman.
250	1620	Aug. 31	Jurgen Konings. K.: Caspar und Catharine. V.: Herman Schoeff, Cordt Schulte.
251	1620	Okt. 5	Hinrich Schlechthalers. K.: Trineke. V.: Hans Nordtmeier, Johan Schulte, Wilhelm Belman.
252	1620	8	†Hinrich Judens. K.: Margretke. V.: Dieterich Weißgerber, Caspar Ellinckhauß.
253	1620	29	†Reinolt von Neihms. K.: Elßke, Enneke, Trineke, Margrete und Stine. V.: Johan Lambach, Jost Tappe.
254	1621	März 17	†Niclas Verwichs. K.: Johan, Dorothee, Elßke und Margretke. V.: Lambert Bockholt, Jurgen Delman.
255	1621	April 7	†Mattheisen Nieses [1]). Anne Hörde. K.: Trineke (aus „letzter ehe"). V.: Rotger zur Möllen, Johan Weidtmar, Johan Huck.
256	1621	17	Dieterich Buddekers. †Else . . . . . . K.: Johan, Elßke und Trineke. V.: Jasper Bertels, Hinrich Schroer.
257	1621	29	†Merten Brinckmans. K.: Arrendts. V.: Frantz Schulte, Berendt Nagel, Hinrich Ludtwigh.
258	1621	Mai 6	Johan Andreses. K.: Thonis. V.: Conradt Huck, Dieterich Scheper.

[1]) S. Nr. 352.

Laufende Nummer	Datum Jahr	Datum Tag	Eltern, Kinder und Vormünder
259	1621	Juli 26	† Herman Aldthauß. Marie Lorinckhoffes. K.: (fehlen; s. Nr. 5). V.: Goddertt Schubbe, Heinrich Ludtwichs (an stelle von † Herman Hubbertz und † Goddertt Schubbe).
260	1621	Aug. 6	† Wilhelm Brabecken. K.: Trineke, Johannes und Renoldt. V.: Dietherich Lambach, der rechten doctor, Herman Buck, Johan Schoeler.
261	1621	14	Rottger zur Mullen. † Elßke Nieses. K.: Margrete. V.: Niclas Pinnoge, Reinoldt Lollertt, Willem Veldtman.
262	1621	Okt. 4	Lambert Nieß. † Cathrine Schoels. K.: Berndt. V.: Doctor Ditherich Weinck, Herman Hackenberg, Adam Hertzlieb.
263	1621	9	Telman von Weseke. † Elselen Boddekers. K.: Gerwin und Goddert. V.: Jorgen vom Schine, Rotger Trippe.
264	1622	April 15	† Johan Thoings. Enne Hagebollen. K.: Enneke. V.: Henrich von Castrop, Johan Hagebolle.
265	1622	Mai 19	† Caspar Furstenbergs. Clare Freimans. K.: Caspar, Frantz, Dietherich und Herman. V.: Dietherich Freiman, Hanß Furstenberg.
266	1622	26	† Jasper Hoe, schomacher. Christine Drenschen. K.: Beleke, Heinrich und Herman. V.: Jurgen Drensche, Renoldt Bierman.

Laufende Nummer	Datum Jahr	Datum Tag	Eltern, Kinder und Vormünder
267	1622	Aug. 26	Hanß von Cobelentz. †Enneke Wittgerbers. K.: Henrich, Trineke, Zacharias, Frantz und Johan. V.: Johan Lohoff, Joest Wießkotte.
268	1622	Okt. 7	Johan Eilkings. †Cathrine Dieffhauß. K.: Berndt und Gertrudt. V.: Henrich Hiddinck, Claeß Steinweg.
269	1622	21	Goddert Schubben. †Enneke Brincks. K.: Johan und Wilhelm. V.: Johan von dem Brinck, Dietherich Scheper [1].
270	1622	Nov. 14	†Friederich Graerts. †Gerdrudt Nießings. K.: Friederich und Margrete. V.: Peter Graerts, Goddert Hemmerde, welchen Henricus Vethacke als procurator beigeordnet sein soll.
271	1622	14	†Herman Wennemars. †Margrete Graerts. K.: Henrich, Willem, Trineke und Gerdrucke. V.: Wilhelm von der Hornenburg, M. Jasper Buddeken [2]), denen Theodorus Freiman als procurator beigesetzt sein soll.
272	1622	Dec. 1	Dietherich Hauß, wachtmeister. †Enneke Schooffs. K.: Berndt Dietherich. V.: Jurgen Hollinck, Henrich Nevelinck.
273	1623	Febr. 6	Goddert Knollen. †Elßke Schulten. K.: Enneke. V.: Cordt Lenneper, Dietherich Schulte von Berchem, Dethmar Knolle.

[1]) Diedrich Scheper starb 1623 April 1; an seine Stelle trat Johann im Siepen; s. auch Nr. 356.
[2]) An Stelle des † M. Caspar Buddeken tritt 1626 Juli 1 Bernhard Lueg.

19*

Laufende Nummer	Datum Jahr	Datum Tag	Eltern, Kinder und Vormünder
274	1623	März 27	Johan Lappen. † Cilie . . . . . K.: Enneke und Gerdrudt. V.: Jacob von Hagen, Johan Goerdtz.
275	1623	April 7	† Renoldt Melmans. Elßke Boelen. K.: Johan, Gerrit und Enneke. V.: Gerritt Melman, Johan Luerman, Tigges Freise.
276	1623	Mai 4	Johan Pilenschmidtz, ferber. † Margrete Schulten. K.: Enneke, Elßke, Margreteke und Johan. V.: Herman Garnefeldt, Johan Bruggestraße.
277	1623	26	† M. Gertt Voßes. Enne . . . . K.: Willem, Gertt und Joestke. V.: Godfridus Brugman, gerichtschreiber, Caspar Willich.
278	1623	Nov. 2	Henrich Hoe. † Greteke Drenschen. K.: Trineke, Enneke und Henrich. V.: Jurgen Drensche, Hanß Furstenberg, Balthasar Prume.
279	1623	29	Johan Hugen, lienenweffer. † Enneke Bercks. K.: Enneke, Henrich, Greiteke und Elßke. V.: Henrich Berck, Dietherich Schnutgen.
280	1624	Febr. 9	† Jorgen Tehlen. Anne Regenbogen. K.: Trineke, Enneke und Elßke. V.: Adolff Krumberg, Thoniß Godtschalck.
281	1624	März 2	Joest Wießkotte. † Else Kreveters. K.: Beleke und Johan. V.: Dethmar von Berchoffen, Hadwig Holthauß.
282	1624	April 18	Rotger Schroders. † Elßke Schomachers. K.: Johan und Henrich. V.: Willem Schomacher, Friederich Schroder.

Laufende Nummer	Datum Jahr	Datum Tag	Eltern, Kinder und Vormünder
283	1624	Mai 30	Willem Hoetbrecher. † Else Kroschen. K.: Jacob, Johan, Elbert, Dietherich, Tigges und Enneke. V.: Henrich Ludwichs, Balthasar Prume.
284	1624	Juni 25	† Cordt Straetmans. Anne Sondags. K.: Trineke, Margrete, Willem und Johan. V.: Berndt Nagell, Willem Haselhoff, Jurgen Delman.
285	1624	28	M. Herman Baumeisters. † Marie vom Schiede. K.: Henrich, Caspar, Johan und Margrete. V.: Caspar Willich, Jurgen vom Schiede.
286	1624	Aug. 29	Herman Borneken. † Else Pilenschmidtz. K.: Jorgen und Trineke. V.: Henrich Gleneman, Claeß Kockeler.
287	1624	Nov. 11	† Claeß Neveler. Stine Kumpers. K.: Elßke. V.: Adolff Krumberg, Herman Vetmueß, Hilbrandt Schulte.
288	1624	18	† Johan Siepmans. Anne Weldtz. K.: Greteke. V.: Jorgen Kellerman, Jurgen Gerwins, froene.
289	1624	18	Johan Hustenbecken. † Sibille Khuels. K.: Dethmar, Henrich, Jurgen, Dietherich und Greteke. V.: Jurgen Drensche, Thoniß von dem Boeklho.
290	1624	21	† Jurgen Schillinck. Elßke Barenschmidtz. K.: Trineke. V.: Caspar Sittart, apoteker, Dietherich Puttman.

Laufende Nummer	Datum Jahr	Datum Tag	Eltern, Kinder und Vormünder
291	1625	Jan. 30	†Hanß Suer, gewesener stalmeister. Agneße Roesenboem. K.: Dietherich, Jan und Elßke. V.: Anthon Temmeßfeldt, Johan von Eversperg, stadtzkoch.
292	1625	April 16	†Johan Schulten. Greite [1]). K.: Johan und Willem. V.: Wilhelm Haselhoff, Rotger Schroder, Dietherich Buck.
293	1625	Mai 3	Johan Thonis. †Else Tigges. K.: Renoldt. V.: Renoldt Quadthecke, Herman Becker.
294	1625	24	Caspar Willichs. †Margrete vom Schiene. K.: Beleke. V.: Andres Wechter, Herman Bawmeister.
295	1625	24	†Renoldt Giesenstein. Margrete Baur. K.: Enneke, Gerdrudt, Henrich, Ließbeth, Elßke, Dietherich, Johan und Caspar. V.: Caspar Schwartze, Johan Palm, Henrich Hoe.
296	1625	Juni 28	†Johan Rumpes. Ennneke Westermans. K.: Elßke und Gerdruke. V.: Evert Brinckman, Johan Freidag, Henrich Schulte.
297	1625	Juli 1	†Cornelis Peters. Hilleke Debes von Danßwick. K.: Johan und Cornelis Peterken. V.: Henrich Richters, Johan Schroder.
298	1625	8	Her Johan Embsychoffs, pastor zu St. Nicolai. †Clare Schultes. K.: Herman, Andres und Gerdrut. V.: Johan Kamman, Johan Frenckinck, Berndt Schroder.

[1]) Greite Hötter; s. Mrgspr. Nr. 707.

Laufende Nummer	Datum Jahr	Datum Tag	Eltern, Kinder und Vormünder
299	1625	Juli 26	†Herman Groten. Nelle . . . . . . K.: Stineke. V.: Johan von Lennep, Helmich Olffman, Cordt Ruepinck.
300	1625	26	†Clas Hoffmans. Catharine Meierlings. K.: Leneke und Tringe. V.: Jorgen Bomeken, Jasper Meierlinck.
301	1625	Aug. 12	†Johan Borchardtz. Cathrine Gronenbergs. K.: Johan, Caspar, Evert, Greteke und Elßke. V.: Henrich Middendorff, Herman Ewinckhauß, Wilhelm Borchardtz.
302	1625	Okt. 6	Gerhardt Welferen. †Elßke Brincks. K.: Ließbetge. V.: Her D. Freiman [1]), Johan Brinck.
303	1625	6	†Dietherich Freiman. Enneke Lenertz. K.: Catharineke. V.: Her Johan Freiman, doctor, Frantz Fischer, Jorgen Hollinck.
304	1625	11	Johan Becker. †Gerdrudt Loeßinck. K.: Johan, Ließbet und Gerdrudt. V.: Johan Mellinckhauß und Johan Mellinckhauß, Weßels sohn.
305	1625	11	†Johan Bruggestraten. Gerdrudt Leven. K.: Henrich, Herman, Rotger, Enneke, Johan und noch ein metgen. V.: Bertram Lobbecke, Rotger Mellinckhauß, Laurentz Volbert.

[1]) Dr. jur. Johann Freimann; s. Nr. 393.

Laufende Nummer	Datum Jahr	Datum Tag	Eltern, Kinder und Vormünder
306	1625	Okt. 11	†Caspar Lenhoffs. Margrete Huecks. K.: Caspar. V.: Degenhardt Busch, Wilhelm von Halberen, Johan Romberg.
307	1625	22	†Johan Gerlichs. Elisabeth von Unna. K.: (fehlen). V.: Hilbrandt Hemmer, Wessel Schmarkotte.
308	1625	24	Henrich Schlotteres. †Gerdrudt Kattensterts. K.: Enneke. V.: Herman Steinweg, Adolff Mesterts.
309	1625	Nov. 15	†Her licentiat Schedemans. †Margrete Kumpsthoffes. K.: Georg Caspar und Magdalena Modesta. V.: Henrich Nieß, dero rechten doctor.
310	1625	24	Conradt Plases. †Enneke Zegenbogen. K.: Henrich, Elisabeth und Elßke. V.: Henrich Plaeß, Caspar Zegenboge.
311	1625	24	†Andres Holtei. Lisabet Mertens. K.: Jasper, Dreeß, Enneke, Trineke, Stineke, Henrich, Johan und Arndt. V.: Jurgen Hollinck, Johan Holtei.
312	1625	Dec. 30	Ludolff Berckenbusch. †Anne Knoeps. K.: Enneke und Jurgen. V.: Henrich Ludwichs, Adam Nierhauß.
313	1626	Jan. 2	†Arnoldt von Boel. Else Westerman. K.: Enneke, Johan und Elßke. V.: Hilbrandt Tolkamp, Jurgen Freiman.
314	1626	3	†Henrich von Minden. Christine Hoebing. K.: (zwei söhne; namen fehlen). V.: Johannes Voerste, Johan Boeckinck der junge.

Laufende Nummer	Datum Jahr	Datum Tag	Eltern, Kinder und Vormünder
315	1626	Jan. 5	†Rotger Heesterman. Trine Steven. K.: Merricke. V.: Rotger Mellinckhauß, Johan Mellinckhauß, Tigges Freisen.
316	1626	7	†Lambert von Castrop. †Enneke Witgervers. K.: Henrich, Thoniß und Herman. V.: Henrich von Castrop, Lutter Buck, Johan Peicker.
317	1626	9	†Dietherich Koemans. Cathrine Lunings. K.: Henrich. V.: Dietherich Nortkirche [1]), Herman Koemans [2]), Henrich Hoe.
318	1626	31	†Johan Pottgießers. †Elßke Melmans. K.: Johan. V.: Johan Freiman, doctor honorarius, Caspar Diepfhausen, Johan Kumpsthoff, Johan Brinck.
319	1626	Febr. 5	†Caspar Deggings, secretarius. †Margrete Schellen. K.: Melchior und Caspar. V.: Caspar Degginck, Henricus Heidtman.
320	1626	März 6	Willem Strunks. †Engel Wittgerbers. K.: Elßke und Johan. V.: Dietherich Himmelreich. Johan Heidtman.
321	1626	19	Johan Kumpsthoffs. †Cathrine Mallinckrodtz. K.: Hanß Wilhelm. V.: Henrich Mallinckrodt, Georg Kumpsthoff.
322	1626	Mai 19	Thoniß Braems. †Else Hemesodts. K.: Trineke und Eneke. V.: Hilbrandt Lenardtz, Johan Hagebolle der alte, Johan Hagebolle der junge.

[1]) An Stelle von Diedrich Nortkirchen tritt 1631 Febr. 1 Caspar Holtei.
[2]) An seine Stelle tritt 1631 April 26 Tigges Koeman.

Laufende Nummer	Datum		Eltern, Kinder und Vormünder
	Jahr	Tag	
323	1626	Juni 27	Dreeß Thiehewer. † Trine Kluseners. K.: Clemens und Enneke. V.: Dietherich Rost, Evert Rost.
324	1626	Aug. 7	† Dietherich Heidtmans. Elßke Bogge. K.: Henrich und Elßke. V.: Henrich Heidtman, Johan Nielandt, Johan Meihane.
325	1626	14	Wilhelm Haselhoff. † Enneke Potters. K.: Johan, Zacharias, Willem, Jasper, Henrich, Enneke, Greteke, Clara und Ließke. V.: Frantz Fischer, Willem Nettelenbecke, Caspar Aldendiecker.
326	1626	Sept. 23	Berndt Sanders. † Elßke Wenners. K.: Johan und Henrich. V.: Caspar Willig, Johan Giesenstein.
327	1626	Okt. 8	† Johan Uhrwerckers uff der wistraße. Enne Vischers. K.: Henrich, Elßke, Trineke, Enneke und Johan. V.: Johan Schwarte, Meves von der Lambecke.
328	1626	12	Godertt Overdorffs. Barbara Schillings. K.: Greiteke und Trineke. V.: Laurentz Schilling, Henrich Botterman.
329	1626	14	† Johan Hellings. † Elßke . . . . . . K.: Enneke und Elßke. V.: Henrich Ludwigs, Ludolff Berckenbusch.
330	1626	16	† Christian Tappe. Lißke Kips. K.: (tochter; name fehlt). V.: Gerdt Richterinck, Reinoldt Wießman.

Laufende Nummer	Datum Jahr	Datum Tag	Eltern, Kinder und Vormünder
331	1626	Okt. 23	Johan Schoelers. †Elßke Melmans. K.: Henrich, Johan und Jurgen. V.: Georg Schoeler, Thoniß Nieß, Henrich von Lunen.
332	1626	24	†Henrich Quadbecken. Elisabeth Boenen. K.: Agnes und Trineke. V.: Renoldt Quadtbecke, Johan Kramer.
333	1626	Nov. 12	†Rotger Aldthoffs. Enneke Nortkirchen. K.: Dietherich und Gerdrudt. V.: Dietherich Nortkirche der junge, Caspar Willig.
334	1627	Jan. 30	†Henrich Rupings. Else . . . . . . K.: Tigges, Grete, Dreeß, Enneke und Johan. V.: Herman Rupinck, Andres Overbecke (an stelle der verstorbenen vormünder).
335	1627	April 13	Matthiaß von Vales. †Elßke Brabecken. K.: Enneke. V.: Albert zum Berge, Thoniß Biehoff.
336	1627	13	†Johan Wiemers. †Elßke Steinhaußes. K.: Enneke. V.: Johan Ruggeiseren, Johan Meihane, Henrich Wiemer.
337	1627	20	†Michel Amptmans. K.: (fehlen; s. Nr. 248). V.: Hanß Buße, Johan Gerwins (an stelle von Claeß Varwichs und Cordt Sundthofs).
338	1627	Juni 6	Thonis Kluppels. † ? K.: Jurgen und Trineke. V.: Wilhelm Kopper, Henrich Kremer.

Laufende Nummer	Datum Jahr	Datum Tag	Eltern, Kinder und Vormünder
339	1627	Juni 22	†Dietherich Geistman. Marie . . . . K.: Herman und Greiteke. V.: Berndt Schwerdt, Johan Cordes, Jasper Herrebrinck.
340	1627	Juli 8	†Doctor von der Banck. †Margrete Nollen. K.: (fehlen). V.: Herman Degginck, Johan Brinck, Johan Degginck.
341	1627	21	†Jurgen Kellermans. Geseke Meiers. K.: Enneke. V.: Thonis Kluppel, Jurgen Nolle.
342	1627	Sept. 22	†Johan im Siepen. Cathrine Kuepers. K.: (tochter; name fehlt). V.: Goddert Schubbe, Niclaß Schmidt.
343	1627	Dec. 1	†Herman Melmans. Enneke Rombergs. K.: Herman, Dethmar und Henrich. V.: Johan Romberg, Johan Kaupe, Gerritt Melman.
344	1627	6	†Herr Johannes Fabricius. Ermgart Reckerts. K.: Philip, Enneke, Johan, Cathrine und Henrich. V.: Berndt Schwert, Hanß Furstenberg, Jacob Berchman.
345	1628	Jan. 21	Berndt von dem Brocke. †Enneke Holtei. K.: (sohn; name fehlt). V.: Johan Holtei, Claeß von dem Broeck.
346	1628	Febr. 29	†Her doctor Corffei. Sibille Melmans. K.: Elßke. V.: Caspar Diepfhauß, Caspar Degginck, Johan Degginck.

Laufende Nummer	Datum Jahr	Datum Tag	Eltern, Kinder und Vormünder
347	1628	Juni 21	Hieronimus Carters. †Elßke Lubberts. K.: Peter und Enneke. V.: Laurentz Lubberts, Arndt Westerman.
348	1628	Aug. 31	Johan Frilinckhauß. †Enneke Rumps. K.: Enneke. V.: Herman Rupinck, Willem Rupe.
349	1628	Sept. 23	Andres Wechters. †Else Willigs. K.: Margrete, Elßke und Ließbet. V.: Herman Schoeff, Gertt Starman.
350	1628	23	†Joest Kochs. Ermeke Kupers. K.: Joest. V.: Johan Brandiß, Niclas Schmidt.
351	1628	23	Johan Wineken. †Christine Portmans. K.: Trineke und Gerritt. V.: Joest Wineke, Herman Wechman.
352	1628	Nov. 2	†Tigges Nieses. K.: (tochter; s. Nr. 255). V.: Anthon Nieß, Thoniß Wießkotte (an stelle der verstorbenen vormünder).
353	1628	20	Herman Beckers. †Gerdrudt . . . . . K.: (tochter; name fehlt). V.: Johan Kampman, Thoniß Hebeler, Johan Schulte zu Rade.
354	1629	April 5	†Anthon Nieses. †Marie Tappe. K.: Margreta, Henrich, Trineke, Thoniß und Arndt. V.: Friederich Becker, licentiat, Dethmar Nieß, Johan Wießkotte.
355	1629	Mai 9	†Johan Brincks. †Anne Deggings. K.: Elßke Brincks. V.: Georg Thier, Henrich Mallinckrodt, Johan Degginck.

Laufende Nummer	Datum Jahr	Tag	Eltern, Kinder und Vormünder
356	1630	Jan. 23	Goddert Schubbe. †Enneke Brincks. K.: (s. Nr. 269). V.: Melchior Vogtt, Niclaß Schmidt (an stelle der verstorbenen vormünder).
357	1630	Febr. 28	†Wilhelm Barops. †Cathrine Melmans. K.: Barbara, Enneke und Willem. V.: Johan Hohauß[1]), Herman Scheve, Berent Schwert.
358	1630	28	†Adolff Dorstelmans. Cathrine Brunings. K.: Berent, Elßke und Enneke. V.: Alexander Bruninck, Evert Schulte.
359	1630	März 11	†Johan Nieses. Marie Mallinckrodtz. K.: Clara, Alvin, Henrich und Johan. V.: Melchior Freitag, doctor, Willem Mallinckrodt, Henrich Mallinckrodt.
360	1630	22	†Rotger Mellinckhauß. Sophie Leve. K.: Johan, Rotger, Gerdrudt, Goddert und Enneke. V.: Johan Ennickman, Johan Mellinckhauß, Rotgers salig broeder.
361	1630	Mai 23	Thonis Biehoff. †Stine Ruschen. K.: Stineke und Elßke. V.: Wilhelm Haselhoff, Henrich Gleneman.
362	1630	Aug. 20	†Philip Jungbloet. Wilhelma Dobben. K.: Anna Margreta. V.: Caspar Dobbe, Sebastian Hermuntzius.
363	1631	Mai 6	Johan Stevelinck. †Enneke Schulten. K.: Enneke. V.: Evert Schulte, Willem Schmeinck von Herbede.

[1]) An Stelle von †Johan Hohauß tritt 1637 März 23 Gordt Schepper.

Laufende Nummer	Datum Jahr	Tag	Eltern, Kinder und Vormünder
364	1631	Mai 21	†Johan Vinnemans. Lisebett . . . . . . K.: Johannes, Anna, Maria, Elisabet und Henrich. V.: Johan Andres, Larens Lubbers.
365	1631	Juni 19	†Caspar von Zittarts. †Elßke Barenschmidtz. K.: Herman, Agnes, Caspar, Elßke und Margretge. V.: Caspar Schulte, Johan Boeckinck, Johan Fischer.
366	1631	Nov. 26	†Her Johan Leverinckhauß, gewesener capellan zu Mengede. Cathrine Quadbecke. K.: Johan und Sophie. V.: Henrich Quadbecke.
367	1632	Mai 3	†Johan Mallinckrodtz. †Margrete Schulten. K.: Melchior, Dietherich und Beleke. V.: Matthias Barensche, Johan Wießkotte, Berendt Schroder.
368	1632	Juni 15	†Dietherich Gerstmans. Merge Mollers. K.: Dietherich, Trineke, Renolt und Merke. V.: Johan Cordes, Willem Kopper.
369	1632	Juli 1	†Andres Bomecken. Elßke Bloete. K.: Herman, Wolter und Johan. V.: Henrich Vogelpoet, Johan Rochelinck, Claeß Dulman.
370	1632	Dec. 7	†Degenhardt Busch. †Anne Schulten. K.: Johan, Henrich, Joest, Margrete, Enneke und Herman. V.: Johan Romberg, Caspar Aldendiecker, Johan von Lunen.
371	1633	April 8	†Johan Schulten. †Enneke Siepen. K.: (fehlen). V.: Johan Wießkotte, Johan Schlechtendael, Gortt Schubbe.

Laufende Nummer	Datum Jahr	Datum Tag	Eltern, Kinder und Vormünder
372	1633	Mai 10	Thoniß Godschalck. K.: (aus erster ehe; namen fehlen). V.: Johan Oesterman, Peter Kriete, Abbian von Duiren.
373	1633	Juni 4	† Johan im Siepen. Trine Koenen. K.: Johan und Margretken. V.: Thoniß Schubbe, Renolt Koene, Johan Boddeker.
374	1633	24	† Johan Schomacher. Margrete Drenschen. K.: Johan, Jurgen, Caspar und Henrich. V.: Willem Schomacher, Johan Holtei, Henrich Drensche.
375	1633	28	Berent Luegs. † Cathrine Nierhauß. K.: Enneke, Greiteke, Gerdrudt, Trineke und Caspar. V.: M. Ludolff Brinckman, Johannes Pantzemacher, Renoldt Lanckhoff.
376	1633	30	† Gerrit Kaupe. Enneke Emichmans. K.: Gerrit, Jürgen und Enneke. V.: Johan Wießkotte, Caspar Kaupe, Hilbrandt Hemmer.
377	1633	Juli 8	† Anthon Nevelincks. † Cathrine Mallinckrodtz. K.: Catharina. V.: Doctor Johan Beurhusius, Johan Herberts („zu den vorigen vormünderen adjungirt"; s. Nr. 242).
378	1633	11	M. Caspar Schulten, geleschmidt. † Cathrine vom Stein. K.: Caspar, Elßke, Trineke, Margreteke, Enneke und Elisabeth. V.: Hilbrandt Lenertz, Caspar Ellinckhauß, Sebastianus Hermuntius.

Laufende Nummer	Datum Jahr	Datum Tag	Eltern, Kinder und Vormünder
379	1633	Aug. 10	†Cordt Huicks. †Elisabet Munstermans. K.: Johan, Margrete und Enneke. V.: Ludwig Lambach J. U. D., Anthon Walckemulle, Henrich Hoffman.
380	1633	10	Caspar Hoe. †Agnes Gerdrut Schulten. K.: Juliane, Trineke und Enneke. V.: Berndt Schroder, Balthasar Prume.
381	1633	Sept. 3	†Henrich Fischer. Enneke Puttmans. K.: Dietherich, Marike, Johan und Elisabeth. V.: Thonieß Biehoff, Laurentz Schillinck.
382	1633	Okt. 14	Dietherich Luecker. †Elßke Dorlemans. K.: Henrich. V.: Johan Dorleman, Thonis Luecker, Herman Strunck.
383	1633	20	Bertholdt Vogts. †Margrete Graes. K.: Gert. V.: Werner Vogt, M. Tigges Berchauß, Berndt Schulte.
384	1633	Nov. 5	†Lutter Bucks. †Grete Daroben. K.: Elßke. V.: Caspar Ellinckhauß, Caspar Daroben.
385	1633	Dec. 19	†Her Salomon Gerlinghaus med. doctor. Ursule Melmans. K.: Johan, Dierich und Henrich. V.: Henrich Kuper, Henrich Nieß.
386	1634	Febr. 1	Johan von Lunen. †Elßke Leve. K.: Elßke, Enneke, Johan und Caspar. V.: Johan Enichman, Henrich von Lunen, Johan Fischer.

Laufende Nummer	Datum Jahr	Datum Tag	Eltern, Kinder und Vormünder
387	1634	Febr. 18	Johan Dorleman. †Elßke Wickinghoffs. K.: Johan. V.: Dietherich Luecker, Renolt Oesthoff.
388	1634	28	Henrich Drenschen. †Enneke Nortkirchen. K.: Enneke, Henrich und Caspar. V.: Jurgen Drensche, Johan Holtei.
389	1634	März 15	Caspar Brenschedt. †Gerdrudt Pottgießers. K.: Dierich und Herman. V.: Lambert Bockholdt, Henrich Pottgießer, Dietherich Brenschede.
390	1634	22	†Lambert Nieses. Elßke Weings. K.: Dietherich, Elßke, Maria Margreta, Cathrine Margrete, Cathrine Ursula und Sophie. V.: Johannes Huperti J. U. D., Jobst Hovel.
391	1634	April 20	†Caspar Zegenbogen. †Marie von Gulich. K.: Henrich und Johan. V.: Conradt Plaeß, Johan Zegeboge, Henrich Pottgießer.
392	1634	Juli 12	Johan Rochelinck. †Margrete Palms. K.: Jurgen, Degenhart, Johan, Berndt und Clara. V.: Dietherich Nortkirche junior, Hilbrandt Kagenbusch, Johannes Stilking.
393	1634	22	Gerhardt Welfferen. †Elßke Brincks. K.: Ließbet. V.: Johan Rochelinck, Henrich Hoffman (an stelle von † hern Johan Freimans, dero rechten doctor und Johan Brincks)[1].

[1]) S. Nr. 302.

Laufende Nummer	Datum Jahr	Datum Tag	Eltern, Kinder und Vormünder
394	1634	Aug. 2	Johan Lubberts. †Enneke Kochs. K.: Margretke und Enneke. V.: Michel Palm, Johan Sibbe.
395	1634	3	†Caspar Furstenbergs. †Clara Freimans. K.: Caspar, Frantz und Dietherich. V.: Goddert Schubbe, Sebastianus Hermuntius (an stelle der verstorbenen vormünder)[1].
396	1634	4	Goddert Schubben[2]. †Enneke Brincks. K.: (s. Nr. 269). V.: Joachim Schmieman (an stelle der verstorbenen vormünder dem noch lebenden vormund Niclaß Schmidt, sadeler, adjungirt).
397	1634	Okt. 9	Effert Schulten. †Enneke Stiberi. K.: Frantz, Johan und Stineke. V.: M. Caspar Schulte, goltschmidt, Arndt Potthoff.
398	1635	Jan. 26	Dietherich Dieckman. †Elßke Meßings. K.: Dietherich, Johan, Adam und Maria. V.: Michel Palm, Goddert Berck, Berndt Strunck.
399	1635	26	†Lambert Bockholdtz. K.: (s. Nr. 316). V.: Wilhelm Rombergh (an stelle von † Henrich von Castrop)[3].
400	1635	Febr. 13	†Johan Vinnemans. K.: (fehlen; s. Nr. 364). V.: Jurgen Drensche (an stelle von Johan Andres dem Laurentz Lubbers adjungirt).
401	1635	Mai 15	†Hillebrandt von Ellinckhaußen. Barbare Grosche. K.: Johan. V.: Johan von Ellinckhaußen, ein nagelschmidt, Johan Gerwin Lücke, ein meßemacher.

[1]) S. Nr. 265. [2]) S. Nr. 269 u. 356. [3]) S. Nr. 316.

20*

Laufende Nummer	Datum Jahr	Datum Tag	Eltern, Kinder und Vormünder
402	1635	Juni 2	†Drees Averbecke. Trine . . . . K.: Johan. V.: Arent Eckholt, lademaker, mester Ludolff Brinckman, schneider.
403	1635	13	Deggener Busches. Enneke Schulten. K.: Henrich, Joest, Herman, Enneke und Margrete. V.: Dietherich Nortkirchen (an stelle von † Caspar Aldendieckers) [1]).
404	1635	21	†Rottger Schröderß. Sibille Nieß. K.: Duerte Sibille und Ermke. V.: Henrich Roffhacke, Wilhelm Schumacher in der olpe, Johan Meyhane.
405	1635	21	†Johan Luecken. Barbara . . . . . K.: Elßke. V.: Henrich Leneman, Caspar Hoffman.
406	1635	Juli 24	†Dietherich Freymans [2]). Enneke Schulte. K.: Catharina Freymans. V.: Ulrich Schönenberg, Caspar Weißkotte, Johann Wispelinckhoff.
407	1635	Aug. 2	Johan Schlettenthall. Greta Kottmans. K.: Johann und Greteke. V.: Henrich Schlettenthall, Johan Buddeker.
408	1635	Okt. 1	†Joachim Frovatt. K.: Woltrath, Catharine und Ermgartt. V.: Johannes Brugmans, gerichtschreiber, Reinhardt Farenbach.
409	1635	Nov. 2	Arnoldt Brinckman. Gerdrut von Leunen. K.: Johan Brinckman. V.: Henrich von Lünen, Henrich Ludwig, Johann Heiling.

[1]) S. Nr. 370. [2]) S. Nr. 303 u. 422.

Laufende Nummer	Datum Jahr	Datum Tag	Eltern, Kinder und Vormünder
410	1635	Nov. 30	†Matthiaß Puppeskamp. Elisabeth Bockinkrodtz. K.: Tigges und Ließbet. V.: Tonnis Gottschalk, buchsemacher, Berndt Fuestinck, kutzemacher.
411	1635	30	†Johan Berchlei. Amelei Merckes. K.: Jurgen, Reinert, Johan, Elßke und Enneke. V.: Jurgen Berghlei, Henrich Richters.
412	1635	Dec. 14	Johan Hagebolle. K.: (fehlen). V.: werden nicht angesetzt, weil die kinder demnächst mündig werden und teilen sollen.
413	1636	Jan. 4	†Herr D. Solling. K.: Anna Catharina und Anna Solings. V.: Herr Johannes Beurhusius, prorektor, herr Georg Tyer, herr Johann Pottgießer.
414	1636	4	Göertt Schübbe[1]). K.: Johan und Wilhelm Schübbe. V.: Gortt Scheper (an stelle der verstorbenen vormünder und Johann Schmieman adjungirt).
415	1636	Febr. 19	Ulrich Schönenberg. K.: Henrich, Margarete und Ulrich. V.: Andreiß Bötterling, Johann Schulte, Hillebrandt Koekelbusch.
416	1636	19	† ?[2]) Schmidts. Trine Brandes. K.: Hillebrandt, Niclaß und Cathrine Schmidts. V.: Göddertt Schübbe, Adolff im Siepen.
417	1636	fehlt	†Thoniß Nieß[3]). K.: (s. Nr. 354). V.: Andreß Botterling (an stelle von † licentiaten Becker).

[1]) S. Nr. 396. [2]) Nikolaus Schmidt. [3]) S. Nr. 354.

Laufende Nummer	Datum Jahr	Datum Tag	Eltern, Kinder und Vormünder
418	1636	Juni 5	†Thoniß von der Boekeloer. †Enneke Drensche. K.: Enneke und Lißke. V.: Hillebrandt Hemmer, Johan Drensche, Johann Sontag.
419	1636	14	Johann Nielandt. †Catharina Hoe. K.: Johann und Margarethe. V.: Caspar Hoe, Baltazar Prume, Georg Bergley.
420	1636	14	†Andreiß Böemeken [1]). Elßke Blote. K.: Herman, Wolter und Johan Bömeke. V.: Johann Bömeken, Reinhardt Vogelpoith (an stelle von † Henrich Vogelpoith und † Claß Dulmen).
421	1636	Nov. 14	†Caspar Schulten. †Margrete Styberi. K.: Bartholomeus. V.: Reinhart Farenbrach, Balthasar Prume.
422	1637	Febr. 2	†Diderich Friman [2]). . . . . . . Lehners. K.: Catrine. V.: Johan Schulte, kramer, Henrich Drensche, schomaker (an stelle von † Caspar Weißkotte und † Johann Wispelinckhoff).
423	1637	März 19	Johann Landtvermandts. †Catharina Hagebolle. K.: Johann. V.: Conradt Hagebolle, Dietherich Schultte.
424	1637	19	Berendt von dem Broeke [3]). †Catharina Wilichs. K.: Johann von dem Broeke. V.: Herman Schoeff, Claß von dem Broeke.
425	1637	April 17	†Johann Dördelman. Elßke Brinckmans. K.: Johan Dordelman. V.: Thönis Hebbeler, Dietherich Lüeker.

[1]) S. Nr. 369. [2]) S. Nr. 406 u. 303. [3]) S. Nr. 345.

Laufende Nummer	Datum Jahr	Datum Tag	Eltern, Kinder und Vormünder
426	1637	Mai 19	Everdt Schulte. † Enneke Styberii. K.: Johan, Frantz und Stineke Schulte. V.: Johann Steveling (an stelle von † Caspar Schulte)[1].
427	1637	Juli 9	† Dietherich Haußes. K.: Elßke. V.: Reinhardt Brinckhemb, Bernhardt Budde.
428	1637	22	Johann Gerwin, büssenschmidt. K. (aus erster ehe): Dietherich und Gertraut. V.: Dietherich Bücker, Johann Nevelinck.
429	1637	Sept. 21	† Caspar Köning. K.: Barbara Königs. V.: Wilhelm Rusche, Arnoldt Leininck, Wilhelm Köpper.
430	1637	Okt. 26	† Johannes Eynnigmans der alte. † Anna Leve. K.: Caspar, Claeß, Henrich, Elske und Trineke. V.: Johann Böckinck, Herman Steinweg, Werner Trost.
431	1637	Nov. 12	† D. Korvey[2]. K.: Elßke. V.: Johann Heidtfeldt, Röttger zur Mühlen (an stelle von † D. Freyman und † Caspar Diephauß).
432	1638	März 13	† Dietherich Dickmans. K.: Margrete. V.: Johannes Stilckindt[3]), Johann Röcheling, Christopff Heiße.
433	1638	April 20	Tonniß Hebelers. † Margrete Ellinckhauses. K.: Merricke, Greiteke, Wessel und Johan. V.: Abbian von Duiren, Johan Kampman.
434	1638	20	† Johan Bispelinckhoffs. Enneke Budde. K.: Gießbert, Elßke, Johan, Reinert und Goddert. V.: Berndt Budde, Johannes Brugman.

[1]) S. Nr. 397. [2]) S. Nr. 346. [3]) Wohl Stilckinck; s. Nr. 442.

Laufende Nummer	Datum Jahr	Datum Tag	Eltern, Kinder und Vormünder
435	1638	April 30	†Jurgen Drenschen. Cathrine Schweens. K.: Tigges, Enneke und Trineke. V.: Henrich Drensche, Johan Heilinck.
436	1639	Jan. 27	†Conradt Sundthoffs. Enneke Rombergs. K.: Conradt und Elßke. V.: Herman Pottgießer, Reinhardt Vogelpoith.
437	1639	Nov. 16	†Wienolts Meyburgs. K.: Christina. V.: Johann Schwartze, Gordt Lenneper, Henrich Ruhheck.
438	1639	Dec. 2	†Herr doctor Theodor Lambach. K.: Anna Margrete. V.: Georg Diephauß, Henrich Holterman, Henrich Lambach.
439	1640	Jan. 12	Johan Zegebogen. †Gerdrudt Melmans. K.: Johan. V.: Johan Kaupe der alte, Gerritt Melman.
440	1640	März 13	†Henrich Kayßers. †Anna Lettmate. K.: Anneke Kayßers. V.: Engelberth Kremer, Georg Bröckinck.
441	1640	April 4	Michaell Pallms. †Margrethe Hertzlieb. K.: Henrich, Elßke und Margarete Pallms. V.: Johann von Aßellen, Johann Westermans.
442	1640	5	Gerrith Welfferen. †Margarethe Hucks. K.: Margaretgen, Agniß und Clärke. V.: Johannes Stilkinck, Petter Heidtmans.
443	1640	Mai 24	Gerrith Grünewalts. †Liske Ripermahns. K.: Trineke und Claeß Grünewalt. V.: Gerrith Grünewalt, vatter, Johann Bücker uff der kockleke, Georg Brinckman, nagelschmidt.

Laufende Nummer	Datum Jahr	Datum Tag	Eltern, Kinder und Vormünder
444	1640	Juni 16	†Detmar Sternenberg, gewesener cappelan ad. d. Reinolti. Cathrine Morsen. K.: Detmar, Marie und Catharine Sterneberg. V.: Paltasar Prume, Rüttger Trippe.
445	1640	Aug. 14	Henrich Peters. †Cathrine Vitriarius. K.: Catharineke. V.: Renolt Vogelpott, Johan Lenhoff.
446	1642	Nov. 7	†Caspar Deggings. †Cathrine Diephausen. K.: Sibilla. V.: Caspar Diephausen, Johan Pottgießer, Herman Degginck.
447	1642	10	†Dietherich Brenschede. Agnes Melmans. K.: Caspar, Dietherich und Peter. V.: Herr Dietherich Collerus, Johan Melman junior, Caspar Brenschede.
448	1643	Juli 1	†Renolt Quadbecke. †Cathrine Wießkotte. K.: Herman, Greiteke, Willem, Renert und Gerrit. V.: Henrich Melman, Renolt Melman, Johan Sontag.
449	1644	März 18	[1]
450	1644	Mai 27	Johan Wechman. †Elßke Potthoffs. K.: Agnes, Henrich, Johan und Dietherich. V.: Mertin Conradtz, Johan Schade, Dietherich Spickerhoff.
451	1644	Juli 21	†Johannes Rotarius. K.: Marie, Johan Herman und Margarethe. V.: Herr Herman Mering, herr Pancratius Ebeli, M. Johann Lenneper, kantegießer.

[1] Lücke.

Laufende Nummer	Datum Jahr	Datum Tag	Eltern, Kinder und Vormünder
452	1646	Mai 8	Hans Herman Vasolt. †Barbara Barops. K.: Johann, Dietherich und Alheit. V.: Hans Herman Vasolt (vater der kinder).
453	1646	Juni 12	†Herr Johannes Embsichov, pastor ad d. Nicolai. K.: Anna Catharina, Johannes Christoph, Elisabeth und Anna Embsinghoff. V.: Herr Theodor Colerus, sacellanus ad d. Nicolai, herr Johannes Zytopheus, lector tertiae classis und pastor zu Wischeling, Dietherich Busch.
454	1646	Juli 13	†Johann Rocheling. Clare Müddeferings. K.: Gertrudt, Catharine, Clare und Sibille Röchelings. V.: Christoffer Heeße, Herman Rocheling (deme 1651 April 20 Johan Viescher adjungirt wird).
455	1646	Sept. 23	†Johann von Aßellen. K.: Johann und Elßke. V.: Henrich Pottgießer, Gerrith Grönewalt, Michaell Pallm.
456	1647	Juni 18	Jurgen Broeckinck. †Margrete Haselhoff. K.: Hanß Jurgen, Peter, Enneke und Margrete. V.: Henrich Peters, Henrich Hustebecke.
457	1647	18	†Caspar Harrebrinck. Margrete Schulten. K.: Claß, Hanß Willem, Hanß Jurgen und Gerdrudt. V.: Johan Schulte, kramer, Jurgen vom Schiene.
458	1647	Dec. 22	†Herr D. Eberhard Sollings [1]). K.: Anna Catharine. V.: Arnoldt Mallinckrotz, Henrich Schoneberg (an stelle von † Georg Tier und † Johannes Beurhusius).
459	1648	Febr. 13	Gerrit Seers. K.: Gert Seers. V.: Johann Kaupe, Georg Schumacher, Johann Seer.

[1]) S. Nr. 413.

Laufende Nummer	Datum Jahr	Datum Tag	Eltern, Kinder und Vormünder
460	1648	Febr. 14	† Werner Vogtt. K.: Henrich, Coert Bertholt und Dietherich. V.: Johannes Roßhacke, Bertholt Vogtts, Henrich Schlechtenthall.
461	1648	Mai 14	† Dietherich Adrian. K.: Cathrine, Caspar und Anna. V.: [1])
462	1648	Juli 15	† Johann Herbertz. K.: Johann Dietherich und Arnold Herbertz. V.: Joachim Schmieman, Johannes Vogelpoith, Henrich Mallinckrot.
463	1648	Sept. 24	Johan Böckelmans. † Greite Schöttelendreyer. K.: Hans Georg Bockelmans. V.: Johann Schöttelendreyer, Berendt Oesterman.
464	1648	Nov. 27	Reinoldt Vogellpoiths *. K. (aus erster ehe): Gerrith, Henrich, Jorgen, Agneß, Anna Catharina und Gertrut Vogelpoits. V.: Johann Vogellpoith, Johann Mellman.
465	1648	27	† . . . . Lückers. Catharine Lenhoffs *. K.: Peter und Johan Lükers. V.: Johan Lenhoffs [2]), Johan Kaupe.
466	1650	März 18	Gordt Scheppers *. K. (aus erster ehe): Hillebrandt und Tonieß Scheffers. V.: Dieterich Schepfer, Johan Wenneker.
467	1650	21	Rotger Veltman *. K. (aus erster ehe): Anna Margrete, Anna und Zacharias. V.: Rotger zur Mühlen, Johan Emichman, Caspar Lobbeke.

[1]) Die Verhandlung führte zu keinem Resultat.
[2]) An Stelle von † Johann Lenhoff wird 1653 April 22 ein neuer Vormund angesetzt, dessen Name nicht angegeben ist.

Laufende Nummer	Datum Jahr	Datum Tag	Eltern, Kinder und Vormünder
468	1650	Mai 28	†Jobst von Hovelß. K.: Jost und Sophia von Hovell. V.: Herr Gereon von Klepping, Georg Wethmar.
469	1650	Aug. 13	†Georg Kumpsthoffs, gewesener secretarius. Elisabeth Brinck*. K.: Margretha Elisabeth, Johan Henrich und Bertram Zacharias. V.: Herr Georg Nieß Dr., herr Henrich Eichen Dr., Johan Potgießer.
470	1650	13	†Elisabeth Melmans. K.: (aus erster und zweiter ehe); aus zweiter ehe: Anthon und Caspar Arnoldus Velthauß. V.: Herr Henrich Eichen Dr., Caspar Deggingk.
471	1650	Nov. 17	Johan Schade*. K. (aus erster ehe): Trincke, Enneke, Lisabeth und Henrich Schade. V.: Caspar Holtey, Henrich Spickerhoff.
472	1652	März 20	? ? (schwester von † Johan Moritzen). K.: (sohn). V.: Johann Landtferman, Rotger Karentreiber gen. Vordembohm, Hillebrandt Schnedker.
473	1653	April 4	†Lutgerus Wenge[1]). †Gerdrudt Aßbecke. K.: Margrete. V.: Philip Vethack, Johan Lohoff, Diederich Busch.
474	1653	21	? K.: Henrich und Catharine Nieß[2]). V.: Gerhardt Starman, Mstr. Rotger Peters.
475	1653	Sept. 16	†. . . . . Temeßfeldt. Elßke Rupe*. K.: Anna Liesabeth, Tonіß und Caspar Temeßfeldt. V.: Johan Stratman, Henrich Potgießer junior, Frantz Drogekanne.

[1]) Er ist „vor einiger Zeith gestorben und seine itzige Wittib ist Margrete Kistemachers".

[2]) Großjähriger Bruder ist Detmar Nieß.

Laufende Nummer	Datum Jahr	Tag	Eltern, Kinder und Vormünder
476	1653	Okt. 5	Diederich Bödeker *. K.: Ennike, Johan und Ermgart Bodekers. V.: Johann Kaupe minor, Georg Schumacher.
477	1653	Nov. 18	† M. Renoldi Sehers, pastor an St. Petri. K.: Margreta, Gerdrudt, Adelheit, Ursula und Mechel Catharine Sehers [1]). V.: Dethmar Wulner, Caspar Lenhoff.
478	1654	März 15	† Robert Beckhoff [2]). K.: Johann, Herman, Caspar, Dieterich, Godert und Robert Beckhoff. V.: Detmar Beckhoff, Herman Vetmoß, Johann Vorstath.
479	1654	Mai 11	† Henrich Schulte. K.: Anna Catharine Schulte. V.: Henrich Wißkotte, Herman Hiltrop, Johannes Vethack.
480	1654	28	† . . . . . Sumpelmans. Ita Schloßers *. K.: Gerdruth und Johann Sumpelman. V.: Wilhelm Romberg, Johan Schußelendreyer.
481	1654	Juni 1	† Caspar Heidtstucken. K.: Trincke, Jacob, Marie, Enneke und Margrete Heitstuck. V.: Berndt Dickerhoff, Johann Westerman.
482	1654	10	† Jurgen Kremers. Ennike Schubbe *. K.: Enneke, Tonniß und Aleff Kremers. V.: Girret Kaupe, Johan Siepman, Evert Tack.
483	1654	Juli 22	† Johan Knops. Sophia Santman *. K.: Maria, Enneke, Lisabeth und Elßke Knopß. V.: Diederich Leve, Johan Schumacher.
484	1654	Sept. 18	Herman Potgießer *. K.: Herman, Johann, Henrich und Frantz Potgießer. V.: Henrich Potgießer, Johann Romberg, Johann Bömcken.

[1]) Der bereits großjährige Bruder ist M. Heinrich Seher, Pastor an St. Petri.
[2]) Sein noch lebender Bruder heißt Caspar.

Laufende Nummer	Datum Jahr	Datum Tag	Eltern, Kinder und Vormünder
485	1654	Sept. 18	†Cordt Sälter. Elßke Brinckmans *. K.: Herman, Renoldt, Henrich und Jorgen Sälter. V.: Johann Munter, Hanß Hinrich Walrabe. Henrich Hustebecke.
486	1656	April 1	Rotger Schmieman * [1]). K.: Jorgen, Cathrina, Elßke, Joachimb, Margreta und Marie. V.: Joachimb Schmieman, Henrich Wißkotten. Henrich Lambach.
487	1657	März 10	Diederich Busch *. K.: Caspar, Herman, Diederich und Henrich Busch. V.: Caspar Otten, Tigges Kötting.
488	1657	Nov. 9	Laurentz Cordts. K.: Anna. V.: Peter Kriete, Johan Brandes.
489	1658	Jan. 28	†Henrich Bentmans. Gerdrut Luges. K. (aus erster ehe des † Bentman): Elßke und Henrich Bentmans. V.: Ludolph Bentman, Philip Kramer und Caspar von Cölln.
490	1658	Febr. 20	Johan Passel. †Anne [2]). K.: Anna, Wilhelm Adrian, Adolph und Johan Passel. V.: Adolph Wießkotten, Adolph Schübben, Johann Siepman.
491	1658	Mai 27	Caspar Holt. †Anne [2]). K. (aus zweiter ehe der vorgen. Anne): Anna Catharine und Caspar Holt. V.: Henrich Torck, Henrich Richter.

[1]) In erster Ehe (1642) verheiratet mit Margarete Wiskott, in zweiter Ehe (1656) mit Anna Christine Wenner aus Camen; diese wiederverheiratet (1668) mit Joh. Diedrich Himmelreich J. U. D., Richter zu Dortmund; (s. Nr. 521. 531, 533 u. 627).

[2]) Tochter der Witwe Könen, Christine geb. Rasche.

Laufende Nummer	Datum Jahr	Datum Tag	Eltern, Kinder und Vormünder
492	1658	Juni 28	Johan Brabeck not. publ. und gerichts-procurator. †Maria Lethmate. K. (aus erster ehe): Wilhelm, Catharina, Adolph Caspar, Ida Maria, Johann Wilhelm und Dethmar. V.: Göddert Scheper, Wilhelm von Lünen[1]), Wilhelm Schöppinck.
493	1658	Juli 11	†Johan Stilcking. Catharina Nies *[2]). K.: Gerdrut und Christina Stilckings. V.: Adrian Lutteroth, Dethmar Nieß.
494	1658	Aug. 1	†Diederich Brenschede. K.: (s. Nr. 447). V.: Johan Brabeck, Johan Melman, Diederich Brenschede (an stelle der verstorbenen vormünder; s. Nr. 447).
495	1658	Okt. 3	Caspar Degingk. †Anna Melmans. K. (aus erster ehe): Anna Catharina und Anna Gertrudt Degingks. V.: Herman Corfey med. doctor, Herman Degingk im rosenthal, Georg Fraß, apoteker.
496	1658	15	†Tonnies Gotschalck. Anna Luges. K. (aus erster ehe): Henrich Ludwig und Anna Gotschalcks. V.: Johan Gotschalck, Henrich Sieseker[3]).
497	1658	26	Gißpert Bißlinghoff *. †Elßke Plases. K. (aus erster ehe): Elßke, Maria, Elisabeth und Vincentz Bißlinghoff. V.: Tigges Kaupen, Caspar Lenhoff, Berndt Budden.

[1]) An Stelle von † Wilhelm von Lünen tritt 1667 Dec. 8 Hermann Brenschede.
[2]) In zweiter Ehe verheiratet (1658) mit Thomas Davidis, Pastor zu Unna.
[3]) An anderer Stelle wird er Sieseker gen. Luges genannt.

Laufende Nummer	Datum Jahr	Tag	Eltern, Kinder und Vormünder
498	1659	Juni 18	Herman Potgiesers. K.: (s. Nr. 484). V.: Franß Fley (an stelle von † Henrich Potgiesers)[1].
499	1659	Aug. 8	Henrich Potgieser. † Catharine Berghoffen. K.: Catharina. V.: Johan Gerlinghauß, Diederich Brenschede Frantz Drögekan.
500	1659	Nov. 5	† . . . . .[2]) Wießkotte. Anna Wulffs. K.: Catharina und Reinhardt Wießkotte. V.: Johan Hiltrop, Reinhardt Quatbecke.
501	1660	Febr. 4	† Johan Degingks, bürgermeister. K.: Bertram Diederich, Johan Eberhardt und Melchior Degingk. V.: Herr Adolph Wießkotte, herr Herman Degingk, herr Henrich Nyß.
502	1661	Sept. 7	† Vincentz Himpendals. K.: Catharina, Christina, Margretha und Melchior Himpendals. V.: Herr Johan Kaupe, Herman Bömken.
503	1662	März 14	† Johan Potgiesers. K.: Catharina, Anna Margareta, Johannes und Margareta Ursula Potgiesers. V.: Herr Wilhelm von den Brincken, dero rechten doctor, herr Johan Vogelpoth[3]), camerarius, herr Adolph Wießkott.
504	1662	April 29	Clemens Tiheuers. † Anne Degeners. K.: Margareta und Herman Tiheuer. V.: Herman von dem Brocke, Evert Rost.

[1]) S. Nr. 484.
[2]) Reinhard.
[3]) An Stelle von † Johann Vogelpoth tritt 1664 März 12 Wilhelm von Lünen.

Laufende Nummer	Datum Jahr	Datum Tag	Eltern, Kinder und Vormünder
505	1662	Mai 24	† Caspar Beckhoff. Margarete Welfferen. K.: Caspar. V.: Caspar Lenhoff, Peter Berck[1]).
506	1663	Jan. 18	Gotfridt Mellinghaußes. † Anna Maria Schölers. K. (aus erster ehe): Anna Catharina, Anna Sophia, Rötger, Anna Margaretha und Gotfridt Mellinghauß. V.: Herr M. Johannes Mellinghauß, pastor an St. Marien, Georg Scholer, Herman Brenschede.
507	1663	Sept. 1	? K.: Melchior Bömken. V.: Johan Romberg, Georg Nierhoff, Herman Bömken.
508	1664	Jan. 26	Herman von der Borg. † Margarete Hevelers. K.: Maria, Ursula und Anna Hevelers (sic!). V.: Weßel Heveler, Conrad Rüpinck.
509	1664	März 14	† Wilhelm von Gerresheimb. Clara Welferen. K.: Daniel Henrich. V.: Caspar Lenhoff, Peter Berck, Henrich Christoff Grim.
510	1664	Sept. 10	? K.: Franß Kaupe[2]). V.: Georg Nierhoff, Herman Bömken.
511	1665	Juli 18	† Johan Schumacher. K.: Caspar und Johan Schumacher. V.: Henrich Balthasar Schmidt, Wilhelm Brökelman, Caspar Schumacher.

[1]) Die beiden Vormünder werden als Bruder und Schwager der Margarete Welfferen bezeichnet.

[2]) Drei ältere Brüder und eine ältere Schwester sind bereits großjährig.

Laufende Nummer	Datum Jahr	Datum Tag	Eltern, Kinder und Vormünder
512	1665	Juli 21	†Johan Wießkotten. †Anna Himmelreichs[1]). K.: Anna Margaretha, Niclas, Anna Christina, Adolph, Elisabeth, Johan, Joachim, Arnolt, Anna Elisabeth und Peter Wießkotte. V.: Herr Johan Dietherich Himmelreich, doctor, herr Adolph Wießkotte, Georg Schöler.
513	1665	Nov. 6	†Herr Hilbrand Kagenbusch. K.: Georg, Johan und Hilbrandt Kagenbusch. V.: Herr Johan Steveling, Henrich Wießkotte, Henrich Lambach.
514	1665	11	†Johan Kaupe. Elßke Potgiesers. K.: Elßke, Johan Joachim und Matthias Kaupe. V.: Herr Johan Kaupe, Vincentz Kaupe, Henrich Potgieser[2]).
515	1665	23	Conrad Schmedding. †Elisabeth Fischers. K. (aus zweiter ehe): Franß, Conradt und Agnes Gertrudt Schmedding. V.: Adrian Lütterodt, Franß Fischer.
516	1666	Jan. 28	†Henrich Schwartzen, gewesener lector quintae classis. Sybille Barenschede. K.: Catharina Elsabein, Johan Henrich und Johan Diederich. V.: Henrich Barenschede, Johannes Vethacke, Franß Fischer.
517	1666	Mai 21	†Johan Nieß[3]). †Elsabein Wießkotte. K.: Johannes, Anna Elisabetha, Christina Maria und Johan Christoph Nieß. V.: Herr Wilhelm Küpfer, beyder rechten doctor, herr Johannes Schmieman, Henrich Gerlinghauß.

[1]) Beide Eheleute gleichzeitig begraben 1664 Nov. 10.
[2]) An Stelle von † Johann Kaupe und † Heinrich Pottgießer treten 1674 Nov. 27 Hermann Pottgießer und Eberhard Heinrich Wortmann.
[3]) Seine nachgelassene Witwe ist Anna Schmiemann.

Laufende Nummer	Datum Jahr	Datum Tag	Eltern, Kinder und Vormünder
518	1666	Dec. 16	†Evert Schulten. Anne Vörsten. K.: Caspar und Gerdrut Schulten. V.: Philip Wilhelm Brügman not. publ., Johan Rüsche.
519	1667	Mai 31	†Johan Schölers. Ilian Hoe. K.: Anna Catharina, Caspar Wilhelm und Johan Diederich Schöler. V.: Georg Schöler, Henrich Gerlinghauß, Henrich Schröder.
520	1667	Okt. 24	†Matthiaß Lütterodts. Margareta Buttermans. K.: Johan Adrian Lütterodt. V.: Herr M. Hermannus Backius, quartae classis lector, Johan Sontag, Ascanius Lütterodt.
521	1667	Dec. 27	†Rötger Schmemans. Margarethe Wießkotte. K.: (s. Nr. 486). V.: Johan Schmeman (an stelle seines vaters Joachim Schmeman, der „wegen seines hohen alters und anhaltender leibsschwachheit" zurücktritt).
522	1668	Jan. 12	†Adrian Lütterodt. Gerdrut Löbbeken. K.: Zacharias, Anna Sophia, Catharina, Göddert, Gerdrut, Margarethe Iliana, Johan Dietherich und Anna Elisabetha Lütterodts. V.: Caspar Löbbecke, Georg Fraaß, Conrad Schmedding.
523	1668	31	†Renold Ellinghaußes. K.: Johan, Agnes, Anna und Renolt Ellinghauß. V.: Philip Wilhelm Brügman, notarius publicus, Johan Christoffer Lening, schulmeister zu Sanct Mariae, Eberhardt Melman.
524	1668	Febr. 14	†Johan Kirchoff. Gerdrut Nieß. K.: Johan Dethmar und Davidt Kirchoff. V.: Caspar Polman, Johan Hiltrop.

21*

Laufende Nummer	Datum Jahr	Datum Tag	Eltern, Kinder und Vormünder
525	1668	März 15	†Nicolaß von Hanen. K.: Anna Catharina und Gereon Nicolaß von Hanen. V.: Johan von Hanen, Caspar Christoph von Kleppinck, welchen herr bürgermeister Nicolas von der Berßwordt, alß ein honorarius adjungirt worden.
526	1668	Juni 15	†Henrich Mallinckrodts. Helena von dem Brocke. K.: Johan Henrich, Arnoldt, Peter, Anna Catharina und Mechtild Catharina Mallinckrodts. V.: Gereon Himmelreich, Christoffer Brüß, Johan Dietherich Herbers, welchen herr Arnolt Mallinckrodt und herr Johan Schmeman, alß honorarii adjungirt worden.
527	1668	Juli 3	Peter Lücken. †Anne Catharine Vogelpoths. K.: Agnes und Hans Peter Lücken. V.: Georg Vogelpoth, Caspar Osterman.
528	1668	Aug. 21	Herr Hermannus Nieß, medicinae doctor. †Clare Christine Lambachs. K.: Anna Christine, Henrich Michel, Lodwich und Margrete Sibille Nieses. V.: Herr Caspar Ewinckhauß, beyder rechten doctor, Jorgen Tieffhauß, quintae classis lector, Henrich Hoffman, secretarius.
529	1668	Okt. 19	Dietherich Plöger. †Anne von der Hove. K.: Diederich und Anne Margaretha Plögers. V.: Johan Dietherich Herbers, Herman von der Hove, Dietherich Plöger.
530	1668	Nov. 15	†Herr Wilhelm von Lünen. Anna Kagenbusch. K.: Ursula Catharina, Margaretha, Christina Elsabein und Anna Elisabeth. V.: Johan von Lünen, Rötger Kagenbusch, Joachim Reeß.

Laufende Nummer	Datum Jahr	Datum Tag	Eltern, Kinder und Vormünder
531	1668	Nov. 26	†Rötger Schmemans. Anna Christina Wenners. K.: Gißbert, Clara, Rotger und Anna Maria. V.: Ernestus Wenner von Camen, Georg Nierhoff, Georg Kagenbusch.
532	1669	Nov. 13	†Peter Brenschede. Elßke Potgießers. K. (aus Elsen's zweiter ehe): Diederich Henrich Brenschede. V.: Dietherich Brenschede, Johan Joachim Potgieser.
533	1669	Dec. 16	†Rötger Schmiemans. K.: (aus erster ehe; s. Nr. 486). V.: Herr Wilhelm Küpfer, beyder rechten doctor und stadt-syndicus (an stelle von Henrich Wießkotte, der unlengst mit todt abgangen).
534	1670	Jan. 22	†Caspar Vetmois. Gerdrut zur Mühlen. K.: Rötger, Melchior und Gerdrut Vetmois. V.: Johan Veltman, Göddert Mellinghauß, Johann Christoph Leining.
535	1670	Mai 3	Peter Lackman. †Anne Rüschen. K.: Johan Henrich, Frantz, Engel und Peter Lackman. V.: Johan Böcker zu Eicklinghoven, Simon Baltzer.
536	1670	7	Herr Johan Christoph Embsinchoff, prediger der kirche Petri. †Margarete Sehers. K.: Johan Henrich, Anna Gerdrut, Bernhardt Henrich, Johan Christoph und Anna Margarete Embsinchoffs. V.: Herr Hilbrandt Leonardi, prediger der kirche Renoldi, herr M. Hermannus Backius, lector quartae classis, Franß Fischer.
537	1670	18	Johan Fuhrman, lademacher. †Anna Haselhoffs. K.: Margaretha, Anna, Johan und Catharina Fuhrmans. V.: Andreas Wulff, Laurentz Botterman.

Laufende Nummer	Datum Jahr	Datum Tag	Eltern, Kinder und Vormünder
538	1670	Sept. 13	†Henrich Potgießers. Anna Syndern. K.: Georg, Caspar, Johan Joachim und Anna Catharina Potgießers. V.: Johan Joachim Potgießer, Johannes Wülner, Johannes Elias Syndern.
539	1671	Febr. 17	Johan Dieffhauß. †Gerdrut Althauß. K.: Nicolas, Melchior und Johan Dieffhauß. V.: Nicolas Dieffhauß, Johan Eilcking.
540	1671	März 19	Nicolaß Schmidt. †Elisabeth von Veelß. K.: Wilhelm, Nicolas, Johan Gerhardt, Catharina Margaretha, Anna Maria und Elisabetha Schmidts. V.: Johan Melchior Vißing von Castrop, Ulrich Schonenberg, Caspar Osterman.
541	1671	19	Jost Schlechtenthal. †Catharina Melmans. K.: Johan, Gerhardt und Alexander Schlechtenthal. V.: Gerhardt Melman, Gerhardt Vogt, Johan Schlechtenthal.
542	1671	Okt. 21	Conrad Grim. †Gerdrut Luges. K.: Arnolt Michael Grim. V.: Henrich Christoph Grim, Franß Torck, Melchior Bömken.
543	1672	Jan. 9	†Dietherich Pütthoff. Gerdraut Löbbecke. K.: Catharina, Henrich und Anna Margaretha Pütthoffs. V.: Henrich Scheffer, Dietherich Buck.
544	1672	12	Herr Johan Melman, diacon der kirche Nicolai. †Ursula Backs. K.: Johan Henrich Melman[1]). V.: Herr M. Arnoldus Backius, der kirchen Nicolai pastor, herr M. Hermannus Backius, lector quartae classis, Eberhardt Melman.

[1]) Seine Großmutter ist Margarete Schulte, Witwe Pastor Baack; seine „Möhne" ist Catharina Baack; beide † vor 1674 Mai 10.

Laufende Nummer	Datum Jahr	Datum Tag	Eltern, Kinder und Vormünder
545	1672	Juni 15	†Henrich Schaffman. †Margaretha Himmelreich. K.: Henrich und Anna Catharina Schaffmans. V.: Herr Dietherich Himmelreich, beyder rechten doctor, herr Franß Fley, Johan Joachim Potgießer.
546	1672	Juli 26	†Adam Trapman. Anne Thelen. K.: Melchior. V.: Dietherich Trapman gen. Aldendicker zu Brackel, Herman Wefer von Westhoven (als „negste blutsverwandte").
547	1673	Mai 6	†Johan Schröders. †Elßke Himmelreichs. K.: Diederich und Henrich Schröder[1]). V.: Herr Henrich Riese, pastor zu Barop, Caspar Schöler, Matthias Herman Hugo.
548	1673	11	†Herr Theodor Mallinckrodts, pastor zum Gievelsberg. Elßke Budde[2]). K.: (fehlen). V.: Gödert Mellinghauß, Herman Zittardt.
549	1673	Aug. 21	†Herr Schotte Baacks, gewesener pastor in Brechten. †Clara Elisabeth Freytag. K.: Johan Frantz, Schotte, Bernhardt Gießbert, Melchior, Dietherich und Clara Anna Baack. V.: Herr Melchior Freytag, rentmeister zu Schörlingen, herr Henrich Vethacke, pastor zu Brechten, Renolt Baack, küster zu Brechten.
550	1673	Okt. 7	†Johan Nieses. K.: (s. Nr. 517). V.: Georg Schmieman (an stelle von † Johann Schmieman).

[1]) Schon grofsjährige Geschwister sind: Johann Hermann und Catharina Schröder, welche nach dem Tode der Eltern die Haushaltung verwaltet haben.
[2]) „Zukünfftige Haufsfraw des Bernhardt Dickerhoff."

Laufende Nummer	Datum Jahr	Datum Tag	Eltern, Kinder und Vormünder
551	1673	Okt. 7	Johan Mechlenbeck. K.: Anna Catharina, Catharina Elisabeth, Anna Margaretha, Melchior und Gerdrut Mechlenbeck. V.: Zacharias Veltman, Johan Wülner, welchen herr Hillebrandus Leonardi, prediger der kirchen Renoldi, alß ein honorarius adjungirt wird [1]).
552	1673	Nov. 24	Peter Lantferman. †Anna Catharina Hoe. K.: (eins; name fehlt). V.: Johan Caspar von Münster, Caspar Hiltrop, welchen am 6. Dec. desselben jahres Johan Sontag adjungirt wird.
553	1673	Dec. 6	†Dietherich Heitman. Ursula Brechtels. K.: (zwei; namen fehlen). V.: Herman Potgießer junior, Henrich Christoph Grim.
554	1674	Jan. 9	Henrich Böcking. †Catharine Broß. K.: (fehlen). V.: Christopher Broß [2]), Peter Böcking, Caspar Enichman.
555	1674	17	†Caspar Vetmois. K.: (s. Nr. 534). V.: Johan Vetmois (an stelle von † Johan Veltman).
556	1674	23	†Caspar von Cölln. †Catharine Mülhers. K.: Anna Elsabein von Cölln. V.: Georg Schöler, Johan Hiltrop, Johan Sibbe.

[1]) Zusatz: „Eß haben auch Matthias Kaupe und seine Haußfraw ..... zur Mühlen alß miterbgenohmen weilandt Rötgern zur Mühlen in gegenwart ihrer miterben das juramentum manifestationis in forma abgelegt."
[2]) An anderer Stelle Brüß genannt.

Laufende Nummer	Datum Jahr	Datum Tag	Eltern, Kinder und Vormünder
557	1674	Febr. 7	Johan Siepman. †.......[1]) Rombergs. K.: Clara, Adolph und Gertrut Siepmans. V.: Rötger Siepman, Peter Romberg, Henrich Kromberg.
558	1674	20	Caspar Renoldi, schulmeister der kirchen Nicolai. † Clara Schulten. K.: Johan Henrich. V.: Friederich Schem, Rötger Spenhoff.
559	1674	26	Arnolt Pothoff. † Hardewig Buschmans. K.: Wenemar, Elisabeth und Sybille Pothoffs. V.: Johan Pothoff, Caspar von Lünen, Frantz Schulte.
560	1674	März 3	† Herr Caspar Löbbecke. † Anna Margaretha Lambachs. K.: Zacharias, Anna Margaretha, Caspar, Anna Gertrut, Anna Christina, Ida Maria, Johan Georg und Bernhardt Löbbecke. V.: Herr Zacharias Ennigman medicinae doctor, herr! Zacharias Veltman.
561	1674	8	Johan Dietherich Herbers. † Catharina Lenhoffs. K.: Maria, Catharina, Clara, Elisabeth, Margareta Elsabein und Zacharias Herbers. V.: Caspar Quatbeck, Johan Wülner.
562	1674	April 6	† Caspar Lenhoffs. † Marie Plases. K.: Caspar, Elisabeth, Catharina und Elsabein Lenhoffs[2]). V.: Peter Berck, Johan Wülner im Falde[3]).

[1]) Gertrud Romberg.
[2]) Die älteste, schon großjährige Schwester heißt Marie.
[3]) „im Fall" = Wirtshaus, Markt 20 (Schaeffer am Markt), jetzt der Stadt gehörig.

Laufende Nummer	Datum Jahr	Datum Tag	Eltern, Kinder und Vormünder
568	1674	Mai 12	Johan Wilhelm Hartbrinck*. †Anne Poths. K. (aus erster ehe): Maria Elisabeth, Margareta, Anna Catharina, Johan Caspar und Johan Wilhelm Hartbrinck. V.: Nicolas Harthrinck, Johan Herman Vasolt.
564	1674	23	Meister Johan Böddicker, schnetzler. †Margareta Teiners. K.: Dietherich, Johan und Caspar Henrich Böddecker. V.: Wilhelm Teiner zu Marten, Henrich Grave, Dietherich Busch.
565	1674	Juni 6	†Dethmar Jucho [1]). †Margarete Tönnes. K.: Anna, Clara, Henrich, Maria, Margareta und . . . . . . Ostkötter. V.: Teves Wiese zu Wambel [2]), Jürgen Melchers.
566	1674	30	Johan Holtey*. K.: Wilhelm, Elisabeth, Catharina, Johan Caspar und Dietherich Holtey. V.: Henrich Holtey, Johan Haselhoff.
567	1674	Sept. 27	Johan Caspar Hiltrop. †Margareta Buttermans [3]). K.: Johan Adrian Lütterodt, Catharina Gerdrut und Arnolt Hiltrop. V.: Arnoldus Albertus Mosellanus, Johan Hiltrop, Johan Sontag.
568	1674	Okt. 23	†Johan Klümpgen. Anna Brüß. K.: (fehlen). V.: Gerhardt Bernabe, Johan Schwartze, Johan Vethacke, wullenweber.

[1]) Detmar Jucho gen. Ostkötter.
[2]) Bruder der † Anna Tönnis.
[3]) In erster Ehe verheiratet (1663 Mai 29) mit Matthias Lutteroth († 1666), in zweiter Ehe (1667 Sept.) mit Johann Caspar Hiltrop.

Laufende Nummer	Datum Jahr	Datum Tag	Eltern, Kinder und Vormünder
569	1674	Okt. 24	†Thomaß Havers. Anna Margaretha Schmidts*. K.: Anna Catharine Schmidt (sic!). V.: Caspar Eberhard Rump, schulmeister und cantor zu Lünen, Johan Balthasar Schmidt, Weßel Siegenbogen.
570	1674	Nov. 7	Johan Stegman. †Gerdrut Brügmans. K.: Ernst. V.: Martin Conradt, Friederich Wegman.
571	1674	7	†Johan Dönhoffs. Elisabeth Sibbe. K.: Christina Gerdrut. V.: Laurentz Nüller, Henrich Soistman.
572	1674	9	Rötger Kagenbusch. †Anna Catharina Riven. K.: Goßwin und Henrich Kagenbusch. V.: Georg Nierhoff, Georg Kagenbusch, Johan Dietherich Nieß.
573	1674	21	Bernhardt Strunck*. †Christina Grem. K.: Bernhardt, Caspar und Henrich Strunck. V.: Henrich Grem, Jacob Janßen.
574	1674	23	†Johan Bömkens. Helena Lantfermans. K.: Johan Henrich Lantferman (sic!). V.: Philip Lantferman, Matthias Kaupe, Wolter Himpenthal.
575	1674	27	†Johan Kaupe der junge. K.: (s. Nr. 514). V.: Herman Potgießer, Eberhart Henrich Wortman (an stelle † Johan Kaupe und † Henrich Potgießer).
576	1674	30	†Johan Wenneker. †Anna Brandes. K.: Frantz, Caspar und Nicolas Weneker. V.: Johan Brandes, Nicolas Schmidts, Caspar Quatbeck.

Laufende Nummer	Datum Jahr	Datum Tag	Eltern, Kinder und Vormünder
577	1675	Jan. 15	? [1] K.: Margareta und Frantz Torck. V.: Johan Caspar von Münster, Conradt Grim, Jürgen Philip Torck.
578	1675	16	†Jürgen Stevens. Anne Cramers. K.: Anna Stevens. V.: Johan Vorstat, Friederich Schem.
579	1675	21	Wilhelm vor dem Baum. †Anna Catharina Drögekan. K.: Friedrich Wilhelm. V.: Frantz Drögekan, Wolter Himpenthal.
580	1675	22	†Schotte Backs, gewesener pastor zu Brechten [2]. Elsabein Brüß. K.: Anna Margareta und Catharina Elisabeth Backs. V.: Christoph Brüß, Henrich Bücking, Johan Wülner.
581	1675	29	†Frantz Klockengießer. Ursula Wülners. K.: Catharina Margareta, Anna Elisabeth, Henrich und Anna Catharina Klockengießer. V.: Herr Henrich Gerlinghauß, Johan Wülner, Caspar Klockengießer.
582	1675	31	Henrich Wilmes. †Margarete Lipperheiden. K.: Johan, Caspar und Margareta. V.: Georg Kramer, Leonardt Veltman.
583	1675	März 8	Herr Caspar Ostermann *. †Maria Elisabeth Lenhoffs. K.: Appollonia, Caspar, Johan, Frantz und Dietherich Osterman. V.: Johan Romberg, Caspar Berghoff.
584	1675	April 19	Johan Dorleman. †Anne Ostermans. K.: Gerdrut, Johan Herman und Anna Catharina Ostermans (sic!). V.: Johan Vasolt, Johan Osterman, Renolt Sälter.

[1] Vermutlich Franz Torck († 1673).
[2] Siehe Nr. 549.

Laufende Nummer	Datum Jahr	Datum Tag	Eltern, Kinder und Vormünder
585	1675	Juni 6	†Henrich Melmans. Magdalena Wegmans. K.: Johan Friederich und Eberhardt Henrich Melman. V.: Eberhardt Melman, Gotfriedt Reinhardts.
586	1675	Aug. 14	? K.: Peter und Clara Hügeschue. V.: Friederich Mellinghauß, Johan Osterman.
587	1675	14	? K.: Philip und Anna Sybilla Püthoffs. V.: Johan Romberg, Renolt Sälter, Johan Lemekuhl.
588	1675	Nov. 7	†Henrich Leege. Sybille Schröders. K.: Johan und Maria Leege. V.: Johan Wülner, Wolter Himpenthal.
589	1676	Febr. 6	? K.: Albert und Ursula Murmans. V.: Henrich auff dem Berge zu Dorstfelde, Henrich Stopendal.
590	1676	20	†Weßel Steinwegs, gewesener pastor zu Meteler[1]). Anna Margaretha Zythopaei. K.: Bernhardt Henrich Steinweg. V.: Arnolt Kagenbusch, Eberhardt Henrich Wortman, Weßel Siegenboge.
591	1676	April 21	? K.: Philip Johan von Vorßheimb. V.: Johan von Hanen, Caspar von Hanen, Johan Georg Gilhaußen.
592	1676	Okt. 2	†Herman von der Borg[2]). Margaretha Hevelers. K.: Maria, Ursula und Elßke von der Borg. V.: Jürgen Wordt, Caspar Brandthoff.
593	1676	Nov. 17	†Wolter Kaupe. Anna Maria Melmans. K.: Anna Christina und Sophia Kaupe. V.: Georg Melman, Johan Kaupe.

[1]) Methler b. Camen.
[2]) S. Nr. 508.

Laufende Nummer	Datum Jahr	Datum Tag	Eltern, Kinder und Vormünder
594	1677	März 4	Wessel Steinweg. † Margareta Schmiemans. K.: Dietherich Weßel und Margaretha Elsabein Steinwegs. V.: Herr Jobst Dietherich Steinweg, pastor in Meteler[1]), Georg Schmieman, Nicolas Schmidts.
595	1677	Okt. 14	Herman Mering. K.: Christoph Arnolt Fraas (sic!)[2]). V.: Herr Johan Christoph Mering, prediger der kirchen Renoldi, Arnolt Fraas.
596	1677	22	† Johannes Buck, gewesener pastor zu Kirchhörde. Margaretha Reinermans. K.: Dietherich, Gotfriedt, Philip und Elsabein. V.: Caspar Reinerman, bürger in Unna, Zacharie Buck, Henrich Dünhoff.
597	1678	Juni 28	Renolt Sälter *. † Elisabeth Schröders. K. (aus erster ehe): Johan und Catharine Sälters. V.: Petrus Romberg, schulmeister der kirchen Renoldi, Andreas Maesheimb, Johan Herman Schröder.
598	1678	Aug. 11	Johan Schwirman. † Anna Meiners. K.: Johan Heinrich, Caspar, Anna Margaretha und Anna Christina. V.: Wilhelm Schulte, Johan Osterman, Ernst Stratman.
599	1678	Nov. 10	† Herman Brenschede. Elisabeth Trost. K.: Elisabeth, Elsabein, Johan Christoph und Anna Margaretha. V.: Herr Johan Caspar Brügman, pastor zu Herne. Göddert Mellinghauß, Caspar Hiltrop.

[1]) Methler b. Camen.
[2]) Christoph Arnold Mering (getauft 1672 Sept. 20); seine Mutter ist Catharina Elisabeth Fraeß († 1673).

Laufende Nummer	Datum Jahr	Datum Tag	Eltern, Kinder und Vormünder
600	1678	Dec. 7	. . . . . (s. Nr. 556). K.: Anna Elsabein von Cölln. V.: Hernan Hagebolle (an stelle von † Johan Sibbe).
601	1679	Jan. 4	† Johan Rotmans. Gertrudt Boenen. K.: Elisabeth, Helena, Johan Henrich und Anna Maria Rotmans. V.: Othmar Rotman, Johan Vasolt, Caspar Berck.
602	1679	April 11	† Jacob Vasolts. Elisabeth Kerstins. K.: Gotfriedt, Anna Maria, Johan Christoph und Jacob Mauritz Vasolt. V.: Hermannus Waßman, pastor zu Heeren, Johannes Springorumb, pastor zu Ende, Johan Vasolt, Wilhelm Brabeck.
603	1679	13	Michael Epschloe*. † Anna Catharina Stratmans. K. (aus erster ehe): Anna Catharina, Elsabein, Margaretha und Caspar Epschloe. V.: Henrich Osterman, Caspar Velthauß, Philip Wilhelm Brügman.
604	1679	Juni 28	Caspar Sander. K. (aus erster ehe): Catharina, Johan Dietherich, Elsabein und Anna Gerdrut. V.: Johan Sander, Johan Schulte zu Cörne, Reinhardt Lübbeling.
605	1679	Juli 26	† Caspar Degingks. Agnes Rotbergs. K.: Henrich, Melchior, Agnes Catharina, Catharina Margaretha und Magdalena Elisabeth Degingks. V.: Herr Bertram Dietherich Degingk J. U. D., herr Zacharias Ennigmann med. D., herr Johan Henrich Rotberg.
606	1679	Sept. 28	† Göddert Brügmans. Elsabein Barenschedes. K.: Johan und Philip Henrich Brügman. V.: Johan Barenschede, Peter Brügman, Weßel Steinweg.

Laufende Nummer	Datum Jahr	Datum Tag	Eltern, Kinder und Vormünder
607	1679	Nov. 2	†Johan Lohoffs. Anna Catharina Brandts. K.: Johan Caspar, Gerhardt und Elisabeth Lohoffs. V.: Anthon Kaupe, Johan Romberg, Caspar Sander.
608	1680	Febr. 17	†Vincentz Himpenthals. Elßke Schröders. K.: Maria, Vincentz, Anna Catharina und Elsabein Himpenthals. V.: Johan Herman Schröder, Johan Böcker, Johan Velthoff.
609	1680	20	Caspar Schumacher. K.: Clara, Catharina und Caspar Schumacher. V.: Melchior Bömken, Johan Velthoff; Herman Bömken tutor honorarius.
610	1680	Mai 2	†Henrich Schumachers. Agnes Meyerlings. K.: Henrich und Anna Maria Schumacher. V.: Frantz Meyerling, Johan Peter Schmidt, Herman Hagebolle.
611	1680	14	†Georg Vogelpoth. Sybille Backs. K.: Johan, Henrich, Anna Margaretha und Gerdruth Vogelpoths. V.: Herr Eberhardt Hölling J. U. D., Peter Böcking, Gerhardt Vogelpoth.
612	1680	14	†Caspar Schölers. Margaretha Syndern. K.: Georg, Anna Maria, Margaretha Elisabeth, Anna, Johan Dietherich und Johan Caspar Scholer. V.: Caspar Klockengießer, Johan Dietherich Wießkotte; Eberhard Holling, doctor, tutor honorarius.
613	1680	31	Wilhelm Küler. K.: Gerdrut, Wilhelm und Bernhardt Küler. V.: Johan Steinhorst, Johan Holtkamp, Johan Stegman.

Laufende Nummer	Datum Jahr	Datum Tag	Eltern, Kinder und Vormünder
614	1680	Juli 30	Caspar Quatbeck. K. (aus erster ehe): Apolonia, Gerdrut, Anna Margaretha, Caspar, Anna Clara und Johanna Catharina Quatbeck. V.: Caspar Osterman, Johan Romberg, Johan Quatbeck.
615	1680	Okt. 29	Weßel Seegenboge *. † Gerdruth Borcharts. K. (aus erster ehe): Catharina, Elsabein, Margaretha und Johan Seegenboge. V.: Arnolt Kagenbusch, Gerhardt Segenboge, Johan Caspar Haver.
616	1680	Nov. 9	† Caspar Lühnens. Christina Vasolt. K. (aus erster ehe): Jacob, Johan Wilhelm, Margaretha Gerdruth und Anna Barbara Lünens. V.: Joachim Reeß, Henrich Wegman.
617	1681	Febr. 26	† Johan Herman Berckhoven. Elisabeth Schröders. K. (aus erster ehe): Anna Margaretha, Elisabeth und Johan Berckhoff. V.: Johan Vetmois, Johan Schäffer, Johan Fley.
618	1681	Juni 17	† Johan Rasche. † Catharina Heyings [1]). K.: Johan Christoffer, Catharina, Elisabeth und Frantz Rasche. V.: Johan Bierman, Jürgen Köller.
619	1681	Sept. 3	† Johan Herman Schröders. Anna Catharina Fley. K.: Johan Herman, Philip und Johan Henrich Schröder. V.: Weßel Segenboge, Henrich Gotschalck, Dietherich Schröder.
620	1681	Nov. 13	Peter Lackman. K.: Caspar, Johan Dietherich und Anthon Lackman. V.: Johan Pleuger, Anthon Schübbe.

[1]) War in zweiter Ehe verheiratet mit Hermann Niggehaus.

Laufende Nummer	Datum Jahr	Datum Tag	Eltern, Kinder und Vormünder
621	1682	April 16	Johan Holtkampff. †Marie Althauß. K.: Elßke, Tönnies, Caspar und Wenemar Holtkampf. V.: Johan Althauß, Frantz Pothoff, Johan Georg Böckelman.
622	1682	Sept. 23	? K.: Josina von Popinckhauß. V.: Herr ritmeister Philip von Pöpinckhauß, Johan Albert von Haen, Johan Georg Gilhaußen, richter zu Huckarde.
623	1682	Mai 8	†Georg Schmemans. Anna Maria Veltmans. K.: Rotger, Johan Caspar und Anna Christina Schmemans. V.: Joachimb Schmeman, Henrich Wießkotte, Johannes Veltman.
624	1682	Nov. 10	Johan Quadbeck. K.: Cathrine Gerdruth. V.: Herr Dr. Schultze, Caspar Schultze, Caspar Quadbeck.
625	1683	Mai 7	†Caspar Reinitz. Juliane Schmidt. K.: Berndt Dierich, Johan Herman, Margreta und Johann Wilhelm Reinitz. V.: Mstr. Werner Reinitz, Davidt Kirghoff, Henrich Schmeman.
626	1683	11	†Henrich Ostermans. Margreta Stratmans. K.: Adolff Henrich, Johan und Enneke Ostermans. V.: Henrich Frie, Michael Ebßloe.
627	1683	Nov. 8	†. . . . .[1]) Schmemans. †Anne Christine Wenners. K.: (s. Nr. 531). V.: Dr. Schultze, Henrich Pestorff, Ernst Morrien.

[1]) Rötger; s. Nr. 486, 521, 531 u. 533.

Laufende Nummer	Datum Jahr	Datum Tag	Eltern, Kinder und Vormünder
628	1683	Nov. 19	†Johan Wülners. Elsabeth Pottgießers. K.: (fehlen). V.: Henrich Wießkott, Caspar Pottgießers.
629	1683	29	Christoph Scheibler. K.: (fehlen). V.: M. Robbert Starman, pastor zu Wellinghoven, Wilhelm Back, Melchior Scheibler.
630	1683	Okt. 19	Weßel Steinweg. K.: (aus erster ehe; namen fehlen; vergl. Nr. 594). V.: Henrich Pestorff.
631	1684	März 28	†Wolter Himpendahls. K.: (fehlen). V.: Dietherich Schröder.
632	1684	Juli 12	Adolph Siepman. †Catharine Tacke. K.: (fehlen). V.: Nicolas Schubbe, Evert Tacke.
633	1684	Okt. 28	†Dietherich Busch. K.: (fehlen). V.: Wilhelm Brabeck, Weßel Ziegenboge, Dethmar Wermelskirchen.
634	1685	Jan. 24	†Johan Dietherich Nieß. K.: (fehlen). V.: Wilhelm Nieß, Johan Kaggenbusch, David Kirchhoff.
635	1685	März 22	†Frantz Drögekamps. K.: (fehlen). V.: Herman Gießler, Johan Landtferman, Herman Beckhoff.
636	1685	19	†Henrich Melman. K.: (fehlen). V.: Henrich Wegman.

Laufende Nummer	Datum Jahr	Datum Tag	Eltern, Kinder und Vormünder
637	1685	Juni 22	Wolter Hasenburg. K.: Anna Marie, Anna Margaretha, Anna Catharina, Maria Agnes, Johan Albert, Anna Elisabeth und Johan Wolter. V.: Engelbert Stratman, Reinhart Melman [1], Henrich Schröder.
638	1685	Juli 11	†Zacharias Münster. Anna Margaretha Wißkotte. K.: Anna Beatrix. V.: Herr Arnoldt Albert von Münster, doctor Nicolas Himmelreich, Adolph Wießkotte, junior.
639	1685	Okt. 6	†M. Herman Back, lector tertiae classis. Mechtilde Catharine Sehers. K.: Anna Margaretha, Johan Arnold, Frantz, Anna Sybille, Berndt Christian, Catharine Margarethe und Henrich Johan. V.: Herr Johannes Henricus Melman, diac. Nic. Weßel Steinweg, Johan Henrich Empsichoff.
640	1685	Nov. 6	Herman Hagebolle. K.: Catharina Elisabeth. V.: Henrich von Beüle, Herman Frerichs von Dorstfeldt.
641	1686	März 19	Johan Sontag. K.: Sopfia, Dietherich, Adolph, Christopher und Johan. V.: Valentin Schlundt, Johan Landferman, Peter von dem Broche.
642	1686	Aug. 27	†Johan Tappe. Catharine Landtfermans. K.: Johan, Caspar, Catharine, Jürgen und Marie Tappe. V.: Jürgen Tappe, Johan Landtferman, Peter vom Bruch.
643	1687	Febr. 4	†Henrich Schaffmans. Ursula Catharina Lünens. K.: Henrich und Joachim Schaffmans. V.: Nicolas Himmelreich, Henrich Wegman, Joachim Schmeman.

[1]) An Stelle von † Reinhard Melman tritt 1694 Febr. 2 Johann Hippert.

Laufende Nummer	Datum Jahr	Datum Tag	Eltern, Kinder und Vormünder
644	1687	Febr. 14	† Caspar Ostermans. Catharina Höllings. K.: Arnoldus, Clara und Nicolaus Ostermans. V.: Herr Eberhard Hölling, dero rechten doctor, Johan Stevelingh, Caspar Quadbeck.
645	1687	Mai 3	Laurens Nüller, zimmerman. † Christine Sybbe. K.: Anna Catharina Sibbe. V.: Wilhelm Nüller [1], Mstr. Henrich von Böele, schneider.
646	1687	Sept. 19	Johan Osterman. † Christine Osthoffs. K.: Anna Catharina, Johan Willem und Johan Caspar. V.: Renoldt Osthoff, Eberhardt Lohman.
647	1687	Okt. 9	Herman Böckelman. † Catharine Frielinghauß. K.: Anna Gerdruth, Catharina Elisabeth und Anna Christina. V.: Dethmar Schüßeldreyer, Herman Vogel, Wilhelm Holtey.
648	1687	13	Johan Jürgen Carentz. † Anne Petri. K.: Margarethe und Alexander. V.: Alexander Petri, Andreaß Manßheim, Johan Vogel.
649	1687	Nov. 13	Jürgen Böckeling, satteler. † Anna Busch. K.: Anna Elisabeth. V.: Weßel Siegenboge, Dethmar Wermelskirchen [2]).
650	1687	13	† Alexander Brüning. Anna Catharina Landtferman. K.: Philip Nicolaus und Anne Catharina. V.: Johan Peter Westerman, Robbert Landtferman.

[1]) Bruder des Laurenz Nüller.
[2]) An Stelle von † Detmar Wermelskirchen tritt 1701 Juni 7 Wessel Busch.

Laufende Nummer	Datum Jahr	Datum Tag	Eltern, Kinder und Vormünder
651	1687	Nov. 29	†. . . . . Wiemers. Elsabeth Drüffels. K.: Sybilla Catharina. V.: Herman Giesler, Herman Beckhoff.
652	1688	Jan. 17	Gödderth Melman. †Christine Schäffers. K.: Catharina, Göddert und Catharina Gerdruth. V.: Reinoldt Melman [1]), Johan Schäffer, Johan Henrich Bergman.
653	1688	März 6	I: †Johan Böckers; II: Johan Graffe. Margaretha Himpendahls. K.: Anna Catharina und Jürgen Böckers, Johan Henrich Graffen. V.: Johan Kaupe, Henrich Graffe, Johan Velthoff.
654	1688	Juni 11	†Diedrich Bucks. Catharina Püthoffs. K.: Henrich. V.: Johan Buck, Johan Schröder, Wilhelm Holtey.
655	1688	Aug. 3	Johan Jürgen Nadtroth. Anna Hohauß. K.: Sybilla Gerdruth. V.: Johan Nadtroth, Wolter Hasenburgh.
656	1689	März 23	†Johan Lohoff. K.: (s. Nr. 607). V.: Hillebrandt Brandis [2]).
657	1689	Mai 14	Bernhardt Bergman. †Maria Hobrecker. K.: Anna Catharina, Wilhelm, Agnes, Sybilla, Maria, Berndt Röthger und Anna Lisabeth. V.: Gerhardt Melman, Johan Vogel.
658	1689	Juli 7	Johan Nadtroth. †Anne Frie. K.: Henrich und Elsabeth. V.: Gödderth Nadtroth, Johan Hippert, Johan Liege.

[1]) An Stelle des † Reinhold Melmann tritt 1703 März 16 Caspar Melmann.
[2]) Er tritt an Stelle des † Caspar Sander.

Laufende Nummer	Datum Jahr	Datum Tag	Eltern, Kinder und Vormünder
659	1689	Juli 8	†Reinoldt Sälter. Clara Böckelmans. K.: Anna Catharina. V.: Dethmar Schüsselendreher, Herman Böckelman, Jürgen Sälter.
660	1689	16	Peter Bröcking. †Maria Bentmans. K.: Anna Margaretha, Zacharias Wilhelm, Margarethe Lisabeth, Maria Sybilla und Henricus. V.: Frantz Torck, Johan Vasolt, Bernhardt Strunck.
661	1689	Sept. 1	†Wolter Bömcken. Catharina Schäffers. K.: Clara Catharina. V.: Henrich Vorstatt, Wolter Bömcke, Dietherich Schäffer.
662	1689	1	Godtfriedt Schulte. †Anna Catharina Brandes. K.: Anna Margaretha. V.: Johan Rappe, Caspar Wencker, Johan Osterman.
663	1689	Okt. 27	Tigges Haunervogt. †Anna Catharina Schmidtz. K.: Anna Margaretha, Gödderth und Johan Eberhardt. V.: Herr Henricus Eickelberg, pastor zu Eikelinghoven, Henrich Storck.
664	1690	März 2	†Philip Vethacken. Catharina Elsaben Wenge. K.: Johan Herman und Johan Friederich Vethacke. V.: Henrich Vethacke, pastor in Brechten, Herman Beckhoff, Friederich Wilhelm Wenge in Castrop.
665	1690	Juni 28	†Dietherich Sybben. Maria Staupendahls. K.: Henrich und Elsaben Sybben. V.: Herman Sybbe, Henrich Staupendahl.

Laufende Nummer	Datum Jahr	Datum Tag	Eltern, Kinder und Vormünder
666	1690	Juli 20	Johan Wülner [1]). † Catharina Liege. K.: Maria Margaretha, Anna Catharina, Johannes, Anna Margaretha und Dietherich („wovon Anna Catharina gestorben"). V.: Theodorus Mellinckhauß, pastor zu Witten, Thomas Hiltrop, Johan Liege.
667	1690	Aug. 29	† Henrich Heßeler [2]). K.: Greita Heßeler. V.: (fehlen).
668	1690	Sept. 22	Johan Holtkamp. K.: Johan Henrich. V.: (fehlen).
669	1690	Nov. 18	Henrich Wießkotte. † Elsabeth Wülners. K.: Anna Elisabeth, Henrich, Johan und Anna Maria. V.: Herman Scheibler, Johan Henrich Empsichoff (an deren stelle 1694 Febr. 13 Wilhelm Röthger Wießkotte und Thomas Hiltrop treten).
670	1691	Mai fehlt	† Wessel Kaggenbusch. Margaretha Brüß. K.: Margarethe Elsaben, Anna Catharina und Johan Christopfer. V.: Johan Cristoph Brüß, Adolph Hütteman, Johan Kaggenbusch.
671	1691	Aug. 01	† Johan Wülner. Elsabeth Pottgießer. K.: Catharina, Gertraudt, Christoph und Peter Wülners. V.: Herr Peter Arnoldt Beurhauß, Johan Christoph Brüß, Caspar Pottgießer.
672	1691	Okt. 26	Herman Hagebolle. † Catharine Kirschebaums. K. (aus zweiter ehe): Christoph, Anna Maria und Elsaben. V.: Henrich Kirschebaum von Castrop, Wilhelm Schmülingh.

[1]) In zweiter Ehe verheiratet mit Catharina Fley.
[2]) Seine Witwe will mit Jacob Lohman zur neuen Ehe schreiten.

Laufende Nummer	Datum Jahr	Datum Tag	Eltern, Kinder und Vormünder
673	1692	Febr. 19	Arnoldt Dyckman. † Elsaben Brinckmans. K. (aus erster ehe): Arnoldt. V.: Henrich Boel, Johan Huck, Nicolas Mohr.
674	1692	März 6	Caspar Velthauß. † Anne Ebschlo. K.: Caspar, Göddert und Catharine. V.: Henrich Vorstatt, Daniel Gerreßheimb.
675	1692	April 12	† Arnoldt Landtfermans. Catharina Veltmans. K. (aus zweiter ehe der Catharine Veltman): Catharine und Hanß Herman Landtfermans. V.: Caspar Veltman, Herman Busch, Robbert Landtferman.
676	1692	12	Abel Schürman. † Margarethe Wulffs. K.: Sybilla Magdalena. V.: Johan Georg Fabricius, Thomas Friederichs, „der dritte aber, Johan Liege, wegen schwachheit nicht erschienen".
677	1692	18	Herr pastor Hoe [1]). K.: (tochter erster ehe; name fehlt). V.: Caspar Wilhelm Schöler, not. Johan Brügman und Johan Caspar Hiltrop (welcher der vereidigung „auß mangel ahm fueß nicht beywohnen können").
678	1692	Juni 18	† Johan Dietherich Wießkotte. Anna Maria Schölers. K.: Jürgen Adolph, Wilhelm Zacharias, Bertram Dietherich, Anna Catharina und Maria Elisabeth. V.: Herr Dr. Bertram Zacharias Kumpsthoff, herr Dr. Dietherich Herman Ewinckhauß, Röthger Schmeman.
679	1692	Juli 11	I: † . . . . . Dickman; II: † . . . . . Trecho. K.: Lucretia und Fraw Agnes Dickman, Anna Margaretha Trecho. V.: Herr syndicus Dr. Nies, herr Wilhelm Bröckelman, Johan Dietherich Schöler.

[1]) Rötger Hoe, Pastor an St. Nicolai, seit 1681 Pastor in Hamm.

Laufende Nummer	Datum Jahr	Datum Tag	Eltern, Kinder und Vormünder
680	1692	Sept. 17	Johan Adolph Wießkotte. †Anne Schübbe. K.: Adolph Wießkotte. V.: Nicolaus Schübbe, Weßel Siegenboge.
681	1692	Okt. 3	Johan Balthasar Schmidt. †Agnes Klovers. K.: Johan Henrich und Johan Jürgen Schmidt. V.: Johan Brügman, Caspar Torck, Dietherich Landtferman.
682	1693	April 29	†Weßel Kagenbusch. K.: (fehlen; s. Nr. 670). V.: Godtfriedt Wegman.
683	1693	Mai 8	Henrich Schröder. †Elisabeth Wegeners. K.: Johan Dietherich, Adolph, Catharine, Elisabeth und Catharina Elsabeth. V.: Weßel Ziegenboge, Henrich Wegener, Caspar Wencker.
684	1693	Aug. 25	Herr Johan Söllingh. †Anna Cathrine Rottbergh. K.: Peter Johann, Dietherich Henrich, Caspar und Gerhard Wilhelm. V.: Herr Johan Henrich Rottbergh, herr Henrich Söllingh, herr Henrich Wilhelm Emminghaus, pastor zu Hagen (letzterer „dießmahl absens") [1].
685	1693	Okt. 1	†Herr Joachim Pottgießers. Maria Hopmans. K.: Johan Henrich, Caspar, Joachim, Sybilla Elsaben und Johan Adolph. V.: Johan Wülner, Christopher Frenckingh, Johan Caspar Brügmans, pastor an St. Marien, tutor honorarius.

[1]) Herr Matthias Theodorus Rottberg, beyder Rechten Doctor und Herr Henrich Wilhelm Emminghauß, Pastor zu Hagen leisten den Vormündereid 1699 März 3. An Stelle des † Dr. Rottberg tritt 1702 Sept. 30 Matthias Schlößer.

Laufende Nummer	Datum Jahr	Datum Tag	Eltern, Kinder und Vormünder
686	1693	Okt. 20	Thomas Friederichs. † Elsaben Wulfs. K.: Caspar, Thomas, Balthasar und Hans Jürgen Friederichs. V.: Herr Johan Georg Fabricius, lector III cl., Caspar Reinerman von Unna, Abel Schürman.
687	1693	28	Johannes Hageböck. † Anne Clare Berck. K.: Caspar und Elsaben. V.: Christoph Grim, Daniel Gerrisheim, Thomas Ziese.
688	1693	Dec. 2	† Johan Adolph Hütteman. Margaretha Elsaben Kagenbusch. K.: Johan Christoph und Arnold Engelbert. V.: Weßel Steinwegh, Melchior Bömcke, Georgh Hütteman.
689	1693	3	† Henrich Berchmans. Agnes Melmans. K.: Catharine und Anthon Bergmans. V.: Berndt Bergman, Johan Vogel, Johan Melman.
690	1693	19	† Peter Hopmans zu Elberfeldt. K.: Peter, Anna Maria und Anna Magdalena Hopmans [1]). V.: Zacharias Löbbecke, Engel Pan.
691	1694	Febr. 17	† Wolter Hasenburg. † Helene Gertrudt Hohauß. K.: Anna Elsaben und Wilhelm Winand. V.: Henrich Hohauß [2]), Johan Nortroth, Johan Henrich Balthasar.
692	1694	März 16	† Henrich Dönhoffs. Clare Christine Ebeli. K.: Henrich, Helene und Clara Catharina [3]). V.: Herr Johan Vogt, Caspar Weydemeyer, Herman Rüpingh.

[1]) Die noch lebende Mutter der Kinder ist schwachsinnig. Rötger Strunck als coheres uxoris nomine will alles die Erbschaft Angehende gewissenhaft offenbaren.

[2]) An Stelle des † Heinrich Hohauß tritt 1699 Nov. 20 Anthon Schäffer.

[3]) Sie haben einen schon majorennen Bruder.

Laufende Nummer	Datum Jahr	Datum Tag	Eltern, Kinder und Vormünder
693	1694	April 27	Hans Herman Bömcke. † Anna Catharina Fley. K.: Christian, Clara, Frantz und Cathrina. V.: Georg Bömcke, Dietherich Henrich Fley, Henrich Wegener.
694	1694	Juni 15	Weßel Steinweg. K.: (aus erster ehe; namen fehlen; s. Nr. 594). V.: Johan Althauß (welcher den schon vorhin beaydeten vormünderen, als Nicolas Schmidt [s. Nr. 594] und Henrich Pestorff [s. Nr. 630] adjungirt wird).
695	1694	Aug. 6	† Bernhard Saßen. † Anna Margarete Schäffer. K.: Anna Margaretha, Gertraud, Henrich Wilhelm, Catharina Margaretha, Goddert Dietherich, Isabella Ermgard und Catharina. V.: Göddert Schäffer, Johan Herman Schäffer, Georgh Dietherich Vogt.
696	1694	Sept. 30	Johan Schäffer. I: † Anna Maria Grimm; II: † Elisabeth Otto. K. (aus erster ehe): Anna Maria, Catharina, Christoph, Michael und Christine Scheffers. V.: Meister Christoph Grim, chirurgus. K. (aus zweiter ehe): Johan Herman Scheffer. V.: Herman Busch, Dietherich Schäffer.
697	1694	Okt. 11	† Jürgen Tappe. Anna Maria Ziegenbogen. K.: Jürgen, Johan Wilhelm und Anna Catharina Tappe. V.: Henrich Tappe von Castrop, Caspar Siegenboge, Hans Jürgen Brüninger.
698	1694	Nov. 3	† Herman Pottgießers. Maria Elisabeth Kaupe. K.: Anna Margaretha, Henrich Johan, Maria Elisabeth und Henrich Caspar. V.: Henrich Pestorff, Caspar Gerlinghauß, Matthias Kaupe junior.

Laufende Nummer	Datum Jahr	Datum Tag	Eltern, Kinder und Vormünder
699	1695	Juli 9	†Johann Christoph Frencking. Elisabeth Pottgießers. K.: Catharina Elsaben und Johann Christoph Frencking. V.: Herr Christoph Mellinghauß, medicinae doctor, notarius Johannes Brügmann, Joachim Kaupe.
700	1695	22	†Frantz Schmiddings. Ursula von Lünen. K.: Conrad und Johann Wilhelm Schmidding. V.: Jacob von Lünen, Wilhelm von Lünen, Conrad Schmidding von Hörde.
701	1695	Sept. 2	†Eberhardt Henrich Wortman. †Elisabeth Pottgießers. K. (aus erster ehe): Joachim, Melchior und Johann Dieterich Wortman. V.: Wilhelm Rotger Wißkotte, Bernhard Joachim Beurhuß.
702	1695	Nov. 25	†Wilhelm Schultte gen. Ellinghauß. Gertraud Stratman. K.: Anna Gertrud, Johann Wilhelm und Johann Herman. V.: Reinhold Osthoff, Johann Stratman.
703	1695	Dec. 13	Herr Zacharias von Popinckhausen legt „wegen seines halbbruders Philip Henrich von Pöpinckhausen" den vormündereid ab (s. auch Nr. 709).
704	1696	April 5	†Johann Sontags. K.: (fehlen; s. Nr. 641). V.: Herr Johann Barensche, Henrich Menteler (an stelle von †Valentin Schlundt und †Peter von dem Brock).
705	1696	16	†Johan Liege zu Evinke[1]). Margreta Voecking. K.: Johann Evert, Diederich Jacob, Catharina Margreta, Bernhardt Friederich und Zachariaß Liege. V.: Friederich Johann Weischede von Brackel, Evert Frielinghauß von Brechten, Vincentz Kaupe (der am 25. April vereidigt wurde).

[1]) Eving bei Dortmund.

Laufende Nummer	Datum Jahr	Datum Tag	Eltern, Kinder und Vormünder
706	1696	Mai 18	† Wilhelm vorm Holte. K. (aus dritter ehe): Peter und Johann Henrich vorm Holte. V.: Wilhelm Back, pastor zu Wischelinge, Caspar Wenneker, Cort Sommer zu Camen.
707	1696	Juni 5	† Peter Drögekan. Anna Schmidts. K.: Frantz und Peter Drögekan. V.: Johann Wenneker, Jurgen Romberg, Diederich vom Bruche.
708	1696	16	Jacob Schröder. † Margrete Schroers von Ellinghausen. K.: Gerdrut. V.: Nicolaß Schübbe, Caspar Schröer.
709	1696	26	† Herr Philip von Popinghausen. K.: Philipp Henrich. V.: Johann Henrich Nieß (neben Zacharias von Popinghausen, der am 13. Dec. 1695 vereidigt wurde; s. Nr. 703).
710	1696	Sept. 1	Johan Adrian Lutterot. † Anna Sybilla Tieffhauß. K.: Helena Catharina Lutterodts. V.: Johan Sölling, Arnold Albert Mosellanus, Caspar Löbbecke.
711	1696	7	† Herman Busch. Anna Margreta Veltmans. K.: Caspar und Catharine Elsebet Busch. V.: Georg Bömeke, Weßel Busch, Jürgen Busch.
712	1696	Okt. 6	Philip Lenhoff. † Catharine Fohrmans. K.: Johann Nicolaß, Hanß Herman, Helene Theodora und Catharina Elsaben Lenhoffs. V.: Johann Müller, Rötger Spenhoff.

Laufende Nummer	Datum Jahr	Datum Tag	Eltern, Kinder und Vormünder
713	1696	Nov. 22	†Adolph Wießkotte. Anna Sophia Mellinghauß. K.: Margreta Liesebet, Göddert Henrich und Clara Elsabet. V.: Adolph Wießkotte, Wilhelm Rötger Wießkotte, Caspar Brandiß.
714	1697	Juni 27	†Melchior Vogelpoet. †Ursule Wülners. K.: Anna Sybilla und Gertrud Vogelpoet. V.: Herr doctor Peter Arnold Beurhuß, Johann Wülner, Melchior Scheibler.
715	1698	März 19	Johann Dördelman. †Clare Sypmans. K.: Johann Adolph und Johann Röttger. V.: Nicolaß Schübbe, Herman Beuckelman, Johann Osterman.
716	1698	April 30	†Henrich Wießkotte. Anna Eliesabet Klockengießer. K.: Anna Eliesabet. V.: Rötger Adolph Schmieman, Henrich Klockengießer, Melchior Allerding.
717	1698	Juni 13	†Henrich Caspar Wießkotte. Anna Sibilla Hoffmans. K.: Wilhelm Bernhardt und Adolph. V.: Herr Bertram Zachariaß Kumpsthoff, beyder rechten doctor, herr Caspar Dieterich Hoffman, herr Rotger Adolph Schmeman.
718	1699	Febr. 6	Adolph Wießkotte. †Eliesabet Schröders. K.: Catharina, Eliesabet und Clara Christina. V.: Joachim Schmeman, Henrich Schröder, Caspar Wenneker.
719	1699	März 2	Göddert Nortrodt. †Helene Meynertz. K.: Henrich, Catharina und Johann Wolter Nortrodts. V.: Johann Nortrodt, Johan Henrich Balthasar.

Laufende Nummer	Datum Jahr	Datum Tag	Eltern, Kinder und Vormünder
720	1699	März 4	†Johann Söllingh. Sibilla Margreta Barop. K.: Johannes Arnold und Sibilla Margreta. V.: Herr doctor Gerhardt Wilhelm Barop, Caspar Löbbecke, Vincentz Kaupe.
721	1699	21	†Johann Herman Bömeke. Catharina Zanders. K.: Cathrin Liesabet und Henrich Wilhelm. V.: Matthias Kaupe, Caspar Lohoff, Andreaß Bömeke.
722	1699	Aug. 3	†Severin Himmelreichs. K.: Catharine und Anna Margarethe Himmelreichs. V.: Nicolas Himmelreich, Caspar Veltman.
723	1699	Sept. 8	Henrich Schröder. †Elsaben Voß von Unna. K.: Ehrenreich, Johann Joachim, Margareta, Henrich und Catharina Elsaben. V.: Philip Lenhoff. Gottfried Schröder.
724	1700	Mai 11	Jacob von Lünen. †Eliesabeth Kaupe. K.: Johann Melchior, Maria Elsaben, Henrich und Anna Sibilla. V.: Vincentz Kaupe, Philip Jacob Teschemacher, Wilhelm von Lünen [1]).
725	1700	27	†Johann Christoph Brüß. Catharina Margreta Krup. K.: Johann Christoph, Gerdrut Elsaben, Margrete Liesabet und Christina Margrete V.: Herr Johann Christoph Mering, prediger der kirchen Renoldi, Henrich Klockengießer, Göddert Wegman.
726	1700	Juli 26	†Henrich Klockengießers. Anna Margrete Wülners. K.: Henrich und Anna Margreta Klockengießers. V.: Henrich Klockengießer, Daniel Regenhertz.

[1]) An Stelle von † Wilhelm von Lünen tritt 1701 Juni 15 Dr. Gerhard Wilhelm Barop.

Laufende Nummer	Datum Jahr	Datum Tag	Eltern, Kinder und Vormünder
727	1700	Aug. 14	†Frantz Wenneker. Anna Drögekann. K.: Elßke, Frantz und Peter Wenneker. V.: Johann Wenneker, Johann Rappe, Herman Schübbe.
728	1700	Okt. 26	†apoteker . . . . . Göbeli. K.: Caspar Göbel. V.: Wilhelm Adolph Küpfer, doctor, Dieterich Mallinckrodt, Melchior Scheibler.
729	1700	27	†Weßel Steinwegs. Margrete Gerdrut Seher. K.: Peter Reinhardt, Henrich Zachariaß und Catharina Margreta Steinwegs. V.: Herr Johann Christoph Seher, pastor zu Steele, Johann Althauß, Johannes Kachenbusch.
730	1700	27	Johann Quadbecke. †Anna Catharine Pottgießers. K.: Anna Gerdrut und Catharina Margreta. V.: Caspar Pottgießer, Johann Henrich Quadbecke.

VI.

Ortsverzeichnis.

VII.

Personenverzeichnis.

C. vgl. K.

D.

24*

E.

F vgl. V.

G.

H.

I. J.

K. vgl. C.

N.

O.

P.

Qu.

R.

S.

T.

U.

V. vgl. F.

W.

Z.

Piererische Hofbuchdruckerei Stephan Geibel & Co. in Altenburg.

Zeitfracht Medien GmbH
Ferdinand-Jühlke-Straße 7
99095 Erfurt, Deutschland
produktsicherheit@kolibri360.de